U0475163

教育部人文社会科学规划基金项目“ 穆勒的语言逻辑思想研究 ”(13YJA72040002)资助

| 光明社科文库 |

穆勒的语言逻辑思想研究

宋伟◎著

光明日报出版社

图书在版编目（CIP）数据

穆勒的语言逻辑思想研究 / 宋伟著. -- 北京：光明日报出版社，2019.12

ISBN 978-7-5194-5341-1

Ⅰ.①穆… Ⅱ.①宋… Ⅲ.①穆勒（Mill，John Stuart 1806-1873）—语言逻辑学—思想评论 Ⅳ.①B561.42②H0-05

中国版本图书馆 CIP 数据核字（2019）第 289031 号

穆勒的语言逻辑思想研究

MULE DE YUYAN LUOJI SIXIANG YANJIU

著　　者：宋　伟

责任编辑：曹美娜　黄　莺　　　　责任校对：董小花

封面设计：中联学林　　　　　　　责任印制：曹　净

出版发行：光明日报出版社

地　　址：北京市西城区永安路 106 号，100050

电　　话：010-63139890（咨询）　63131930（邮购）

传　　真：010-63131930

网　　址：http：//book.gmw.cn

E - mail：caomeina@gmw.cn

法律顾问：北京德恒律师事务所龚柳方律师

印　　刷：三河市华东印刷有限公司

装　　订：三河市华东印刷有限公司

本书如有破损、缺页、装订错误，请与本社联系调换，电话：010-63131930

开　　本：170mm×240mm

字　　数：261 千字　　　　　　　印　　张：16.5

版　　次：2020 年 1 月第 1 版　　印　　次：2020 年 1 月第 1 次印刷

书　　号：ISBN 978-7-5194-5341-1

定　　价：95.00 元

穆勒的语言逻辑思想相关论著年表

1828 年	《沃特利的逻辑要义》
1843 年	《逻辑体系：演绎和归纳，证据原理和科学研究方法的系统叙述》（此书在穆勒有生之年共出版了 8 版，分别是 1843 年第 1 版，1846 年第 2 版，1851 年第 3 版，1856 年第 4 版，1862 年第 5 版，1865 年第 6 版，1868 年第 7 版，1872 年第 8 版）
1865 年	《威廉·哈密尔顿爵士的哲学考察》
1867 年	《圣安德鲁斯大学就职演说》
1867 年—1869 年	重新编辑出版了詹姆斯·穆勒 1829 年出版的《人类心灵现象的分析》一书，为本书增添了许多重要的注解和评论。

前　言

一

约翰·斯图亚特·穆勒（John Stuart Mill，1806 年—1873 年）的语言逻辑思想基本上反映在其《逻辑体系》《威廉·哈密尔顿爵士的哲学研究》《沃特利的逻辑要义》《圣安德鲁斯就职演说》这些重要文献中，其中《逻辑体系》一书的第一卷“论名称与命题”和第四卷“论从属于归纳的活动”更是集中体现了穆勒语言逻辑思想的核心内容。总体来看，穆勒的语言逻辑思想包含了对名称、命题、分类、定义、语词的混淆与歧义、语词意义变化的自然史、“哲学语言”（philosophical language）的意义确定性、表达完全性和使用机械性等问题的讨论，内容丰富而连贯。其中，穆勒有关名称和命题的意义理论最为学界所关注，现已成为语言哲学和逻辑哲学不可或缺的一部分。吉尔伯特·赖尔（Gilbert Ryle，1900 年—1976 年）在评价穆勒的意义理论时曾说：“穆勒的意义理论设定了这样一些问题，让奥地利的布伦塔诺、布伦塔诺的学生梅农和胡塞尔、布莱德利、耶方斯、维恩、弗雷格、詹姆士、皮尔士、摩尔和罗素这些不同的思想家对这些问题做出了不同的回答。这一非凡的成就主要是由于这一事实，即穆勒最先提出了一种意义学说。”①对于穆勒的意义学说，诺曼·克莱兹曼（Norman Kretzmann，1928 年—1998 年）也曾评论说：“19 世纪末 20 世纪初语义学的许多重大进展都是在约翰·

① RYLE G. The Theory of Meaning［A］. Collected Essays 1929 - 1968［C］. London：Routledge，2009：365.

斯图亚特·穆勒学说的影响下或在对这种学说的反对下发生的。”①既然穆勒的意义理论有如此巨大的影响，自然，对其一探究竟乃至阐明穆勒的全部语言逻辑思想就显得尤为必要。

国外学者在穆勒的意义理论方面已经做了相当多的研究，已发表、出版了不少论著，其中以20世纪80年代荷兰学者德容（Willem Remmelt De Jong, 1946年—）所著的一本有关穆勒语义学（semantics）思想研究的专著《约翰·斯图亚特·穆勒的语义学》最为著名。总体而言，德容的研究视域广阔，从逻辑史的角度对穆勒语义学思想中的许多问题——如名称的分类、名称的内涵与外延、系词理论、命题的语义学等进行了较为详细的讨论，对意欲了解穆勒的意义理论乃至穆勒的整体语言逻辑思想的学者具有极大的参考价值。

不过，或许正是由于穆勒的意义理论或语义学思想影响过于巨大的缘故，长期以来学者们似乎都不认为穆勒的语言逻辑思想中还有语形学（syntax）方面的内容，结果，对这方面的研究和关注相当不够甚至是完全缺失的。但是，穆勒的语形学思想确实是存在着的。如穆勒在阐述其“哲学语言”观时，即其阐述“一种完全适合于探究和表达普遍真理的语言”思想时，讨论了“数学符号语言是否是一种理想的‘哲学语言’”这一问题，其中有关“数学符号语言”及一种“可机械使用的语言”的认识明显与现代逻辑演算中有关“形式语言”及“形式系统”的定义一致。如穆勒认为，“机械地使用一种语言”的最彻底或最极端的情况是当这种语言被使用时，人们除了意识到与先已制定的技术规则相一致的某些看得见或听得见、纯属约定的记号（marks）本身之外，不会意识到任何有关这些记号的意义或这些记号所指称的东西。在穆勒看来，这种极端的情况仅仅出现在人类心灵所创造的算术数符（figures）和代数符号（symbols）中，这种数学符号语言的完美就在于其完全适合于一种纯粹机械的使用。符号只是算符（counters），除了约定之外并无意义，而约定在每次使用这些符号时也并不一样，同一个符号 a 或 x 在不同的情况下可用来表示不同的东西，这些东西除了可被记数之外

① KRETZMANN N. Semantics，History of［A］//BORCHERT D M. Encyclopedia of Philosophy. 2 ed. vol. 8. Detroit：Thomason Gale，2006：750－807，795.

并不具有任何共同的特性。因而，心灵可以不受任何妨碍地去注意在符号上所进行的那类机械运算，如等式的两边平方、用相同或等价的符号乘或除等式的两边等。每一种这样的运算都对应着一个三段论（syllogism），都代表着一步并非与符号相关而是与符号所指的东西相关的（三段论式）推理（ratiocination）。但是，完全可以提出一种可行的技术形式，通过仅仅遵照这种形式就可以确保找到（三段论式）推理的结论，以至于除了符号之外不用考虑任何别的东西就可以完全达到目的。而既然这些算符可以像机械系统那样工作，它们就具有了机械系统应当具有的性质，即这些算符应当有尽可能少的数目、占据尽可能少的空间、在运算中尽可能不浪费时间，也即是说，它们应当是紧凑的（compact），适于紧密结合，以便用它们进行的几乎每一次运算都能一目了然。①不能不说，学者们长期以来对穆勒语形学思想的忽略是令人遗憾的，这也许是因为他们认为穆勒的语形学思想太过微不足道，不值得加以关注。然而，一个不可否认的事实是，穆勒的语言逻辑思想是其语义学思想与语形学思想结合而成的一个有机整体，撇开任何一方来谈另一方都无法恰当地回答或正确地解释"其为何如此"这一问题。自然，这也就意味着，只有将穆勒的语义学思想与其语形学思想结合起来讨论，才能对其整体的语言逻辑思想有更为全面而深入的认识和理解，同时，也才能对穆勒的语言逻辑思想与现代逻辑之关系、穆勒在形式逻辑或符号逻辑中所做的贡献给出更为客观公正的评价。

与国外学者一样，国内学者对穆勒的语义学思想包括其他一些语言逻辑思想也一直有着持久的关注。除严复（1854 年—1921 年）、金岳霖（1895 年—1984 年）所做的开创性工作之外，20 世纪 80 年代以来，国内陆陆续续出现了一些有关穆勒语言逻辑思想的研究成果。只是这些成果多以论文的形式出现，如《名称的涵义与指称——从穆勒到克里普克》《试析穆勒的命题理论和数学观》《穆勒的涵谓与非涵谓名称》等，目前还尚无系统研究穆勒语言逻辑思想的专著出版。总的来看，国内学者对穆勒语言逻辑思想的研究还远未达到全面、深入的程度，尚需在现有国内外相关研究成果的基础上继

① MILL J S. A System of Logic［M］. London：Longmans，Green，And Co.，1886：462－463.

续深化这一领域的研究。

总之，就目前国内外有关穆勒语言逻辑思想研究的现状来看，其正在广度和深度两个方面展开。就广度而言，穆勒语言逻辑思想的历史背景以及对后来语言哲学、逻辑哲学、数学哲学中各种问题的影响正在被不断地认识和扩充；而就其深度而言，许多以前仅被零星提到的穆勒语言逻辑的思想和观点正在引起更多的关注和讨论，一些未被人所知的观点和思想也正在不断地被发掘。除此之外，穆勒的部分语言逻辑思想也正逐渐在心灵哲学、心理学哲学甚至语言学、心理学、认知科学等领域被一些研究者所关注和讨论。

二

由于对穆勒语言逻辑思想的研究主要属于逻辑史的研究，所以文本研究是本研究的首要任务。具体来说，包括如下两个方面。

一、研究穆勒的反映其语言逻辑思想的有关论著

由于穆勒的语言逻辑思想主要体现在其《逻辑体系》《威廉·哈密尔顿爵士的哲学研究》《沃特利的逻辑要义》《圣安德鲁斯就职演说》等一系列论著中，其中包括对名称、命题、分类、定义、语词的混淆与歧义，语词意义变化的自然史，“哲学语言”的意义确定性，表达完全性与使用机械性等问题的讨论，所以本研究的开展首先是对穆勒本人的相关论著进行文本研读。而在各研究主题中，除了详尽阐述与该主题相关的内容外，将选择若干重要或新颖的问题进行重点研究。如在穆勒的名称理论中，由于穆勒对涵谓名称和非涵谓名称的区分直接影响了其后语言哲学中有关名称的“涵义”与“指称”的讨论，所以自然成为其语言逻辑思想研究中的一个重要问题。

二、研究评论穆勒语言逻辑思想的有关论著

在系统研究穆勒本人论著的基础上，对评论穆勒语言逻辑思想的有关论著进行研究。如约翰·凯恩斯（John Neville Keynes，1852 年—1949 年）的《形式逻辑研究与练习》（对穆勒的涵谓名称和非涵谓名称有很精彩的评论）、索尔·克里普克（Saul Kripke，1940 年至今）的《命名与必然性》（对穆勒的名称理论有很精彩的评论）等。通过对这些论著的研读，可以更为全面而客观地认识和评价穆勒的语言逻辑思想。此外，由于穆勒的语言逻辑思想与

其整体逻辑思想密切相关，所以，本研究也会参考对穆勒整体逻辑思想进行评论的一些论著，如 托马斯·格林（Thomas Hill Green，1836 年—1882 年）的《穆勒的逻辑》（对穆勒的逻辑思想进行了较为全面的评述）、威廉·惠威尔（William Whewell，1794 年—1866 年）的《穆勒先生的逻辑》（对穆勒注重经验归纳的逻辑思想进行了批判）、伯纳德·鲍桑葵（Bernard Bosanquet，1848 年—1923 年）的《逻辑或知识的形态学》（对穆勒的逻辑思想进行了全面的批判）、阿兰·瑞安（Alan Ryan，1940 年至今）的《约翰·斯图亚特·穆勒的哲学》（从现代哲学的角度对穆勒的逻辑思想进行了全面的评述）等。

进行这样一种文本研究的方法具体来说就是：在细致、准确地研读文本的基础上，对穆勒本人的语言逻辑思想按照不同的主题进行详尽阐述，同时突出若干重点并对某些具体问题（如名称的涵谓与非涵谓问题、语词意义变化的问题等）展开讨论；而通过横向和纵向的比较研究，即通过考察穆勒与其同时代学者语言逻辑思想之间的异同及后来的学者对其语言逻辑思想的继承和批判，对穆勒的语言逻辑思想在逻辑史和哲学史的背景上进行评价。

三

对穆勒语言逻辑思想的研究旨在达到如下三个目的。

一、拓展穆勒语言逻辑思想研究的范围

自 17 世纪以来，西方哲学家当中就广泛存在着对一种更为精确而严密的、适用于科学领域甚至可取代日常语言的“普遍语言”或“理想语言”的追求。在这种背景下，任何一个哲学家有关“普遍语言”或“理想语言”的思想都值得研究者关注和探讨，而穆勒恰恰就有比较系统的对于“普遍语言”或“理想语言”的讨论。鉴于现有的国内外有关穆勒语言逻辑思想的研究重点集中在穆勒的意义理论部分，忽视了其有关“普遍语言”或“理想语言”的论述，所以，本研究可以说是弥补了这一缺憾。

二、做出更为深入细致的文本分析解读

如穆勒论述“普遍语言”或“理想语言”的内容长期未得到全面、深入的解读。兹举一例，穆勒认为“机械地使用一种语言”的最彻底或最极端的情况是，当这种语言被使用时除了使人意识到与先已制定的技术规则相一致的某些看得见或听得见、纯属约定的记号本身之外，不会使人意识到任何有关这些记号的含义或这些记号所指称的东西。由于"数学符号语言"具有这些美妙的特点，所以那些热衷于寻求"普遍语言"或"理想语言"的哲学家们很自然地将这种语言视为"哲学语言"的一种理想类型，并且坚持认为一般的名称或字符（signs）其在多大程度上适合于思考的目的就要看它们在多大程度上具有紧凑性（compactness）、整体的非意义性（unmeaningness）和不用去想它们表示什么就能够被用作算符的能力。①穆勒的这一认识虽然与现代逻辑对"形式语言"的刻画极为相似，但长期以来有关这部分内容的文本似乎从未得到全面、深入地解读。

三、提出有关穆勒语言逻辑思想的新观点

如翁贝托·埃科（Umberto Eco，1932 年—2016 年）在其《对完美语言的寻求》一书中提出：像 BASIC 和 Pascal 这样的计算机语言都可以认为是一种"先天哲学语言"，说其是"先天的"，因为它们并非基于支配自然语言表面结构的语法规则之上，而是基于一种假定所有自然语言都共有的深层语法之上；说其是"哲学的"，因为它们假定了这种基于逻辑规则的深层语法既是人类思维的语法，也是机器思维的语法。②与埃科所谓的这种"先天哲学语言"相比，穆勒的"哲学语言"只能算是一种"后天哲学语言"。

在这一过程中，本研究所关注的重点和难点如下。

首先是重点。对穆勒名称理论、命题理论、分类和定义理论的考察，对穆勒"哲学语言"观的考察、分析和讨论属于本研究的重点。这里略举一例。

在论及逻辑学研究应由语言分析开始的必要性时，穆勒明确强调了语言对于思维及哲学研究的重要性："语言作为思维的主要工具，其本身的不完美或其使用方式的不完美由于易使思维过程混乱而不畅从而会毁坏心灵把握正确结论的所有基础；而对于一个无法通晓各种语词的意义与正确使用的人来说，要想尝试哲学化方法（methods of philosophizing）的研究，就好比有人

① MILL J S. A System of Logic［M］. London：Longmans，Green，And Co.，1886：462－463.

② ECO U. The Search for the Perfect Language［M］. Oxford：Blackwell Publishers Ltd，1995：311.

从来没有学会调整光学仪器的焦距而试图成为一名天文观测者一样。"①在此基础上，穆勒认为，"哲学语言"就是一种完全适合于探究和表达普遍真理的语言，要使这样一种语言适用于其目的，就需要不仅其中的每个词都应完美地表达自身的意义，而且也不应有什么重要的意义没有其中相应的词来表达。因而，"哲学语言"应当包含这样两个必要因素：一是每个名称都应当有一种固定而准确的意义；二是无论何时需要一个名称、无论何处有什么东西需要一个名称来指称，都应当有一个可用于表达的名称。②显然，穆勒认为"哲学语言"应有两种基本的性质即意义的确定性和表达的完全性。虽然穆勒也认为，可部分机械使用或不完全机械使用也是"哲学语言"的一个理想特点，但由于其强调语词与意义之间的对应关系，所以穆勒不认为一种完全非意义的和完全可机械使用的"数学符号语言"可以作为"哲学语言"的理想模型。

其次是难点。由于穆勒有关名称与命题的意义问题至今仍是逻辑哲学、语言哲学等领域长期争论不休、没有定论的问题，所以该问题是本研究的一个难点。此外，由于穆勒的语形学思想之前从未受到研究者的关注，所以有关这方面的考察、分析和讨论也是本研究的一个难点。这里略举一例。

丘奇（Alonzo Church，1903 年—1995 年）在其《数理逻辑导论》一书的序言中谈到现在通常所说的"指称"（reference）与"含义"（sense）的区分时提到了穆勒对名称的"指谓"（denotation）与"涵谓"（connotation）所做的区分并对此做了如下简短的评论："事实上，我们准备接受'涵谓'作为 *Sinn* 的又一种翻译，尽管弗雷格在做出自己的区分时似乎并不知道穆勒的区分。我们不因循穆勒认为存在有指谓而没有涵谓的名称，而是坚持认为，一个名称必须总是以某种方式即通过某种含义或涵谓来指明其指谓，尽管在特殊事例中含义恰好可以还原为被称作某某的指谓的存在（如关于个体名称的情况），或还原为此时此地所呈现的指谓的存在（如关于指示词'这个'的情况）。由于这方面以及其他方面的差异并且由于弗雷格所研究的更

① MILL J S. A System of Logic [M]. London: Longmans, Green, And Co., 1886: 11.
② MILL J S. A System of Logic [M]. London: Longmans, Green, And Co., 1886: 456.

为重要的内容，我们将含义和指谓之间的区分归之于弗雷格而不是穆勒。”①丘奇的这段评论清楚地表明了名称含义与指称问题的复杂性，同时也表明了穆勒在这一问题上所做的开创性贡献。

总之，就穆勒的语言逻辑思想而言，其中既包含丰富且影响深远的语义学思想，也包含部分与现代逻辑演算思想相契合的语形学思想。不过，一个明显的事实是，逻辑学界多年来对穆勒语言逻辑思想中语义学思想的研究要远远多于对其语形学思想的研究，以至于逐渐形成了这么一种认识，即“穆勒对形式逻辑或符号逻辑的贡献可以忽略不计，不是穆勒而是与他同时代的布尔和德摩根，还有其后的耶方斯、维恩、卡罗尔和皮尔士等这些英语世界的学人为罗素铺平了道路”②。确实，穆勒在形式逻辑或符号逻辑的技术方面没有做出什么实质性的工作，但若因此就说穆勒对形式逻辑或符号逻辑没有什么贡献或许就不那么恰当了。通过对穆勒“哲学语言”尤其是“数学符号语言”思想的梳理，或者说通过对穆勒语形学思想的研究，可以看出穆勒在形式逻辑或符号逻辑思想方面多有值得从现代逻辑演算的角度来思考的内容，呈现并说明这一点也是本研究的重要目的之一。

宋　伟

湖北大学哲学学院

2019 年 3 月 31 日

① CHURCH A. Introduction to Mathematical Logic [M]. Princeton, N. J.: Princeton University Press, 1956: 6n.

② RYLE G. The Theory of Meaning [A]. Collected Essays 1929 - 1968 [C]. London: Routledge, 2009: 365.

目　录
CONTENTS

第一章　语言与逻辑

本章主要介绍穆勒对语言与逻辑之间关系的认识及其对逻辑研究应由语言分析开始的讨论。

在柏拉图（Plato，公元前427年—公元前347年）的《克拉第鲁篇》（Cratylus）中可以看到，赫拉克利特（Heraclitus，公元前535年—公元前475年）及其追随者坚持认为“语词”（words）体现了事物的性质，“逻各斯在言语中得以揭示，人类言语的结构反映了世界的结构，言语是世界的体现和表象。逻各斯永远包含在言语中，就像一种意义可以包含在许多外表不同的符号中一样”①。与这种语言的“自然说”相反，亚里士多德（Aristotle，公元前1384年—公元前322年）在《解释篇》中清楚地表明了一种语言的“约定说”，“名称是通过约定而有含义的口头声音”，“我说‘通过约定’是因为没有任何名称天然就是名称，而是仅仅当其成为符号时才是名称”②。对于上述两种语言学说，约翰·穆勒提出了自己的看法。在他看来，即使像柏拉图这样伟大的才智之士，也常常受语词的误导，误把语言的偶然情况当作自然中的真实关系，以至于认为希腊语中具有相同名字的事物其本质也必须相同。③而对于霍布斯（Thomas Hobbes，1588年—1679年）所说的“语词

① CONFORD F M. From Religion to Philosophy [M] . New York: Harper & Brothers Publishers, 1957: 192.

② ARISTOTLE. De Interpretatione [M] //BARNE J. The Complete Works of Aristotle [C]. vol. 1. Princeton: Princeton University Press, 1984: 25.

③ MILL J S. Inaugural Address Delivered to the University of St. Andrews [M] //ROBSON J M. and STILLINGER J. Collected Works of John Stuart Mill [C] . vol. 21. Toronto: University of Toronto Press, 1984: 225 - 226.

是智者的筹码，但却是愚人的现钞”①，穆勒解释说：“对于智者，语词只是代表事实；而对于愚人，语词本身就是事实。按照霍布斯的比喻，筹码更可能被那些习惯于使用多种不同筹码的人仅仅当作筹码。随着一个人才智的增长他会越来越欣赏这句话的深刻含义。”② 由以上引述可以看出，相比于语言的“自然说”，穆勒更倾向于认同语言的“约定说”，而通过后文对穆勒名称理论（尤其是专名理论）、命题理论、语词意义变化的自然史思想、“哲学语言”（或“理想语言”“完美语言”）思想的论述，还可以看出，只有以穆勒的语言“约定说”为出发点或立足点，才能够真正全面而系统地理解其语言逻辑思想，也才能够明白语形学或句法学思想为什么是穆勒语言逻辑思想中不可或缺的一部分。

第一节　穆勒的语言观

在解释霍布斯所说的“语词是智者的筹码，但却是愚人的现钞”时，穆勒说：“按照霍布斯的比喻，筹码更可能被那些习惯于使用多种不同筹码的人仅仅当作筹码。”这句话清楚地表明，人们越是能够掌握、使用多种不同的语言，就越是能够认清语词的本质，即语词仅仅是用来代替事实的东西，而并不就是事实本身。正因如此，穆勒在1861年2月1日的《圣安德鲁斯大学就职演说》③ 中特别强调了语言或语言知识的重要性。鉴于这部分内容具有理解穆勒语言逻辑思想的纲领性作用，特将其概述如下。

语言知识有一种纯粹智识上的益处。由于人们很少深究语词日常使用时

① HOBBES T. Leviethan［M］//MOLESWORTH W. The English Works of Thomas Hobbes［C］. vol. 3. London：John Bohn，1969：25.

② MILL J S. Inaugural Address Delivered to the University of St. Andrews［M］//ROBSON J M. and STILLINGER J. Collected Works of John Stuart Mill［C］. vol. 21. Toronto：University of Toronto Press，1984：226.

③ 1865年至1868年，穆勒曾任由苏格兰圣安德鲁斯大学全体注册学生直接选举产生的大学理事会主席（Rector）一职。1867年2月1日星期五的下午，穆勒于圣安德鲁斯大学上图书馆大厅（Upper Library Hall）发表了这篇演说。

的意义，只是去模仿、接受它们，所以在貌似熟练而恰当地使用语词时常常会自我感觉语词同时也在传达清晰的观念。这种误将熟悉当作精确的习惯可以通过不同语言间的翻译并找出一种尚未因使用而变得熟悉的词汇的意义来加以改进。古希腊人在除了他们自己的语言并不懂得其他语言的情况下，仍能够在抽象思想领域做出那么多辉煌的成就，足以证明他们卓越的天才，但是，古希腊人并没有逃脱这一不足的影响。即使那些为西方哲学和文化奠定了基础的伟大才智之士也常常受语词的误导，误把语言的偶然情况当作自然中的真实关系，并认为希腊语中具有相同名字的事物其本质也必须相同。所以，按照霍布斯“语词是智者的筹码，但却是愚人的现钞”这一比喻，那些习惯于使用多种不同“筹码”的人更能将“筹码”当作“筹码”。掌握、运用不同的语言除了可以改进误将熟悉当作精确的习惯之外，还可以进一步开发才智。由于不知道另外一个民族的语言，就绝不会知道他们的思维、他们的感受和他们的性格类型，而除非具备了这种知识，否则一个人到死的时候，其才智也仅得到了一半的开发。

既然知道不同文明民族的语言如此有用，那么差异越大的语言就越有价值。对古希腊人、古罗马人和许多东方民族的语言的学习和掌握会把对启蒙和博雅的追求提升到更高的层次。当然，这种提升通过当代人的作品甚至通过翻译都是无法达到的，因为现代语言很难准确传达古希腊学者的准确意思，除非通过冗长啰嗦的注解。当真正想要知道一个人的所思、所想、所感时，应直接关注他本人的思想，而不是借助于另一个人的话语、感想和意见。想要知道古希腊人是怎样思考的，必须能够一定程度上用古希腊人的语言来思考，在深奥的形而上学领域是如此，在政治、宗教甚至家庭生活方面也是如此。

甚至只就语言来说，也没有哪一种现代欧洲语言能够像古希腊语或拉丁语那样因其固有的复杂结构就可以成为具有巨大价值的学科。语法作为逻辑最基本的部分，是分析思维过程的开端，其原理和规则是语言形式与思维形式的对应方式。各种词类之间的差别、名词的格之间的差别、动词的式态和时态之间的差别、冠词的功能之间的差别不仅仅是语词上的差别，更是思维上的差别。单个的名词和动词表达对象和事件，其中许多都可以由感官认识，但将名词和动词放在一起则表达对象和事件的关系，只能由理智认识。

每一个句子结构都是一节逻辑课。语形或句法的各种规则区分了命题的主词和谓词；区分了行动者、行动和行动施加于其上的东西；区分了直言命题和条件命题；标明了一个观念何时意在改变、校正某个别的观念，何时仅仅意在与某个别的观念相结合；标明了在表达相似或对比时要做出合取或析取的断定；标明了一个句子中某些自身语法完整的部分仅仅是整个句子所做断定的从属部分。这些东西构成了普遍语法（universal grammar）的内容，而最适合教导这些东西的语言是那些具有最明确的规则（不遵守这些规则就会犯语法错误）、能够为思维中绝大多数的差异和变化提供明确形式的语言。就此而言，具有这些性质的古典语言如希腊语、拉丁语与现代语言相比，有着无可比拟的优势。

在对爱好求索的理智的激励和训练方面，迄今为止，人类的发明从没有产生出像古人的论辩术（dialectics）那样有价值的东西。柏拉图在其著作中充分展现了这一技艺的应用，而亚里士多德则在著作中阐明了这一技艺的理论。怀疑一切东西、绝不躲避任何困难、没有经过否定性批判的严格检查就不接受任何人的学说；不让思想的谬误、不一致或混乱悄悄溜入；尤其是，在使用一个词之前一定要弄明白这个词的意思，在同意一个命题之前也一定要弄明白这个命题的意思；所有这些都是从古代关注论辩术的学者那里学到的教训。就纯粹文字的优点即形式的完美而言，古代希腊和罗马学者的卓越和杰出无可争议。在散文、诗歌、史诗、歌谣和戏剧中，在历史、哲学和演讲术中，他们的辞章像他们的雕塑一样是现代人的榜样，要带着五体投地的崇拜来仰视。而他们的文风之秘密就在于"完美意义的完美表达"（the perfection of good sense）。首先，他们从不使用一个没有意义的词或不能对意义有所补益的词。他们总是有一个意图，知道自己想说什么，他们的全部目的就是用最高程度的精确性和完整性来言说它，并用最大可能的清晰性和生动性让心灵来认识它。他们从不认为一篇文字的本质的美可从其所表达的东西中抽象出来，这种美必须完全从属于完美意义的完美表达。以德摩斯提尼（Demosthenes，公元前 384 年—公元前 322 年）的演说为例，其中最吸引人之处就是他所用的每个词都恰如其分、恰到好处，整个演说完美无瑕、一气呵成，不给人以任何分心的机会，听者于不知不觉中就进入了演说者希望他们进入的状态。其次，古代希腊和罗马学者从不拖沓。只用一个段落，修昔底德（Thucydides，公元前460年—公元前400年）就能清晰、生动地表现一场战斗，让读过它的人难以忘怀。古人是简明扼要的，他们在其作品上下了极大的工夫，可以只用寥寥几个词或句子就将人物、事件描摹得生动形象，将思想、观念表达得淋漓尽致。相反，几乎所有的现代人都是拖泥带水的，因为不能干净、利落地描摹和表达，只好一遍又一遍地返工，在句子上堆砌句子，给每个句子都添加解释，希望以此来达到描摹和表达的目的。但事与愿违，在这方面，现代人似乎并没有越做越好，而是越做越糟。①

远的不说，就近代以来哲学家的论著来看，有关语言重要性的议论随处可见。比如，托马斯·里德（Thomas Reid，1710年—1796年）在其《论人的理智力》一书中说："语言是人类思想一模一样的映射和图像，从这种图像中，我们常常可以得出有关原型的非常明确的结论……存在着为一切语言所共有的某些普遍的语形规则。语言结构中的这种齐一性表明了语言结构所依据的那些观念中的齐一性。"②再如，乔治·桑塔亚那（George Santayana，1863年—1952年）在其《美感》一书中说："从哲学上来研究，语法接近于最深奥的形而上学，因为在揭示言语的构成时也揭示了思想的构成，还有我们借以认识世界的那些范畴的等级。"③这里不妨将穆勒上述有关语言重要性的认识与他同时代的德国思想家叔本华（Arthur Schopenhauer，1788年—1860年）的相关认识做一比较。

叔本华对包括希腊语、拉丁语、梵语和汉语在内的古典语言可谓推崇备至，其对语言知识重要性的认识与穆勒的认识颇为相似。叔本华曾贬损不懂拉丁语的人说，这些人纵然善于摆弄机械、调制酸碱，也仍然属视野狭仄之俗众，他们就像大雾天气身处优雅风景中的人，只能看见身边的景物，稍远一点的就看不见了。相反，那些熟谙拉丁语的人则可以将从古代经中世纪直至近几个世纪的"景物"一览无余，而若是再懂得希腊语和梵语则视野将更

① MILL J S. Inaugural Address Delivered to the University of St. Andrews [M] //ROBSON J M. and STILLINGER J. Collected Works of John Stuart Mill [C] . vol. 21. Toronto: University of Toronto Press, 1984: 225 – 232.

② REID T. Essays on the Intellectual Powers of Man [M] . Edinburgh: John Bell, 1785: 44.

③ SANTAYANA G. The Sense of Beauty [M] . New York: Charles Scribner's Sons, 1896: 169.

为广阔。①至于汉语，叔本华认为，由于其文字是象形文字不必像拼音文字那样需经过声音的转换来与我们有关事物的观念相关联，而是直接与观念相关联，所以持不同语言的人都可通过汉字来传达、交流思想。鉴于此，叔本华似乎认同这一预见，即有朝一日汉语会在全世界传播开来。②当然，叔本华对古典语言如此推崇还有其更为充分的理由。

在其1851年的《论语言和文字》一文中，叔本华认为，通过学习掌握新的语言，我们可以对事物的相似、差异、变化和关联有更多的认识，从而能够更全面地理解和看待事物，进而拥有一种更广阔的思想视野。由于每一种语言都代表着一种不同的思维，所以学习掌握一种新的语言就意味着我们的思维经历了一次新的改造，从而更有利于摆脱已经惯常使用的语言文字对我们思维的束缚，使我们的思维变得更为敏捷而灵活。考虑到古典语言与现代语言之间的差异要远远大于各种现代语言之间的差异，二者之间很难一个词对应一个词地进行翻译，只能将想要传达的思想观念整体上重新加工塑造之后，再以另一种语言表达出来，所以在古典语言与现代语言之间进行转换，可以让我们的思想和思维在这种重新加工塑造的过程中得到更好的提升和改进。此外，从语法的角度来看，越古老的语言语法上越完美，所以如果我们想要用自己的母语或当下正在使用的语言娴熟自如地表达自己的观点，首先模仿古典语言的言说风格无疑是一种最佳的选择。对于一个想要写出伟大作品的人来说，这样做也绝对有必要。因为只有通过练习用古典语言来言说，我们才能学会将锤字炼句的过程视为创作一件以语言为材质的艺术作品的过程，从而倍加留意语言的语法形式以及文字的组合、意义与价值，进而学会对这些东西进行恰当地权衡，以便能够更好地来加工处理那些有助于我们表达并保存有价值的思想的语言材料，也进而学会尊重我们自己的母语或当下正在使用的语言，不会为了重新加工塑造的缘故而对其进行不合常规地随意改动，以至于让我们自己的言说风格不仅没有变得更优美，反而变得更

① SCHOPENHAUER A. Parerga and Paralipomena：Short Philosophy Essays [M]. vol. 2. Oxford：Oxford University Press，1974：571 – 572.

② SCHOPENHAUER A. Parerga and Paralipomena：Short Philosophy Essays [M]. vol. 2. Oxford：Oxford University Press，1974：574 – 575.

拙劣。①

一百年后，致力于提高时人的说话、写作、阅读水平的奥地利裔美籍语言教育家鲁道夫·弗莱彻（Rudolf Flesch，1911 年—1986 年）在其《清晰思维的艺术》一书中通过引用、讨论叔本华的上述观点，劝告那些对任何外语都没有兴趣的美国人说："让我提醒你们，自罗马人以来，西方文明是由至少懂得一门外语的人建立起来并传承下去的；直到不久以前，拉丁语和希腊语还是每一个有教养的人的必备知识。正如有句名言说，滑铁卢战役赢在伊顿的操场上；同样可以说，大英帝国赢在伊顿的教室里，因为在那里帝国未来的殖民地管理者已被迫要作拉丁文小诗了。"②

由叔本华和穆勒有关古典语言的论述可以看出，二人都认为，学习古典语言也是在学习逻辑、学习思维、学习表达，就此而言，没有哪一种现代语言能够比得上古典语言，所以学习古典语言很重要。不过，按照弗莱彻在《清晰思维的艺术》一书中的说法，实际上真正重要的不是学习古典语言，而是古典语言和现代语言之间的翻译活动。正是在这种翻译活动中我们进一步提高了自己的逻辑、思维和表达水平。而就翻译只是一种语言转换来说，即使一个人不懂任何外语或任何与当前所用的语言不同的语言，也可以练习翻译，如，在同一种语言中用不同的词句来表达同一种思想即是一种很好的翻译练习。翻译做得越好，人们就越能够有意识地让思想摆脱语言的束缚，就越能够将思想和语言区分开来。③的确，通过语言间的翻译活动，人们会更少由于长期使用一种语言就误将熟悉认作精确或误将语言本身当成事实。如此一来，由语言所造成的思维错误就会减少到最低限度，我们的思维自然也就会更加清晰，从而也就更容易发现真理。这无疑也是弗莱彻为什么在其《清晰思维的艺术》一书中专辟一节来谈论"翻译的追求"的原因。

---

① SCHOPENHAUER A. Parerga and Paralipomena：Short Philosophy Essays［M］. vol. 2. Oxford：Oxford University Press，1974：570－571.

② FLESCH R. The Art of Clear Thinking［M］. New York：Happer & Brothers，1951：49.

③ FLESCH R. The Art of Clear Thinking［M］. New York：Happer & Brothers，1951：9－50.

第二节 穆勒的逻辑观

除了在《逻辑体系》中之外，在《沃特利的逻辑要义》《威廉·哈密尔顿的哲学考察》《圣安德鲁斯大学就职演说》中穆勒均用了不少篇幅来讨论逻辑科学的特点和逻辑学习的意义。这里将穆勒在《圣安德鲁斯大学就职演说》中的相关论述概括如下。

逻辑科学有两部分：演绎逻辑和归纳逻辑。前者帮助人们从前提进行正确的推理，后者帮助人们从观察得出正确的结论。演绎逻辑比归纳逻辑更古老，在“推理”这个词专指“演绎推理”的狭隘意义上，推理是一个比归纳更容易的过程。当观察的科学还处于纯粹经验阶段时，仅仅通过推理进行工作的科学即纯粹数学已经达到了很高的高度。正因如此，演绎原理很早就被人们理解、认识和系统化了。

就逻辑而言，即使仅仅限于演绎逻辑，如名称理论、命题理论和三段论理论，也没有哪一种智识教育会比它具有更大的价值或者说可以代替它。值得指出的一点是，鉴于两个推理者之间的主要差别常常在于谁更易于被误导，所以，可以说逻辑的用途实际上主要是反方向的，即与其说是让人们保持正确，不如说是让人们避免错误，因为即使对于最严谨的心灵来说，想通过避开一切意外的误导、一切易入的歧途而让理智永远保持在正确的方向上是完全不可能的。逻辑指出从正确前提出发得出错误结论的一切可能，通过对推理过程的分析，提出用来说明推理过程的形式，从而一方面可以防止谬误潜入的危险，另一方面也可以发现何处已经潜入了谬误。正是在这个意义上，可以说逻辑规定了追求真理的普遍原理和规则，这些条件无论是否被意识到，心灵的活动都要遵守它们。

逻辑是模糊混乱思考的清除剂，它清除了掩藏人们自身无知的、在人们不理解一个问题时却让人们自以为理解了该问题的模糊混乱。有些人常常谈论那些在不知不觉中就做成了一件大事的伟大人物、那些洞察到了最深奥的真理但却道不出个所以然的伟大人物、那些无法向他人解释清楚一些结论是怎么得到的伟大人物，从而认为逻辑对于思考并不是必要的。这无疑是荒唐的，就像不能因为有些聋哑人也能做很聪明的事，就认为听说能力对于人不是必要的一样。要是一个人想要知道自己是否正在进行正确的思考，就要将思考变成语词，在每一次尝试这样做的时候，他会发现自己在有意无意地运用逻辑形式。逻辑迫使人们将意义变成清晰的命题，将推理变成清晰的步骤。它让人们意识到，推理得以有效进行的所有隐含假设以及在任一推理过程中要遵守何种程度的原则。它让人们的意见自身一致且彼此一致，即使在它不能使人们正确思考的时候，它也能迫使人们清晰地思考。清清楚楚地看到包含在意见中的那些据以接受或放弃这些意见的原则和结论具有极大的益处，因为在清明世界中寻求真理无疑更易于发现真理。

现实生活中常常有这么一种观点，即认为逻辑对思考没有帮助，不可能由规则来教会人们思考。确实，没有实践，单单规则自身在教授东西方面只有很小的作用。但如果思维活动没有被规则所改进，那么可以说，人类思维活动将永远停留在自发阶段。人类主要是通过实践来学会锯木头的，在木头锯得好和锯得坏之间显然存在着差别，找出这些差别并将其用语言表达出来，就有了如何锯木头的规则，这些规则对于锯好木头无疑有着极大的帮助。类似地，想要思维清晰、不在瞎摸乱撞中绊倒在最荒谬的错误上，学习逻辑科学、掌握逻辑规则无疑具有极大的益处。

18 世纪一些有名的英格兰和苏格兰思想家对经院学者与其说是关于逻辑不如说是关于推理过程本身所提出的那些夸大的主张有很深的反感，他们觉得逻辑（主要是三段论逻辑）没有什么用，没有逻辑他们的思考工作一样做得很好，学习逻辑的人并不比不学习逻辑的人推理得更好。但是，这种逻辑无用论可能恰恰意味着那些不学习逻辑的人实际上并非是合格的、好的推理的判断者，他们所宣称的逻辑学家也常常做出糟糕推理的证据。或许只是逻辑学家的结论与他们的不一样，也许做出糟糕推理的正是他们自己。

如果不仅把演绎的原则和规则而且把归纳的原则和规则也包括进逻辑，让前者保护人们不去做糟糕的推论，后者保护人们不去做糟糕的概括，那么逻辑的功用可能会得到更高的评价。如果说人们在从普遍命题到普遍命题的论证中很容易犯错，那么可以说人们在对自己和他人所做的观察进行解释时更容易犯错。一个未受过训练的心灵想要从自身的经验中得出恰当的普遍性结论几乎没有可能，而即使是受过训练的心灵，当其所有的训练仅限于一专门问题之上而没有扩展到归纳的普遍原理之上时，也只有在事实可证实其推论的时候才可能会得出恰当的普遍性结论。一个才能卓越的科学研究者在研究没有事实来对之进行检验的问题时，常常会从实验知识中得出结论或进行概括。但是，不管什么样的归纳理论都无法保证这些结论或概括的可靠性。因而，一个明显的事实是，单单实践活动，即使是一种好的实践活动，没有原理和规则也是不行的。培根爵士（Francis Bacon，1561 年—1626 年）在注意到归纳规则是必要的并在最大程度上考虑其实际特征方面可以说是居功至伟。尽管培根式归纳并不充分，并且很快就脱离了实践，但其观念的瑕疵和不足在归纳科学进步的最初阶段无疑是难以避免的，在仅仅一两代人之后这一理论就得到了极大的改进。①

对于逻辑科学的特点和逻辑学习的意义，通过讨论逻辑学与其他一些学科的关系可以得到更为清晰的理解。这里不妨重点看看爱尔兰逻辑学者彼得·考菲（Peter Coffey，1876—1943）在其《逻辑科学》② 一书中有关逻辑学与形而上学、心理学、修辞学、语法学之间关系的讨论。

首先来看看逻辑学与形而上学的关系。心灵将一切存在（Being）或实在（Reality）作为其认识的对象。形而上学考虑最抽象、最一般的存在，通过简单、抽象、普遍的对象帮助人们理解具体科学的较复杂的对象。正如数学有助于人们学习物理学一样，形而上学有助于人们学习所有的科学，它将原理和公理赋予一切科学，保证包括逻辑学在内的所有科学的初始假定是有效的。既然存在是人们认识的对象，而逻辑学的目的就在于认识一切存在得以被认识的过程，所以很显然逻辑学对一切存在都有一种间接的兴趣。当形而上学研究特殊科学所关注的那些事物的共同性质时，即当它研究“实质存在”（real being）本身及其“实质属性”（real attributes）时，逻辑学研究心

---

① MILL J S. Inaugural Address Delivered to the University of St. Andrews [M] //ROBSON J M. and STILLINGER J. Collected Works of John Stuart Mill [C] . vol. 21. Toronto: University of Toronto Press, 1984: 238 – 240.

② 本书首次出版于 1912 年，共分为两大卷，极为详尽地讨论了传统逻辑的思想和方法。维特根斯坦（Ludwig Wittgenstein，1889 年—1951 年）曾于 1913 年在《剑桥评论》上为这本书写了一篇书评，这也是维氏一生中写过的唯一一篇书评，书评中列举了书中的许多错误，从现代逻辑的立场对该书进行了批评和否定。

灵中的、从属于认识过程的存在，而不是研究“实质存在”本身及带有“实质属性”的存在。因而，形而上学是有关实在的最抽象、最一般的科学，逻辑学是有关实在认识的最抽象、最一般的科学。①

接下来看看逻辑学与心理学的关系。心理学是研究包括一切心理活动在内的生命的终极原因和原理的理论科学，比逻辑学有着更为宽泛的研究内容。即使在这两门科学部分重合之处——即在理智思维和推理过程的研究中，它们的观点也完全不同。心理学将人们的思维过程作为自然现象、作为生命的自然活动来研究，旨在发现其发生、发展的原理和规律。心理学的目的在于发现人们如何思考，而不是人们应当如何思考；在于发现思维的实际联系和相互作用的自然规律，而不在于规定理想的精确思维必须符合的规范。心理学家仅限于关注思维过程的主观心理状态，而不关注思维产物的客观所指及其精确性、有效性等方面。因此，这两门科学之间的区别是非常清楚的。然而，实际上要将它们完全分开却是不可能的。有关人类心灵本质和功能的心理学知识对于思维过程的逻辑分析是不可或缺的，而这种逻辑分析肯定会把人们带回到有关理智认识的起源和促进这种认识的感性活动的纯粹心理学研究中去。因此，会出现许多对于概念、判断、推理等等的心理学讨论；而对认识的起源和发展的心理学讨论也不可避免地会引起关于认识的对象、认识的有效性和认识的真假及其检验等逻辑问题。有关信念（beliefs）的心理学分析和解释几乎无法与信念是否或者在多大程度上是逻辑可辩护的这一问题分离开来。②

再来看看逻辑学和修辞学的关系。逻辑学和修辞学有相近的目标，逻辑学的目标在于通过理智（intellect）来说服人，修辞学的目标在于通过情感（emotions）来说服人。这两门科学都与心理学有关，前者关注理智领域，后者关注情感领域。只是修辞学与逻辑学相比，与语言和文学研究的关系更为密切。③

最后，再来看看逻辑学与语法学的关系。除了每一种特殊语言的语法学之外，还有一门研究一切语言必须遵从的规律的普遍语法（Universal Gram-

---

① COFFEY P. The Science of Logic [M]. vol. 1. New York: Peter Smith, 1938: 30-31.

② COFFEY P. The Science of Logic [M]. vol. 1. New York: Peter Smith, 1938: 33.

③ COFFEY P. The Science of Logic [M]. vol. 1. New York: Peter Smith, 1938: 34.

mar）或一般语法（General Grammar）的科学。这门科学关注对一切理性语言来说都必不可少的词类之间的相互关系，以及词类与其所表达的思想之间的联系。这门以语言为研究内容的普遍语法学与以思想本身为研究内容的逻辑学显然有密切的关系，因为逻辑学也以次一级的方式关注与思想不可分离的语言。语言可以被定义为由发音器官产生的音节分明的声音系统，可以作为思维工具和思想交流的指号（signs）。这一定义是人类“口头语言”的定义，不包括动物各种本能的无明确音节的叫声这种广义的“语言”，不包括各种手势语和聋哑人的指号系统，也不包括不借助于口头语言直接表示思维对象的表意文字（如象形文字）。不过，这一定义间接地包括表音书面（phonographic written）语言，其口头语言本身的视觉符号就是其书面语言，也间接地包括专为盲人发明的通过触觉阅读的盲文。

语言，不管是口头的还是书面的，都是用来交流思想和记录思想的指号系统。语言的主要功能无疑就是口头地交流思想并通过书面指号的组合来保存记录思想。语言的另一重要功能就是给思想提供自然的帮助或者作为思想的工具。事物的指号或标记（mark）可以让人们来认识事物。形式的（formal）指号通过与事物的相似让人们想到事物，如各种图像（images）。工具的（instrumental）指号不是通过相似与事物联系的，其与事物的联系或者是天然的（如烟是火的指号），或者是人为的（如军事上的各种信号），前者被称为天然的工具指号，后者被称为人为的或约定的工具指号。构成动物的所谓“语言”的声觉指号是天然的指号，构成人类语言所谓“语词”的音节分明的声音主要是人为的指号，之所以说“主要是”是因为虽然人类语言中有大量细节性的东西是约定的，但其总体来说却是自发的、自然生长的。

这里将语言起源的问题、其与思维的天然联系问题、没有语词或任何语言的思维的可能性或不可能性问题都留给心理学，只强调这一事实，即一切思维过程都要比人们不经反思所想象的更多地依赖于语词、更多地需要语言的帮助。人们在将感觉经验分解成构成要素时得益于将“名称”赋予每一个要素这种能力的帮助；在抽象的、包含大量属性的一般概念的形成和保持中，用来表达概念的“词项”有力地把握住了概念的内容；词项不仅旨在使概念明确，也旨在使概念之间的关系得以确立的判断和推理过程明确。因而，即使是对于中等程度的思维，语言也是实际上不可或缺的工具。

正因如此，逻辑学必须关注语言。不过，逻辑学并不同于语法学。后者仅仅关注言语中的思想表达，关注构成语言并被称为词类的语词的相互关系。逻辑学把语言当作思想的工具和载体，因此只把语言分析到表达思想的最简单的元素即“概念”为止，不会再去分析概念背后的东西，也即是说，语言的逻辑分析不会进行到“词项”或“名称”之后。

因此，从逻辑的观点看，语词无须分成九大词类，只需要分成两大类就够了，即自身表达概念或观念的语词和自身不表达概念或观念的语词，也可以说是逻辑词项或名称的语词和不是逻辑词项或名称的语词。前者被称为“可单独使用的语词”（Categorematic Words），后者被称为“必须与另一词结合使用的语词”（Syncategorematic Words）。前者可单独作为逻辑命题的主词或谓词，后者则不然，不与可单独使用的语词相结合就没有意义。所有自身无意义的语词都在逻辑学关注的领域之外，所有自身有意义的语词，不管它们在语法上是什么词类，都被逻辑学称之为“词项”或“名称”。有意义的或可单独使用的因而可以作为逻辑命题的主词或谓词的词类主要是名词和形容词。代替名词的独立主格代词也是可单独使用的。分词、所有格的形容词、指示性的形容词、名词和代词的所有格逻辑上都等同于形容词，因而也是可单独使用的。所有的动词在逻辑学中都变成了与动词“to be”相结合的分词，而动词“to be”则是命题逻辑形式中唯一连接主词和谓词的链环即系词（copula）。副词作为形容词和分词的修饰词撇开所修饰的语词其本身并没有意义，因而是必须与另一词结合使用的词。介词、连接词和感叹词也是如此。

语句（sentence）的语法分析和命题的逻辑分析并不一样，前者将语句分析为名词（或代词）和动词，后者将命题分析为主词和谓词。并非所有的语法语句都是逻辑命题，只有那些通过动词的直陈式语气做出陈述的语句才是命题。另一方面，一组语词除非清晰地包含或等价地包含一个名词和一个动词才会被语法视为是一个语句，而逻辑则甚至会把像“火”这样的一个单音节的呼喊解释成命题，即逻辑会以主词、系词和谓词这种命题形式来完整而清晰地重新表述那种呼喊：“这些房屋着火了。”此外，语句的逻辑主词的确定与其说是通过查看语句的语词形式，不如说是通过查看语句的基本思想，找出在对什么东西进行思考，这个东西可作为逻辑主词，而对这个东西所做的思考则可作为逻辑谓词。通常，一个陈述的逻辑形式和语法形式并不重合，要得到前者就要重塑后者。逻辑主词总是可以在语法上被分析成名词。带有所修饰成分的形容词在逻辑上是个谓词，只有通过省略法才能作为逻辑主词。比如，“有德性的（人）是快乐的。”当然，任何一个词在不是被使用而是被提及的时候，都可以作为一个逻辑主词。例如，“‘Seldom’是一个双音节单词”，“‘alas’是一个感叹词”，“‘and’是‘et’的英译”等。

最后，要注意的是，作为命题的主词或谓词的词项或名称也许常常是由两个或多个语词来表达的，而不是由单独一个语词来表达的。因此，“名称”（Name）可以被定义为：“可用作让人们想到某个思想对象的指号或标记的语词或语词的组合。”当名称在逻辑命题中被用作主词或谓词时，它被称为“词项”（Term），也被称为“端项”（来自 Terminus 这个词，即界限或边界的意思，一个判断中所比较的两个观念构成了这种比较的两端）。“逻辑词项”（Logical Term）通常被定义为：“观念的言语表达，或者说逻辑命题的分析结果，即分析成主词和谓词这一分析结果。”当撇开任何命题来单独看待这种“言语表达”时，它被称为“名称”；当其作为命题的主词或谓词时，它被称为“词项”。词项或名称可以是单独一个语词，如“学者”，也可以是语词的组合，如“哲学学者”。这一事实可让词项或名称划分为“单语词的”（Single-worded，Terminus Incomplexus）和“多语词的”（Many-worded，Terminus Complexus）。后者是语词的组合，其中一些语词本身是简单词项，其他一些是必须与别的语词结合使用的语词，这些语词以间接的方式为逻辑所关注。①

考菲的上述讨论在表明逻辑学与其他一些学科的密切关系的同时无疑也间接地从若干方面表明了逻辑学的一些独特性质，从而为逻辑学的功用性和重要性、逻辑学习的必要性提供了更为充足的理由。而其中有关逻辑学与修辞学、逻辑学与语法学的讨论也足以表明逻辑与语言的关系密不可分。就逻辑和语言的密切关系而言，穆勒在其论著中多有讨论，其观点在前文有关语言和逻辑重要性的讨论中已隐约可见，这里有必要进一步来看看穆勒为何认为逻辑研究应由语言分析开始。

① COFFEY P. The Science of Logic [M]. vol. 1. New York: Peter Smith, 1938: 34-37.

第三节 逻辑研究与语言分析

穆勒认为逻辑学者们的研究活动通常都是由对词项（Terms）及其变化的一般考察开始的，其理由大致如下。

逻辑是思维艺术的一部分，语言显然是并且所有的哲学家也都承认是思想的主要工具或助力之一；任何工具或使用工具方法的不完美与几乎任何一种别的技艺的不完美相比无疑更易于使思维的过程混乱并受到阻碍，进而毁坏结果可信性的一切基础。对一个并未先已通晓各种语词的意义和正确使用的人来说，去尝试哲理化方法的研究，就好比有人从未学会调整其光学仪器的焦距以便看得清楚就试图成为一名天文观测者一样。既然推理或推论这一逻辑的主要问题是一种通常通过语词的方式并且在复杂的情况中不能以任何别的方式来进行的活动，所以那些对语词的含义和用法没有彻底洞察的人几乎可以肯定会进行不正确地推理或推论。逻辑学家普遍感到，除非一开始就排除这种错误的来源、教他们的学生扔掉扭曲对象的眼镜并使用那些以一种增进其视力而不是减退其视力的方式来适应其目的的眼镜，否则他们就看不到对学生进行余下的训练还有任何好处。因而，对语言的探究，就需要防范其所引起的错误而言，无论何时都注定是逻辑研究的必要先决条件。但还有另一个更为根本性的理由，为什么语词的含义应当是一个逻辑学家最先考虑的问题？因为没有它就无法去考察命题（Propostions）的含义。①

穆勒认为，逻辑的目标是要弄清楚人们如何获得知识领域中最为重要的非直观的知识，以及在非自明的问题上人们可以通过什么判据来区分已证明的东西和未证明的东西、值得相信的东西和不值得相信的东西；而就自发出现的、需要人们进行探究的各种问题来说，有些可以从直接意识中得到答案，另一些只能通过证据的方式得到答案；但在探究解决问题的方法之前，

① MILL J S. A System of Logic [M]. London: Longmans, Green, And Co., 1886: 11.

有必要探究自发出现的那些问题是什么、可以想到什么样的问题、有什么样的探究人类已经得到了答案或者可以想象有可能会得到答案，这一点通过对命题的考察和分析就再清楚不过了。①既然如此，这里就有必要先来对穆勒有关命题的一般看法作一概述。

在穆勒看来，对任何一个问题的回答都必须包含在命题（Proposition）或断定（Assertion）之中。无论所相信的或不相信的东西是什么，当放到语词中时，都具有一种命题的形式。一切真和假都位于命题之中。出于便利的需要，通过对抽象术语的恰当误用，人们所称之为的“真”（Truth）就意指真命题（True Proposition），而所称之为的“假”则意指假命题（False Proposition）。知道一切可能命题的含义就是知道一切所能提出的问题、知道一切所能相信或不能相信的东西。“可以建议多少种探究”“可以做出多少种判断”“可以提出多少种有意义的命题”只是同一个问题的不同形式。于是，既然一切信念（Belief）和一切探究的对象都在命题中呈现它们自身，所以对命题及其各种变体的充分考察会让人们认清人类实际上向他们自己问了什么问题、在依理对这些问题的回答中人类实际上认为他们有理由相信什么东西。

现在，既然命题是通过把两个名称放在一起而形成的，所以可以给出命题的一种日常简单定义，即命题是某种东西相对某种东西而被肯定或否定的述说（a discourse, in which something is affirmed or denied of something）。如在“金子是黄色的”这一命题中，“黄色的”这种性质相对“金子”这种物质而被肯定。在“富兰克林不是出生在英格兰”这一命题中，“出生在英格兰”这几个词所表达的事实相对“富兰克林”这个人而被否定。

每一个命题都包括三个部分：主词（Subject）、谓词（Predicate）和系词（Copula）。谓词是指谓被肯定或被否定的东西的名称。主词是指谓人或物——某种东西相对其而被肯定或否定——的名称。系词是指谓存在一种肯定或否定的指号，因而使听者或读者能够将命题与别种论说区分开来。如在“地球是圆的”这一命题中，谓词是“圆的”这个词，其指谓被肯定或被谓

① MILL J S. A System of Logic [M]. London: Longmans, Green, And Co., 1886: 11-12.

述的那种性质；而主词则是指谓对象——那种性质相对其而被肯定——的“地球”这个词；用作主词和谓词之间的联结标记表明其中一个相对另一个而被肯定的“是”这个词被称为系词。

这样，每个命题都至少由两个名称所构成，即以一种特殊方式将两个名称放到一起。由此可见，对一种关乎信念的活动来说，一个对象是不够的，最简单的关乎信念的活动都要涉及两个对象，或者说两个名称或两个可命名的东西（nameable things），有些思想家也会说两个观念（ideas）。这些思想家会说，主词和谓词二者都是观念的名称，如金子的观念、黄色的观念，而信念活动就在于将这些观念中的一个放到另一个之下。这是否是描述现象的正确方式是以后要考虑的事。当前，必须强调这一点，即在每一次关乎信念的活动中都要以某种方式来考虑两个对象，不可能主张或提出什么不包含两个明确的（或者是物质的或者是精神的）思想对象的信念或问题，其中每一个也许可以也许不可以被单独想到，但却不可能被单独相信。

例如，当说“太阳”时，这个词有一个意思，会让任何一个听到这个词的人心中想到这个意思。但假如问他：它是否是真的？他是否相信它？他会无法回答。因为没有什么要相信或不相信的。不过，现在，就关乎太阳的一切可能的断定而言，如果有人做出一个除了太阳自身之外尽量不涉及其他对象的断定，说“太阳存在”。立刻就有了某种一个人可以说他相信的东西。但这里可以发现有两个不同的观念对象而不只是一个：“太阳”是一个，“存在”是另一个。不要说第二个观念“存在”包括在第一个观念之中，因为可以想象太阳不再存在。“太阳”没有传达出“太阳存在”所传达出的全部意思。“我的父亲”不包含“我的父亲还在”的全部意思，因为他可能亡故了。“圆的方”不包含“圆的方存在”的意思，因为它并不存在也不可能存在。当有人说“太阳”“我的父亲”“圆的方”的时候，他并不要求听者相信什么或不相信什么。但如果有人说，“太阳存在”“我的父亲还在”或“圆的方存在”，他就是在要求听者要相信些什么。听者会相信这三个例子中的第一个并会视具体情况而相信或不相信第二个且不会相信第三个。

这种第一步就对所相信的对象进行分析的做法是切实可行的、不用对语言进行预先考察的唯一做法。如果人们沿着同样的路径继续前进，也即是说，进一步分析命题的含义，那么就会发现不得不首先来考虑名称的含义这一问题，因为每个命题都由两个名称所构成，而且每个命题都用这两个名称中的一个来肯定或否定另一个。现在，当用两个名称中的一个来肯定或否定另一个的时候，人们的所思所行必须取决于这两个名称是什么东西的名称，因为进行肯定或否定正是与此有关而不是与纯粹的名称自身有关。于是，这里就发现了一条新的理由来解释为什么要在进行命题含义探究的最初阶段就要弄清楚名称的含义并要弄清楚通常名称与由其所指明的东西之间的关系。

也许有人会反对说，对名称含义的探究最多只能将人们引向人类提出的关乎事物的那些愚蠢的、没有根据的意见，而哲学的对象是真理不是意见，哲学家应该扔掉语词去考察事物本身，弄清楚对于事物本身可以提出并回答什么样的问题。这一劝说（幸运的是没有人有能力依照这一劝说去做）实际上是提倡抛弃前人的全部劳动成果，让说这种话的人表现得好像是第一个将探索的眼睛转向大自然的人。在剔除通过他人的言语所获得的一切东西之后，一个人关于事物的知识还剩下多少呢？即使他学到了与人们通常从他人那里学到的同样多的东西，包含在他个人心中的有关事物的观念会像所有人类心中的那些观念一样为合理分类（*catalogue raisonné*）提供同样充分的基础吗？

在任何并不从其名称开始的事物的枚举和分类中，除去探究者认识到的事物之外，许多事物并非自然而然地就会被了解和认识。那种枚举有没有遗漏任何应当被包括进来的事物仍然有待通过随后对名称的考察来加以确定。但如果人们由名称开始并将其用作通向事物的线索，那么所有那些已经被认识到的差别立刻就会呈现在人们面前，这些差别不是由单个探究者所认识到的而是由所有探究者一起认识到的。必须承认，人类常常仅仅根据事物命名方式的差别来想象事物的差别，从而不必要地成倍增加了事物的多样性。但探究者一开始无须来假定这一点，而是应该从认识由日常语言造成的差别来开始。如果其中有些差别并不是根本性的差别，那么不同种类的实在之物的枚举就可以相应地被缩减。要是一上来就先将理论之轭强加在事实之上，然后再来讨论该理论的依据，这并不是逻辑学家可以合理接受的。①

① MILL J S. A System of Logic [M]. London: Longmans, Green, And Co., 1886: 12-14.

按照奥斯卡·库比兹（Oskar Alfred Kubitz，1898 年—1976 年）看法，穆勒对于逻辑学研究应由语言分析开始的上述讨论可概括为四点。一、这是逻辑学者通常的做法，对名称或词项及其各种变化的讨论总是先于对命题含义的讨论。二、语言不仅是交流的主要工具，也是思想的主要工具，既然逻辑学研究涉及某些用于区分值得相信的和不值得相信的东西，所以就需要防范语言造成的错误来说，没有什么比对语言进行探究更值得做的了。三、对语词含义的考察还有更深层次的原因。没有对语词的考察就不可能理解命题的含义，而命题的含义是处在逻辑学门槛上的一个问题。四、对语言含义的说明最终是为了对事物进行分类。忽视对语言的考察而直接去考察事物是愚蠢的，因为语言是事物之间既有区分的存储器，而且包含着所有研究者而不是单个研究者所做出的区分，不容易让人忽视掉事物之间任何重要的区分。①正是因为对语言的考察就是在为语词含义的理论、命题含义的理论以及名称所指的事物的枚举铺平道路，所以在逻辑学研究的开端首先来考察名称和命题就显得尤为必要。接下来，就来看看穆勒的语词含义理论或者说名称理论。

① KUBITZ O A. Development of John Stuart Mill’s System of Logic［M］. Illinois：Illinois Studies in the Social Sciences，1932：56－57.

第二章　穆勒的名称理论

本章主要介绍穆勒的六种名称分类，即普遍名称和个体名称、具体名称和抽象名称、涵谓名称和非涵谓名称、肯定名称和否定名称、关系名称和独立名称、单义名称和多义名称，重点讨论其中的涵谓名称和非涵谓名称，包括对“涵谓”与“指谓”这两个概念的历史变迁所做的一番考察。

第一节　概述

穆勒似乎认为在开始名称问题的讨论时，首先有必要弄清楚“名称究竟是什么东西的名称”？因此，在其“论名称”（Of Names）一章的开头就提出了这样一个问题，即“名称是事物的名称还是事物的观念的名称?”在引用了托马斯·霍布斯的两段话来表明霍布斯坚持“名称是事物的观念的名称”这一主张之后，穆勒提出了自己的不同看法：名称并不仅仅旨在使听者想起言者所想起的东西，还告诉了听者言者所相信的东西。当言者用名称来表达信念时，信念是关乎事物自身的信念，而不是关乎言者对事物的观念的信念。当言者说“太阳是白昼的原因”时，言者的意思并不是说他关于太阳的观念在他心中造成或引起了白昼的观念，或者说想到太阳让他想到了白昼。言者的意思是说，被称为“太阳出来了”的某个物理事实（其最终可分解为感觉而不是观念）造成了被称为“白昼”的另一个物理事实。因而，“似乎恰当的做法是，将一个词视为当我们使用它时我们意在通过它来让人理解的那种东西的名称，或者视为我们相对它所断定的任何事实都要通过某种东西而被人理解的那种东西的名称，或者简而言之，当我们使用这个词的时候我们意在用这个词来给出其信息的那种东西的名称”①。显然，在穆勒的名称理论中，“名称”是事物自身的名称，而不是事物观念的名称。这样一来，自然就引出了第二个问题，即“名称是什么样的事物的名称?”，而要回答这一问题就需要考察各种不同的名称。但在考察通常所划分的各类名称之前，往往还要先将那些不是名称而只是名称一部分的词与各类名称区分开来，对此，穆勒主要考虑了虚词、发生屈折变化的名词和形容词，并对必须与别的词放在一起来使用的词和可单独使用的词进行了讨论。其中的具体内容可概括如下。

日常语言中的虚词（如 *of*、*to*、*truly*、*often*）和发生屈折变化的名词（如 *me*、*him*、*John's*）以及形容词（如 *large*、*heavy*）并不表达事物，即别的东西都可以相对其而被肯定或否定的事物。通常不能说，“重的下落或一个重的下落”“真正地或一个真正地被断定了”“的或一个的在房间里”，除非所谈论的仅仅是那些语词本身，如“‘*Truly*’是个英文词”或“‘重的’是个形容词”。在这种情况中，那些语词本身是十足的名称，即或者是特殊声音的名称或者是书面字母特殊组合的名称。一个语词仅仅指谓构成它的字母和音节这样一种用法被经院学者们称为这个词的实质指代（*suppositio materialis*）。在任何其他意义上都不能将上述这些词引入命题的主词之中，除非与其他词相结合，如，“一个重的物体下落”“一个真正重要的事实被断定了”“一个下院的议员在房间里”。

形容词可以单独作为命题的谓词，如“雪是白的”，偶尔甚至可以作为主词，因为可以说“白的是一种令人愉悦的颜色”。形容词的这种用法常常被说成是语法上的省略，即“雪是白的”而不说“雪是白的东西”；说“白的是一种令人愉悦的颜色”而不说“白的颜色或白这种颜色是令人愉悦的”。按照其语言规则，希腊人和罗马人不仅可以在命题的谓词中而且可以在命题的主词中普遍采用这种省略。但一般说来，在英语中就不能这样做。如，在英语中可以说“地球是圆的”（The earth is round），但不能说“圆的是容易

① MILL J S. A System of Logic［M］. London：Longmans，Green，And Co.，1886：15.

移动的"（Round is easily moved），而必须说"圆的物体（A round object）是容易移动的"。不过，这种区分完全是语法上的而不是逻辑上的。因为"圆的"和"圆的物体"之间并没有意思上的差别，只是一种规定在某些时候要这样用而不那样用的习惯。因此，无论是就其自身的资格而言还是就其作为以上举例说明的那些典型的较迂回的表达形式而言，都应毫不犹豫地称形容词为名称，而其他各种从属性的语词则没有资格被称为名称，副词或宾格词（an accusative case）在任何情况下（除了在仅仅谈论它们的字母和音节的时候）都不能作为命题的名称或词项。

不能被用作名称的一部分的词被一些经院学者称为"必须与别的词放在一起来使用的"（Syncategorematic）词，这一术语由"与……一起"（*σνν*，with）和"谓述"（*κατηγορεω*，to predicate）而来，因为只有与某些别的词放在一起它们才能被谓述。不用任何别的词相伴就能用作命题的主词或谓词的词被称为可单独使用的（Categorematic）词。一个或多个可单独使用的词和一个或多个必须与别的词放在一起来使用的词的组合，如"*A heavy body*（重物）"或"*A court of justice*（法庭）"，被一些经院学者们称之为混合（mixed）词，但这似乎是专门术语不必要的增加。混合词在其唯一有用的意义上就是可单独使用的词，属于所谓的多词名称（many-worded names）那一类。

正如一个词常常不是一个名称而只是名称的一部分一样，多个词也常常只构成一个名称而不是多个名称。"阿比西尼亚王孙们的寝宫之地"这些词在逻辑学家看来只构成了一个名称，一个可单独使用的词。决定任何一组词是只构成了一个名称还是多个名称的方法就是用这组词来谓述某种东西，看看通过这种谓述是只做出了一个断定还是做出了几个断定。例如，当说"该市的市长 John Nokes 昨天死了"的时候，通过这种谓述只做出了一个断定，由此表明"该市的市长 John Nokes"只是一个名称。然而，假如那些词变成"John Nokes 和该市的市长"，它们就构成了两个名称而不是一个名称。因为当说"John Nokes 和该市的市长昨天死了"的时候，就做出了两个断定：一个是 John Nokes 昨天死了，另一个是该市的市长昨天死了。①

在上述讨论的基础上，穆勒接下来就按照名称当中已经确立的那些区分即六种主要的分类方式对名称进行了分类。其中，第一种名称分类是将名称划分为普遍名称（General names）和个体名称（Individual names）。普遍名称是能够在同一种意义上相对多个东西而被肯定的名称，个体名称则是只能在同一种意义上相对一个东西而被肯定的名称。普遍名称必须与集合名称（Collective names）区分开来，前者可以相对一类东西中的每一个个体而被谓述，而后者只能相对作为一个集合整体的所有个体而被谓述。第二种名称分类是将名称分为具体名称（Concrete names）和抽象名称（Abstract names）。具体名称是表示东西或对象的名称，抽象名称则是表示东西或对象的属性的名称。抽象名称有时是普遍名称，如“颜色”（colour），有时是个体名称，如“奶白”（milk-whiteness）。第三种名称分类是将名称分为涵谓名称（Connotative names）和非涵谓名称（Non-connotative names）。涵谓名称是既指明对象又隐含属性的名称，而非涵谓名称则仅仅是要么指示对象要么指示属性的名称。所有具体的普遍名称都是涵谓的，抽象名称如果仍有属性可归于它们，也可以是涵谓的。事实上，只要名称传达了某种信息都是涵谓的。专名（proper names）因不传达什么信息而不是涵谓的。名称的涵谓理论是穆勒的独特贡献，构成了其有关命题含义问题研究的基础，也是这里要重点讨论的其名称理论的核心内容。穆勒对名称的第四种分类是将名称分为肯定名称（Positive names）和否定名称（Negative names）。肯定的涵谓名称意指属性的存在，否定的涵谓名称意指属性的缺失。第五种名称分类是将名称分为关系名称或相对名称（Relative names）和独立名称或绝对名称（Absolute names）。当一个名称就其所指谓的对象而言被说成是“关系的”或“相对的”时候，意味着其同时还隐含地指谓另一个对象，或者说从作为该名称的命名依据的同一事实中还可以派生出另一个名称，而独立名称或绝对名称则并不隐含另一个对象，也不派生另一个名称。第六种名称分类是将名称分为单义名称（Univocal names）和多义名称（Equivocal names）。一个名称是单

---

① MILL J S. A System of Logic [M]. London: Longmans, Green, And Co., 1886: 15－16.

义的指其可以在同一种含义上相对多个不同的东西而被谓述，而一个名称是多义的则指其可以相对同一个东西在不同的含义上被谓述。

在穆勒看来，名称的分类从属于事物的分类。“要是我们知道所有名称意指的是什么，我们就会知道在人类现有的知识状况中能够作为进行肯定或否定的主词的一切东西或者能够相对主词而被肯定或否定的一切东西。在前一章，我们对各种名称做了相应的考察，为的是弄清楚每一种名称所意指的东西。现在，我们的这种考察已十分深入，足以对考察的结果做一番说明，也足以枚举出各种能够被用作谓词的东西，或者说能够对其进行谓述的东西。”①那么，什么是可以作为谓词的东西或者可以对其进行谓述的东西呢？亚里士多德的范畴被认为枚举了一切能够被命名的东西，即一切东西都可归入如下类别之中：实体（Oύσία，Substantia）、数量（Ποσὸν，Quantitas）、性质（Ποιὸν，Qualitas）、关系（Πρόsτι，Relatio）、主动（Ποιετν，Actio）、被动（Πὰσχειν，Passio）、空间（Ποῡ，Ubi）、时间（Πότε，Quando）、位置（Κετσθαι，Situs）、状态（"Eχειν，Habitus）。不过，穆勒认为这一分类并不完美，只是用日常语言针对各种差别大致给出的一个分类目录，没有尝试通过哲学分析深入到对那些常见差别的理论说明（*rationale*）之中。其中，有些对象被遗漏了，有些对象则在不同的条目下被重复了，就像把动物划分成人、四足动物、马、驴和矮种马一样。从关系范畴中排除掉主动、被动和位置之后，不可能对“关系”的性质有全面的认识。时间和地点范畴也是如此，地点范畴和位置范畴之间的区别纯粹是用字上的区别。而将构成第十个范畴的那个类树立成一个最高的类（*summum genus*），其不相称性是很明显的。此外，上述枚举也没有注意到任何除实体和属性之外的东西，如此一来，感觉或感受以及诸如希望、高兴、恐惧、听觉、嗅觉、味觉、痛苦、快乐、思想、判断、观念这样的心灵状态应归入何种范畴呢？亚里士多德学派可能会把所有这些放入主动和被动范畴，就那些主动的与其对象的关系和那些被动的与其肇因的关系来说，这样放是对的，但就心灵的感受或状态本身来说，这样放是错的，感受或意识状态肯定应被算作实在（realities），但肯

① MILL J S. A System of Logic [M]. London: Longmans, Green, And Co., 1886: 29.

定不能被算作实体（substances）或属性（attributes）。①

于是，穆勒对亚里士多德的范畴进行了重构，重点关注了以下几类范畴。第一，感受（Feelings）或意识状态（States of Consciousness），又可分为感觉（Sensation）、情感（Emotion）、思想（Thought）和意志（Volition）。这里感觉、情感、思想和意志的不同仅仅是造成“感受”的动因的不同，即“感觉”是身体上的，其他三者是精神上的。第二，实体（Substances），又可分为物体（Bodies）和心灵（Minds）。“物体”引起人们的感觉，而心灵则是感觉的感受者或感知者。第三，属性（Attributes），又可分为性质（Quality）、数量（Quantity）和关系（Relation）。物体的“性质”是当物体呈现于感官时在人们心中引起感觉的一种隐秘的力量，可以说，其与“感觉”是从不同视角来看的同一种东西的名称。一斤水和一斤酒的彼此相同之处与一斤水和十斤水的彼此不同之处是它们的“数量”。当人们说两个东西“数量”上不同时，就像当人们说它们性质上不同时一样，这一断定总是以它们所引起的感觉的差异为基础的。基于一个对象和另一个对象共同身处其中的某一事实的属性就是这两个对象之间的一种“关系”，当“关系”属性归于任一对象时，除了该对象自身和感觉者之外，这种属性的基础一定是某种还涉及其他对象的东西。②

在此基础上，穆勒对可命名的东西进行了如下总结。

作为分析的结果，所有可命名的东西可列举和分类如下：其一，感受或意识状态；其二，体验那些感受的心灵；其三，激起那些感受中的某些感受的物体或外在对象，加上它们借以激起感受的那些力量或特征，这后一类东西被看成是对日常意见的顺从，与其说是因为人们想当然地认为它们存在于无法刻意背离的日常语言中，倒不如说是因为将那些力量或特征视为真实的存在好像得到了一种可靠哲学的保证；四、感受或意识状态间的前后相继（Succession）和同时共存（Coexistence）、相似（Likeness）和不相似（Unlikeness）。这些关系，当被认为抽象地存在于其他东西之间时，实际上仅仅

---

① MILL J S. A System of Logic［M］. London：Longmans，Green，And Co.，1886：29－30.

② MILL J S. A System of Logic［M］. London：Longmans，Green，And Co.，1886：32－47.

存在于那些或者是物体所引起的或者是心灵所引起或所体验到的意识状态之间。这种分类，在没有提出一个更好的以前，可以作为一种有关存在分类（a Classification of Existences）的亚里士多德范畴的替代品。在后文开始探究命题的含义（the Import of Propositions）的时候，或者换句话说，在探究当心灵赞同一个命题时其实际上相信的是什么的时候，这种分类的实际应用将会显现出来。如果这种分类是正确的，那么这四个类别就包括了所有可命名的东西（Nameable Things），当然，所有这些东西或其中的一部分就构成了所有名称的含义，并且构成了人们称之为事实的东西。为了加以区分，每一个完全由所谓感受或意识状态构成的事实常常被称为心理的或主观的事实（a Psychological or Subjective fact）；而每一个或完全或部分由某些不同于感受或意识状态的东西即实体或属性所构成的事实被称为客观的事实（an Objective fact）。可以说，每一个客观事实都基于一个相应的主观事实，撇开与之相应的主观事实，除了作为产生主观事实或心理事实的那种神秘而不可知过程的名称之外，客观事实对人们来说并无意义。①

因此，虽然穆勒对亚里士多德范畴的重构建立在对语言考察的基础之上，但很明显这种重构也植根于其所维护的联想主义心理学（Associationist Psychology）之中。穆勒在其《逻辑体系》中所要达到的一个目标就是建立一种与联想主义心理学相一致的普遍的逻辑理论，而这正是理解其名称理论中为何特别关注名称的涵谓（connotation）、命题理论中为何特别强调命题的含义或内涵意义（meaning in Comprehension）的关键。

第二节 穆勒的名称分类

接下来，就对穆勒的名称分类情况做一较为详细的介绍，按照穆勒的说法，这些分类不是按照构成名称的语词的情况来做出的，而是基于可命名的

① MILL J S. A System of Logic［M］. London：Longmans，Green，And Co.，1886：49.

东西按照名称的意指（signification）来做出的。①

一、普遍名称和个体名称

名称都是某种真实或虚构的东西的名称，但并非所有东西都有专门用于其本身的名称。对于某些个体对象，如每个人、每个城镇，都有各自的名称。对于其他一些几乎不怎么谈论的对象，人们并不为它们指定名称，但是当有必要来命名它们时，人们常常会把几个可单独用于其他对象的词放到一起来命名它们。再如，当人们说“这块石头”时，虽然“这块”和“石头”用于其上的那个对象正是人们希望谈论的对象，但“这块”和“石头”中的每一个都可以用于除了意在所指的那个对象之外的许多别的对象上。

如果这就是一个以上的对象所共用的名称的唯一用途，如果它们通过彼此限定仅用于为那些本身没有名称的对象提供一种称呼，那么只能将它们视为节省语言使用的人为设计。但显然这并非是它们的唯一用途。正是借助于这样一些名称人们才能来断定普遍命题（general propositions），才能同时相对无数多个东西来肯定或否定一个谓词。因而，普遍名称（general names）和个体或单个名称（individual or singular names）之间的区别是根本性的，可以被视为是名称的第一种重要划分。

通常，普遍名称被定义为：能够在同一种意义上相对无数多个东西中的每一个而被恰当肯定的名称；个体名称或单个名称则是仅仅能够在同一种意义上相对一个东西而被恰当肯定的名称。例如，“人”能够相对约翰、乔治、玛丽以及其他任何一个个人而被肯定，其在同一种意义上相对他们所有人而被肯定，因为“人”这个词表达了某些性质，当人们相对那些人来谓述它时，是在断定他们都具有哪些性质。但“约翰”只能在同一种意义上相对一个人而被肯定。因为尽管有许多人叫这个名字，但这一名称并没有因此就指明了什么性质或任何共同属于那些人的东西，根本不可能在任何意义上当然也不可能在同一种意义上说它相对他们而被肯定了。“接替征服者威廉的那位国王”也是一个个体名称，因为这一名称不可能相对一个以上的人而被肯定，这一点隐含在了那些词的意义之中。甚至是“那位国王（*the* king）”这

---

① MILL J S. A System of Logic［M］. London：Longmans，Green，And Co.，1886：16.

一称呼，当场合或语境限定了那个不言而喻的个体的时候，也可以被视为是一个个体名称。

通过对普遍名称的意思的解释，常常有人说普遍名称就是类（class）的名称。尽管对于某些目的来说这是一种便利的表达方式，但其作为定义却是要不得的，因为它是用两个东西中较模糊的一个来解释较清楚的一个。将上述说法反过来变成“类”的定义会更合乎逻辑：“类就是由普遍名称所指谓（denoted）的无限多个个体。”

有必要将普遍名称与集合名称（collective names）区分开来。普遍名称是能够相对众多个体中的每一个而被谓述的名称；集合名称不能分别相对每一个个体而被谓述，只能相对所有个体的总和而被谓述。集合名称“英军第76步兵团”不是一个普遍名称而是一个个体名称，因为其只能相对个体士兵的总和而被谓述，却不能相对其中的每个个体士兵而被谓述。人们可以说：琼斯是名士兵、汤姆森是名士兵、史密斯是名士兵，但却不能说：琼斯是第76步兵团、汤姆森是第76步兵团、史密斯是第76步兵团。人们只能说：琼斯、汤姆森、史密斯、布朗等（列举出所有的士兵）是第76步兵团。因此，“第76步兵团”是一个集合名称而不是一个普遍名称。不过，“步兵团”既是一个集合名称也是一个普遍名称，说其是普遍的，是因为它可以分别相对所有步兵团中的每一个而被肯定；说其是集合的，是因为任何一个步兵团都由个体士兵所组成。①

二、具体名称和抽象名称

第二种名称划分是具体的（concrete）和抽象的（abstract）划分。具体名称是表示对象的名称，抽象名称是表示对象的属性的名称。如“白的”（White）是对象的名称，而“白”（Whiteness）则是对象的一种属性的名称；“人”（Man）是对象的名称，而“人性”（Humanity）则是对象的一种属性的名称；“老的”（Old）是对象的名称，而“老龄”（Old age）则是对象的一种属性的名称。

---

① MILL J S. A System of Logic [M]. London: Longmans, Green, And Co., 1886: 16-17.

这里，是在经院学者所说的意义上来使用“具体的”和“抽象的”这两个词的。经院学者的哲学虽然并不完美，但在专业语言的构造上却相当讲究。他们的逻辑学虽然不算精深，但他们逻辑学中的定义，除了被滥用之外却很少被改动。不过，在较近的时代出现了这样一种做法，即将“抽象名称”这一表达用于作为抽象或概括结果的一切名称之上，结果，这一表达也就用在了一切普遍名称之上，而不只是运用于属性名称之上，结果造成要重新恢复这个词的原义变得有点困难。这里，在严格意义的逻辑学中，“抽象的”始终意指“具体的”反面，抽象名称意指属性的名称，具体名称意指对象的名称。

现在来看看抽象名称是属于普遍名称一类还是属于个体名称一类。有些肯定是普遍名称，例如，那些并非只具有一种确定属性而是具有一组确定属性的名称。“颜色”这个词就是个普遍名称，其是白、红等等颜色所共有的一个名称。甚至“白”这个词，就其被共用于不同深浅的白而言，也是个普遍名称。就数量的不同程度和空间的不同维度而言，“巨大”这个词，就不同重量程度而言的“重量”这个词，也都是普遍名称。“属性”这个词本身，作为所有特殊属性的共有名称，也是普遍名称。不过，当名称所指的仅仅是一种程度和种类上都不可变的属性如“可见”“可触”“相等”“正方”“乳白”时，基本上就不能认为它们是普遍名称，因为尽管其指谓（denotes）的是许多不同对象的一种属性，但这种属性本身总被认为是“一”而不是“多”。为了避免不必要的用词争论，最好的方式或许就是把这些名称看作既不是普遍的也不是个体的并将其单独归为一类。

针对有关抽象名称的定义，可能会有人反对说，不只是已经称其为抽象的那些名称，还包括已经将其放入具体名称一类的形容词都是属性的名称，如“白的”与“白”一样是颜色的名称。但是，一个词应当被视为当人们采用其主要用法时，即当人们在谓述中来使用它时，意在通过它让他人所理解的那种东西的名称。当人们说“雪是白的”“牛奶是白的”或“亚麻布是白的”时，他们的意思并不是要让人把雪、牛奶或亚麻布理解为是一种颜色，而是意在让它们是具有那种颜色的东西。“白”这个词的情况则相反，人们所断定为“白”的东西不是雪而是雪的颜色。因此，“白”绝对是那种颜色的名称，而“白的”则是具有那种颜色的一切东西的名称，其不是“白”这种属性的名称而是每一个白的对象的名称。的确，“白的”这一名称是因为“白”这种性质而被赋予了所有那些各不相同的对象，因而人们可以说“白”这种性质构成了“白的”这一名称含义的一部分。但名称只能说可代替它们相对其而被谓述的那些东西来使用，或者只能说是它们相对其而被谓述的那些东西的名称。所有具有一定含义的名称，所有通过将其运用于个体可以给出有关这一个体的一定信息的名称，都可以说蕴涵（imply）了某种属性，但它们并不是这种属性的名称，这种属性有它自己恰当的抽象名称。而这自然就走向了第三种名称的划分。①

三、涵谓名称和非涵谓名称

涵谓名称（connotative names）和非涵谓名称（non-connotative names）的划分是最为重要的名称划分之一，也是最为深入语言本质的划分之一。后者有时也被不恰当地称为绝对名称或独立名称（absolute names）。

非涵谓名称是只意指对象（subject）或只意指属性（attribute）的名称。涵谓名称是指谓对象并蕴涵属性的名称。这里对象的意思是指任何具有属性的东西。“约翰”“伦敦”或“英格兰”是只意指对象的名称，“白”（whiteness）、“长”（length）、“德性”（virtue）是只意指属性的名称。因而这些名称没有一个是涵谓的。而“白的”（white）、“长的”（long）、“有德性的”（virtuous）则是涵谓的。“白的”这个词指谓所有白的东西，如雪、纸、大海的泡沫等，同时蕴涵或涵谓（connotes）“白”这种属性。“白的”这个词不是相对“白”这种属性而被谓述，而是相对雪、纸、大海的泡沫等等这些对象而被谓述，当相对这些对象来谓述它时，其所传达的意思是“白”这种属性属于这些对象。再如，“有德性的”是包括苏格拉底（Socrates，公元前469—公元前399年）在内的过去、现在和将来无数其他个体的一类人的名称，这个词是由于这些个体被认为共同具有一种被称为“德性”的那种属性而用作他们的名称的，其被用于所有具有那种属性的人，而不被用于任何不具有那种属性的人。

---

① MILL J S. A System of Logic [M]. London: Longmans, Green, And Co., 1886: 17 - 19.

所有具体的普遍名称都是涵谓的。例如，“人”这个词指谓彼得、简、约翰以及无数其他个人，它是被视为同一个类的所有那些人的名称，其运用于他们完全是因为他们具有某些属性。这些属性似乎是可将人称之为人的“形体存在”“动物生命”“理性”以及某种外在姿态。具有所有这些属性的每一个存在物都会被称之为“人”，而不具有这些属性或者只具有一种或两种甚至具有了其中三种却不具有第四种的东西都不会被称之为“人”。再如，如果在非洲内陆发现了一种与人同样理性的动物，但却是大象的样子，那么它们不会被称之为“人”。或者如果那些新发现的动物具有人的样子但却没有一丝理性，那么可能就要为它们找个别的名称而不是“人”这个名称。因此，“人”这个词就意指了所有这些属性以及具有这些属性的所有那些对象，它只能相对那些对象而被谓述。被称为“人”的那些对象，是名字叫约翰或保罗的个体的人，不是构成他们的人性的那些属性。因而，可以说“人”这个名称直接意指了对象，间接意指了属性，其指谓对象并蕴涵或者说包含、暗示、涵谓属性，它是一个涵谓名称。

涵谓名称也因此被称为可命名（denominative）名称，因为它们所指谓的对象是由它们所涵谓的属性来命名的或者说是因它们所涵谓的属性而得名的。雪和别的对象获得“白的”名称，因为它们具有“白”这种属性；彼得、保罗、詹姆斯得享“人”的名称，因为他们具有被认为属于人性的那些属性。因而，可以说是属性命名了那些对象或者说赋予了对象某个常用名称。

显然，所有的具体名称都是涵谓的。不过，即使是抽象名称，虽然只是属性的名称，在某些情况下也可以是涵谓的，因为属性本身常常也有归之于它们的属性。一个指谓属性的词可以涵谓其所指谓那些属性的属性，如“缺点”（fault）就是这类词中的一个，其等同于坏的或有害的品质。这个词是许多属性所共有的一个名称并涵谓那些不同属性的“有害性”（hurtfulness）这一属性。又如，当说“缓慢”对一匹马而言是个缺点时，其意思并不是说那匹马的缓慢动作、其位置的实际变化是件坏事，而是说那匹马因之而得名的它的那种特征或特性——即作为一个缓慢移动者的那种性质——是一种不良特性。

那些不是普遍的而是个体的具体名称也必须加以区分。专名（proper

names）不是涵谓的：它们指谓由它们所称呼的个体，但并不暗示或蕴涵任何属于那些个体的属性。当用“保罗”这个名称来给一个孩子起名字、用“凯撒”这个名称来给一条狗起名字的时候，这些名称只是用来使那些个体成为谈论对象的标记（marks）。也许有人会说，之所以赋予它们那些名称而不是别的什么名称一定有某种理由，的确如此，但名称一旦被给定就独立于理由了。一个人叫“约翰”这个名字，可能是因为那是他父亲的名字；一个城镇叫“达特茅斯”（Dartmouth）可能是因为其位于“达特”（Dart）河的河口（mouth）。但一个被称为“约翰”的人的父亲也叫同一个名字绝不是“约翰”这个词的含义的一部分；而位于“达特”河河口也绝不是“达特茅斯”这个词的含义的一部分。即使泥沙淤塞了河口或者一场地震改变了河道并使其远离了这个城镇，这个城镇的名称也并不必然改变。因而，位于“达特”河河口这一事实并不构成这个词的含义的一部分，否则当这一事实不再成为事实的时候，就没有人再使用这个名称了。专名附着于对象本身，而不依赖于对象是否保持了其属性。

还有另外一类名称，虽然它们是个体名称即只相对单独一个对象而被谓述，但却是涵谓的。因为尽管可以将没有任何含义的、被称之为专名的名称赋予个体，但为个体所特有的名称却并不必然是这种情况。可以表明，只为一个对象所拥有的某种属性或属性的结合决定了为该个体对象所专有的那个名称。比如，“太阳”就是这样一个名称；神论者所使用的“神”也是这样的名称。不过，这些名称并不是现在正试图要举例说明的东西的例子，从语言的严格性上来说，它们是普遍名称而不是个体名称；因为虽然它们可能事实上只相对一个对象而被谓述，但是在这些词本身的含义中却并没有隐含这一点。也就是说，当人们在想象而不是在肯定事实时，可以谈论多个太阳，可以已经相信并且仍旧相信有多个神。很容易找出真正涵谓的个体名称的例子。如“只能存在一个具有涵谓名称所涵谓的那种属性的个体”这一点可能是涵谓名称本身含义的一部分，“John Stiles 的唯一的儿子”“第一个罗马皇帝”即属这种情况。还有这样一种情况，所涵谓的那种属性可能是与某个确定事件的一种关联，而这种关联可能是这样一种情况，即只有一个个体能够具有这种关联，或者至少可能是这样一种情况，即只有一个个体实际上具有这种关联，而这些可能就隐含在表达的形式中。“苏格拉底的父亲”（the father of Socrates）就是前一种情况的一个例子，因为苏格拉底不可能有两个父亲；而“《伊利亚特》的作者”（*the author of the Iliad*）、“亨利四世的谋杀者”（*the murderer of Henri Quatre*）则是后一种情况的例子，因为尽管可以想象可能有不只一个人参与了《伊利亚特》的创作或亨利四世的谋杀，但冠词“the”的运用意味着事实上不是这样。“the”这个词这里所起的作用在别的情况中是通过语境来实现的。例如，“凯撒的军队”（caesar’s army），如果从语境中表明其中“军队”的意思是凯撒在一场特殊的战斗中所指挥的军队，那么“凯撒的军队”就是一个个体名称。甚至更为普遍的表达如“罗马军队”（the Roman army）或“基督教军队”（the Christian army）也可以以一种类似的方式被个体化。还有一种常常出现的情况也已经被注意到了，即一个多词名称可能先是包括了一个普遍名称，因而实质上可以相对不只一个东西而被肯定，但接下来它却可能被与之相结合的别的词所限制，以至于整个表达只能在与那个普遍名称的含义相一致的情况下相对一个对象而被谓述。这一点可用如下这样一个例子来加以说明：“当今英国首相”（the present Prime Minister of England）。“英国首相”是一个普遍名称，其所涵谓的属性可以被无数多个人依次具有，因为该名称本身的含义就蕴涵着一定的时期只能有一个那样的人。既然如此，随后受到冠词和“当今的”这个词所限制的该名称就只可用于在某个时候具有那些属性的个体，也就是说，其变成了一个只可用于单独一个个体的名称。由于这一点无须任何外在的证明由名称的含义即可看出，所以严格说来这种表达是个个体名称。

从以上的讨论很容易得出这样的结论：被赋予对象的名称无论什么时候传达了什么信息，即无论何时它们具有何种含义，那种含义都不在它们所“指谓”的东西当中，而在它们所“涵谓”的东西当中。只有什么都不涵谓的名称才是专名，这些名称严格来说没有含义。

如果像《一千零一夜》里的那个盗贼那样，用白灰在一所房子上做个标记以便能够再次认得那所房子，那么那个标记就有了用途，但它本身并没有什么含义，它并没有宣称有关那所房子的任何东西，并没有意指这是某某人的房子或者意指这是一所可抢劫的房子。那个标记的目的仅仅是为了区分，因为那些房子都极其相似，没有那个标记就无法再将那所房子与其他房子区别开来，因此必须设法让那所房子看起来与其他房子有所不同。这样，当再次看见这个标记的时候，就可以知道它是当时所看见的同一所房子。当莫尔佳娜以相似的方式在其他所有房子上用白灰作了标记，挫败了这一阴谋的时候。她不过就是消除了那所房子与其他房子之间表面上的差异而已。白灰的标记还在那儿，但它已起不到区别性标记的作用了。

当人们运用一个专名的时候，其表现在某种程度上类似于盗贼在房子上做标记。当然，人们并不是在对象自身上做标记，而是在对象的观念上做标记。一个专名只是一个人们在心里将其与对象的观念联系起来的与意义无关的（unmeaning）标记，这样不管什么时候当那个标记出现在人们的眼前或人们的思想中时，人们就可以想到那个个体对象。由于一个专名并不是附着在一个对象自身之上，所以它并不像那个白灰标记那样当人们看见它的时候就能够让人们识别出那个对象，而是当它在人们的亲身经历中或者在他人的述说中被谈及的时候能够让人们识别出那个对象。为的是让人们知道，在任何一个专名作为主词的命题中所被断定的东西都是相对人们先前所熟悉的那个个体对象而被断定的东西。

当人们针对一个对象来谓述其专名时，当指着一个人说“这是布朗”或“这是史密斯”或者指着一个城市说“这是约克”时，除了“布朗”或“史密斯”是那个人的名称以及“约克”是那个城市的名称之外，人们并没有传达给某位听者关于那个人或那个城市的任何信息。为了让听者能够识别那些个体对象，人们可以将那些个体对象与那位听者先前已有的信息关联起来。通过说“这是约克”，就可以告诉那位听者那儿有座敏斯特大教堂。但这是因为他先前对约克已有所耳闻，而不是因为任何蕴涵在“约克”这个名称中的东西。当对象由涵谓名称所谈及时则是另一种情况。当人们说“这座城镇是由大理石建成的”时候，所给予听者的可能是全新的信息，而这完全是通过“由大理石建成的”这个多词涵谓名称的含义来达到的。这些名称并不是因为人们有时会想到并谈论那些个别对象而被发明出来的纯粹对象的指号（signs），而是伴随着一种属性的指号，它们并不只是标记，而是有含义的标记，涵谓构成它们的含义。

由于专名被说成是相对个体而被谓述的个体的名称，所以从类比的角度看，涵谓名称应当被认为是相对不同的个体而被谓述的个体的名称，或者换句话说涵谓名称应当是其所指谓的所有那些不同个体的名称，而不是其所涵谓的东西的名称。但知晓一个名称是什么东西的名称，并不能让人知晓该名称的含义，因为可以同样恰当地将许多含义不同的名称应用于同一个对象。如，人们可以用“Sophroniscus”这个名称来称呼某个男子，还可以用另一个名称“苏格拉底的父亲”来称呼他。二者是同一个个体的名称，但它们的含义完全不同。它们被用于那个个体出于两个不同的目的：前一个仅仅是为了将他与所谈及的其他人区别开来，后一个是为了指出一个与他有关的事实即苏格拉底是他的儿子这一事实。还可以进一步将如下这样一些表达应用于他：“一个人”“一个希腊人”“一个雅典人”“一个雕刻家”“一个老人”“一个诚实的人”“一个勇敢的人”，这些都是或都可以是 Sophroniscus 的名称，实际上并不单单是他的名称，还可以是无数其他人的名称。其中的每一个名称都出于不同的原因而被用于 Sophroniscus。而通过每一个名称，任何一个理解了其含义的人都知晓了有关 Sophroniscus 的一个独特事实或多个事实。而那些除了它们可应用于 Sophroniscus 之外对那些名称一无所知的人则不能说知道了它们的含义。甚至有可能知道了一个给定的名称所指谓的每一个单独个体，却仍然不能说知道了这个名称的含义。一种常见的现象是，儿童早在对包含在那些词中的事实的本质有任何明确的观念之前就已经知道谁是其兄弟姐妹了。

某些情况下，人们并不容易准确地判定一个特殊的语词究竟涵谓了多少东西，也就是说，人们并不确切地知道对象中究竟是什么样的差异引起了名称的差异。如“人”这个词除了涵谓动物生命和理性之外还涵谓某种外在的形体，但要准确地说是何种形体却几乎不可能，即是说，不可能判定与人们习惯上称之为人的存在物通常所具有的形体偏离到何种程度才足以让人们拒绝称一种新发现的、具有动物生命和理性的物种为人。而且，“理性”作为一种允许有程度差异的性质，从来没有被划定其最低程度是多少才能使得任何一个被造物有资格被称为人。在这样一些情况中，那个普遍名称的含义无疑是未定的和含糊的。对于这一问题，人们长期以来都未能达成任何明确的一致。通过对分类（Classification）问题的考察，将有机会表明，在什么条件下这种含糊性可以存在而不会有任何实际上的不便，并且还会出现这样的情况，如在博物学（natural history）中，为了使不具有非常鲜明特征的个体或物种可以和那些特征较为鲜明的并且就其整个特征来看它们与之最为相似的个体或物种归在一类，通过含糊性比通过完全的精确性可以更好地促进语言达到这些目的。

不过，名称涵谓中的这种部分不确定性必须严格防范才能不造成危害。实际上，人们思维不严密的习惯主要肇始于使用没有明确涵谓的涵谓语词的习惯，或者说肇始于人们仅仅通过观察涵谓语词习惯上指谓什么就认为知道了其含义的习惯，而这种自认为的“知道”只能是对涵谓语词含义的一种不精确的、模模糊糊的观念。正是以这种方式（当然也只能以这种方式）人们获得了自己母语的初步知识。儿童通过听到“人”或者“白的”这些词运用于各种不同的个体对象并且通过他自己无法描述的概括和分析的过程发现那些不同对象所共有的东西而弄懂了这些词的含义。就这两个词而言，这一过程是如此简单以至于不需要借助于专门的培养教育，被称为“人”的那些对象和被称为“白的”那些对象因其鲜明独特的性质特征而不同于其他所有对象。但在许多别的情况中，对象彼此具有一种常常导致它们一起被归在一个通名之下的普遍相似性，而由于人类具有更多的概括习惯而不是分析习惯，所以对象的普遍相似性所依赖的、对象所共同具有的那些特殊属性是什么就不是那么显而易见了。当是这样一种情况的时候，人们所使用的就是没有任何公认的涵谓或者说没有任何精确含义的词。人们含糊地谈论，进而含糊地思考，满足于让他们自己的用词只具有与三岁孩童赋予“兄弟”“姐妹”这些语词的同等程度的含义。儿童至少不太会由于新个体的突然出现而不知是否要对其运用某种称呼感到困惑，因为通常其身边有一个能够胜任的权威来解决其全部疑惑。但一般情况下并没有这类帮助，新的对象连续将自身呈现给男人、女人和儿童，要求他（她）们自主地（*proprio motu*）对其进行分类。于是，他（她）们就仅仅按照表面相似的原则来进行，将那个最容易回想起来的、与新对象最为相似的熟悉对象的名称赋予每一个新对象。比如，在地面上所发现的一种未知的物质会根据其质地被简单地称为“土”“沙”或“石”。以这种方式，一个名称在不同的主体间进行蠕变，直至某个时候一种共有的含义消失得无影无踪，而这个名称也开始不仅不考虑任何共有属性地来指谓许多东西，而且也开始来指谓实际上没有任何共有属性的东西。正如亚历山大·拜恩（Alexander Bain，1818 年—1903 年）在其《逻辑学》中所说，“考虑一下‘石头’这个熟悉的词，其用于矿物质和岩石物质、水果核、胆囊和胃中的积累物，而不用于磨光的矿物质，如被称为‘宝石’（gems）的东西，不用于适合做屋顶的有解理的岩石，如被称为‘石板’（slates）的东西，也不用于烧制的黏土，如被称为‘砖’（bricks）的东西。其出现于像‘天然磁石’（loadstone）这种铁磁氧化物中，却不出现于其他金属矿石的称呼中。这样一个词完全不适用于精确的推理，除非每种情况下都由其他短语来加以限制，如‘建筑用石头’‘珍贵的石头’‘胆囊的石头’等。而且，这样一种定义的方法因为缺乏足够的赖以为基础的一贯性而受挫，在运用这个词的情况中没有一贯出现的性质，在不运用这个词的情况中也没有一贯不出现的性质，所以定义者将不得不不停地消除既有的用法、接受新的用法。”①甚至科学研究者们也助长了这种一般语言与其目的的偏离，有时是因为他们像大众一样并没有弄得更明白，有时是因为他们一贯厌恶接受新词，这就使得人类在所有不认为是专业性的问题上都试图将原有的各种名称毫无改变地用在表达不断增多的对象和区别上，并因而以一种越来越不完善的方式来表达这些对象和区别。

这种给对象分类和命名的不严谨方式无疑正是精神和道德哲学（mental and moral philosophy）的词汇不适合于精确思考的部分原因。不过，既然引入一种新的专门语言来作为对日常话题进行思考的工具很难有成效，而且即使有成效也会有许多不便之处，所以，对哲学家来说，其不得不要解决的一个困难问题就是在保留既有用语的基础之上如何尽量减少其不完善之处。这似乎只能通过给每一个常常用于谓述的普遍的具体名称赋予一个确定不变的涵谓来完成，以便让人们知道当用那种名称来称呼一个对象时，相对那个对象想要谓述什么样的属性。而最为严谨的问法是：如何将这一确定不变的涵谓赋予一个名称，使之尽可能不改变由该名称通常所指谓的对象，尽可能不增加因该名称以不完美的方式指谓对象而进行的添添减减所带来的混乱，尽可能不损坏通常认为是真命题的任何一个命题的真？这种哪里缺乏就在哪里给出确定涵谓的理想意愿正是人们在试图给一个已在使用的普遍名称下定义的时候所希望达到的目的；一个涵谓名称的每一种定义都意在或者单单表明其涵谓或者在表明其涵谓的同时并分析其涵谓。在精神科学（moral sci-

① BAIN A. Logic［M］. vol. 2. Lodon：Longmans，Green，Reader，& Dyer，1870：172.

ences）中，与就主要术语的定义所造成的争论相比，几乎没有什么问题会成为更为激烈的争论话题了。

最后要指出的一点是，不要将具有不确定涵谓的名称和具有不只一种涵谓的名称即有歧义的名称混淆起来。一个语词可能有好几种意思，但所有这些意思都是确定不变、认识清楚了的。例如，中文的“道”这个词、英文的“*box*”这个词，有着多种意思，但每一种意思都是相对清楚的。已有名称的不够用或许正是常常保留一个名称的多种词义的原因，只是应将这些词义非常清楚地区别开来，注意不要使其彼此混淆。这样的语词可以偶尔在书面语和口头语中被当作两个或多个名称来使用。①

克里普克曾对穆勒区分涵谓名称与非涵谓名称的观点进行了如下概括：一方面，对于个体名称，如果它们是限定摹状词穆勒就说它们是涵谓的，而如果它们是专名则穆勒就说它们是非涵谓的；另一方面，对于普遍名称，穆勒认为它们都是涵谓的并且每一个普遍名称都可由一组既充分又必要的属性来定义。②正是基于对穆勒观点的这种认识，克里普克在进行了详细论证之后提出了自己的看法，他认为穆勒关于个体名称的观点是对的，而关于普遍名称的观点则是错的。③就专名而言，克里普克与穆勒的观点是相同的，如他同样认为，被称为“达特茅斯”（Dartmouth）的城镇位于达特（Dart）河河口并不是“达特茅斯”这个名称意义的一部分，如果有人说“达特茅斯”不位于达特河河口并不会自相矛盾。④而对于普遍名称，克里普克则有一种与穆勒不同的新颖的看法。他认为，某些普遍名称如“愚蠢的”“胖的”“黄的”等也许表达了某些属性，但像“牛”“虎”“人”等这些自然类普遍名称实际上并没有表达什么属性，它们肯定不像穆勒所认为的那样是用来定义它们的一组属性的缩写。换句话说，克里普克认为，至少在目前的情况下自然类

① MILL J S. A System of Logic［M］. London：Longmans，Green，And Co.，1886：19－25.

② KRIPKE S A. Naming and Necessity［M］. Cambridge：Harvard University Press，1980：12.

③ KRIPKE S A. Naming and Necessity［M］. Cambridge：Harvard University Press，1980：127.

④ KRIPKE S A. Naming and Necessity［M］. Cambridge：Harvard University Press，1980：26.

普遍名称并没有可用来给自身下定义的确定不变的涵谓或对它们而言是必然的属性。实际上，克里普克认为自然类普遍名称应与专名有更密切的亲缘关系。①也正是由于克里普克对穆勒的涵谓名称与非涵谓名称的这种认识，才使他提出了著名的后天必然真与先天偶然真的观点。

四、肯定名称和否定名称

穆勒对名称的第四种主要划分是肯定名称（positive names）和否定名称（negative）的划分。例如，“人”（man）、“树”（tree）、“好的”（good）是肯定名称，“非人”（non-man）、“非树”（non－tree）、“不好的”（not－good）是否定名称。每一个肯定的具体名称都有一个相应的否定的具体名称。给任何一个东西或多个东西赋予一个名称之后，都可以再创造出一个名称，让它是除了那个或那些特殊东西之外的所有东西的名称。在笼统地谈及不同于某个或某类东西的其他所有东西时都可以使用这些否定名称。当肯定名称是涵谓名称时，相应的否定名称也同样是涵谓名称，不过，其所涵谓的不是属性的存在，而是属性的缺失。如，“非白的”（not-white）指谓白的东西之外的所有东西并涵谓“不具有白”这种属性。因为任何一种已知属性的“不具有”（non-possession）也是一种属性，可以获得一个自身的名称。如，否定的具体名称可以获得与之相应的否定的抽象名称。

形式上肯定的名称常常实际上是否定的，而形式上否定的名称实际上却是肯定的。如“不方便的”（inconvenient）这个词，并不单单表达“方便”的缺失，它还表达一种肯定的属性，即那种成为不安或烦恼的原因的属性。所以“不愉快的”（unpleasant）这个词，尽管其形式上是否定的，却并不单单涵谓“愉快”的缺失，还涵谓少量由“痛苦的”这个词所意指的东西。另一方面，“懒散的”（idle）这个词，虽然形式上是肯定的，但却只表达由“不工作”这个短语或“无意于工作”这个短语所意指的东西。还有“清醒的”，表达的是“没喝醉”或“不像醉酒似的”所意指的东西。

有一类名称称为反义名称（privative names），其意思等于将肯定名称和

① KRIPKE S A. Naming and Necessity［M］. Cambridge：Harvard University Press，1980：127－128.

否定名称加在一起，指曾经有过一种特殊属性或者说因为某种原因可能希望有但实际上却没有这种属性的东西的名称。如“盲目的”（blind）这个词，其并不等于“看不见”（not seeing）或“不能看见”（not capable of seeing），因为除了诗人和雄辩家之外，这个词不会被用到木头和石头上。一种东西通常不会被说成是“盲目的”，除非其习惯于被归入的或者在特殊情况下被归入的那个类主要由能看见的东西所组成（如盲人和瞎马就属这种情况），或者不管什么理由都假定其应当看见（如说一个人盲目地冲入了深渊或者说大多数哲学家或牧师是盲目的向导就属这种情况）。因而，被称为反义的名称涵谓两种东西：一些属性的缺失和另一些属性的存在，其中前者的存在可能是人们自然而然所希望的。①

五、相对名称和绝对名称

名称的第五种主要划分是关系名称或相对名称（relative names）和独立名称或绝对名称（absolute names）的划分，或者不如说是相对名称和非相对名称（non-relative）的划分。因为“absolute”这个词在形而上学中被赋予了太多沉重的责任，如形而上学家常常用“The Absolute”来表示“神”“绝对”“无限”。这个词与法学语言中的“civil”颇为相似，这个词常常被用来表示与犯罪的、教会的、军事的、政治的相对的几乎一切东西。

相对名称是这样一些名称，如父亲、儿子，君主、臣民，相同的、等同的，不相同的、不等同的，较长的、较短的，原因、结果，等等，其标志性特征是这些名称总是成对出现。每一个相对一个对象而被谓述的相对名称都假定了另一个对象或另一些对象，对于这个对象或这些对象人们可以用同一个名称来谓述或者用另一个被说成是前一名称的关联名称（correlative name）的相对名称来谓述。例如，当有人被称为“儿子”时，就有人被称为“父母”；当有东西被称为“原因”时，就有东西被称为“结果”；当有距离“较长”时，就有距离“较短”；当说一个对象是“相同”的时候，意思是说这个对象与某个别的对象“相同”，也可以说后者与前者“相同”。最后这种情况中的两个对象是用同一个名称来谓述的，该相对名称就是它本身的关

① MILL J S. A System of Logic［M］. London：Longmans，Green，And Co.，1886：26.

联名称。

显然，当这些词是具体名称的时候，与其他具体的普遍名称一样，都是涵谓的。它们指谓对象，涵谓属性，每一个都可能有一个对应的抽象名称来指谓由该具体名称所涵谓的那种属性。例如，具体名称“相同的”（like）有其抽象名称“相同”（likeness）；具体名称“父亲”和“儿子”有抽象名称“父亲身份”（paternity）和“儿子身份”（filiety）或“儿子关系”（sonship）。具体名称涵谓一种属性，而与之对应的抽象名称则指谓那种属性。但那种属性具有什么性质呢？相对名称涵谓中的独特性在于何处呢？

有人认为，相对名称所指明的属性是“关系”。这即使不是充分的说明，至少也是唯一可以得到的说明。要是问他们，那么什么是“关系”呢？他们并不自称能够说得清楚，而是通常将其视为是某种特别深奥和神秘的东西。当然，这种“关系”并不比其他任何属性更为深奥和神秘，实际上，它还略少些深奥和神秘。正是通过对相对名称含义的考察，或者换句话说，通过对相对名称所涵谓的属性性质的考察，可以很好地获得对所有属性的本质的清晰洞见。

事实上，如果取任意两个关联名称，如“父亲”和“儿子”，虽然由这两个名称所指谓的对象不同，但在某种意义上，它们都涵谓同一个东西。的确，不能说它们涵谓同一种属性，作为一个父亲与作为一个儿子不是一回事。但当人们说一个人是做父亲的、另一个人是做儿子的时候，其意在肯定的是在两种情况下完全一样的一组事实。说“A 是 B 的父亲”与说“B 是 A 的儿子”是在用不同的语词断定同一个事实。这两个命题是完全等同的，其中一个并不比另一个断定得更多或更少。A 的父亲身份和 B 的儿子身份并不是两个事实，而是表达同一事实的两种方式。那一事实由一系列物理事件或现象所组成，A 和 B 都是其中的当事者并都从其中引出他们的名称。这两个名称实际上所涵谓的就是那一系列事件，其正是这两个名称都旨在传达的全部意义。一系列事件可以说构成了关系，经院学者称其为关系的基础（*fundamentum relationis*）。

这样，任何一个或一系列涉及两个不同的对象并因而可被断定为是这两个不同对象的属性的事实都可以被视为是其中一个对象的属性，或者被视为是另一个对象的属性。按照人们所考虑的是前者还是后者，这一个或一系列事实由这两个关联名称中的一个或另一个所涵谓。“父亲”涵谓被认为是A的属性的事实，“儿子”涵谓被认为是B的属性的同一事实。显然，两种视角同样恰当。要说明相对名称的存在，似乎所需要的一切就是：无论何时存在一个涉及两个个体的事实，基于这一事实的属性都可以归之于这两个个体中的任何一个。

因此，当一个名称除了其所指谓的对象之外其含义中还蕴涵有另一个对象的存在并且还从作为前一个对象的命名根据的同一个事实中引申出了第二个对象的名称时，就可以说这个名称是一个相对名称，或者换句话说，当一个东西的名称的含义只能通过提及另一个名称才能得以解释时，这个名称就是相对名称。或许还可以这样说：不可能在论说中有意义地来使用一个名称，除非与由该名称所命名的东西不同的某个别的东西的名称得到表达或理解，那么这个名称就是相对名称。这些定义实际上都是等价的，是各自表达如下这一独特情形的不同方式，即如果只有一个对象而没有其他任何对象存在，那么在设想这个对象的任何一种属性存在时，由相对名称所表达的这个对象的那些属性在这种设想下必须被排除出去。①

六、单义名称和多义名称

名称还可分为单义名称（Univocal Names）与多义名称（Equivocal Names）。不过，这并非是两类名称，而是运用名称的两种不同方式。一个名称，就其能够相对于所有东西在同一种意义上被谓述而言，它是单义的或是单义使用的；就其相对于那些东西在不同的意义上被谓述而言，它是多义的或是多义使用的。实际上，一个多义的或歧义的语词并不是“一个”名称，而是“两个”名称，只是在发音上偶然重合了而已。如在英文中，“file”有一种钢制工具的意思，也有一列士兵的意思，不能因为写法相同就认为是同一个语词，就像不能因为“grease”和“Greece”发音相同就认为是同一个语词一样。

一种居中的情况是类比地或隐喻地使用一个名称的情况，即一个名称不

① MILL J S. A System of Logic［M］. London：Longmans，Green，And Co.，1886：27－28.

是单义地或者说在同一种含义上相对两个东西而被谓述，而是在两种多少有点相似且一种可从另一种中推出、其中一种被认为是主要的另一种是次要的含义上被谓述，如当人们说“灯火辉煌”和“成就辉煌”时，就属于这种情况。“辉煌”这个词并没有在同一种含义上用于“灯火”和“成就”，而是在“明亮耀眼”的本义上用于“灯火”，在与本义多少有点相同的引申义上转用于“成就”。不过，此种情况下的这个词与完全歧义情况下的语词一样，是两个名称而不是一个名称。由歧义引起的谬误推理最常见的形式之一就是用隐喻的表达进行论证，却又好像用的只是这一表达字面上的意思，也即是说，好像一个词在隐喻地使用时与在其本义上使用时是同一个词，这一点要特别注意。

第三节　“涵谓”与“指谓”的含义

在穆勒对“最为深入语言本质的”“涵谓名称”和“非涵谓名称”的讨论中，“涵谓”和“指谓”无疑是其中的一对核心概念。而从逻辑史上看，这对概念无疑也是引起众多逻辑学者关注的一对概念。彼得·吉奇（Peter Geach，1916 年—2013 年）曾在其《指称与普遍性：对一些中世纪和现代理论的考察》一书中说，“denote”这个词的整个历史就是“一个悲伤的混乱故事”，直至他那个时代，许多学者仍在不同的意义上来使用这个词，例如，丘奇用“denote”来表示弗雷格（Gottlob Frege，1848 年—1925 年）的“指称”（bedeuten）；奎因（Willard V. O. Quine，1908 年—2000 年）用“denote”来表示五种宾词（predicables）与对象的关系。所以，“是时候从哲学的流通货币中扔掉这枚磨损用旧了的硬币了。”①其实，不只“denote”有如此的命运，被约翰·穆勒用作与“denote”相关联的术语的“connote”一词也有同样的命运。为了表明“connote”和“denote”的历史何以会成为“悲

① GEACH P T. Reference and Generaliy: An Examination of Some Medieval and Modern Theories [M]. Ithaca: Cornell University Press, 1980: 83-84.

伤的混乱故事”或者说它们究竟经历了怎样的意义变迁，让我们首先来看一下这两个词的基本词义。

按照《新牛津美语词典》（第二版）的解释，英文动词“connote”和“denote”分别是在“note”前加了前缀“con”和“de”，其中“con”有“伴随”“一起”的意思，“de”有“全面”“彻底”意思，而“note”源于拉丁文的“nota”即“识别方式”或“指号”一词，这里即为“指”的意思。所以就基本词义而言，“connote”及其名词“connotation”是“兼指”的意思；“denote”及其名词“denotation”是“全指”的意思。不过，考虑到现代哲学或逻辑学常常将“connotation”与“denotation”和“内涵”（intension）与“外延”（extension）、“涵义”（sense）与“指称”（reference）相提并论甚至等同起来，所以为了能够从字面上多少体现出一点这三对术语间的这种特殊关系，这里将“connotation”（包括动词“connote”）和“denotation”（包括动词“denote”）分别译为“涵谓”和“指谓”，相应地，形容词“connotative”和“denotative”则分别译为“涵谓的”和“指谓的”。

“涵谓”与“指谓”作为哲学或逻辑学中的一对相关联术语在当今各种哲学词典中均有或详或略的解释。比如，《牛津哲学词典》对其的解释是：“与约翰·穆勒有关的一对术语，具有与通常较为常用的内涵和外延完全一样的区别。一个个体名称的指谓是其所指称的对象，而一个谓词的指谓是满足它的一组对象。涵谓是抽象的意义、原则或条件，凭借着它，名称所指谓的某种东西得以被拣选出来。”①再如，《布莱克威尔西方哲学词典》对“涵谓”的解释是：“约翰·穆勒将涵谓与指谓区别开来。涵谓是名称的涵义或意思，指明那些确确实实为对象所具有的属性。与之相对，指谓则是名称可被正当谓述的范围。例如，‘红的’这个词指谓所有红的东西并涵谓‘红’这种属性。穆勒主张我们必须区分涵谓名称（connotative terms）与非涵谓名称（non-connotative terms），前者指谓对象并蕴涵属性，因而有涵义。专名有指谓但没有涵谓，因而不是涵谓名称……其他逻辑学家用内涵来称呼穆勒所

① BLACKBURN S. The Oxford Dictionary of Philosophy [M]. Oxford: Oxford University Press, 1996: 76.

称的涵谓，用外延来称呼指谓。”①继续来看该词典对“指谓”的解释：“指谓和涵谓之间的区别由约翰·穆勒所做出，对应于其他逻辑学家所称的外延和内涵之间的区别或指称与涵义之间的区别。指谓是个体名称所指的对象或普遍名称所指的对象类。涵谓是允许名称正确地运用于对象的属性。不同涵谓的名称可以有相同的指谓。例如，‘英国的首都’和‘英国最大的城市’虽然涵谓不同，但却指谓相同的对象……”②上述哲学词典对“涵谓”与“指谓”的释义清楚地表明了这两个词在哲学或逻辑学中的基本意义，同时也清楚地表明了这两个词在哲学或逻辑学中作为一对相关联的术语应归功于约翰·穆勒。只是上述释义未提及“涵谓”与“指谓”这两个词在约翰·穆勒之前于哲学或逻辑学中的使用情况，让人易于产生这样一种感觉，即这两个词最早在哲学或逻辑学中的引入和使用也归功于约翰·穆勒。此外，上述释义还给人这么一种感觉，即“涵谓”与“指谓”、“内涵”与“外延”、“涵义”与“指称”似乎是意义相同的三对术语，在哲学或逻辑学中可以等同使用。通过下面对“涵谓”与“指谓”这两个词所做的历史考察及其和“内涵”与“外延”、“涵义”与“指称”之间的比较可以发现，这两种感觉事实上都是错的。

《新牛津美语词典》（第二版）在对“connotation”的释义中说，该词出现于16世纪中期；而在对“connote”的释义中说，该词出现于17世纪中期，“connotation”和“connote”都源自拉丁文的“connotare”一词。再来看“denote”一词，该词典在对它的释义中说，该词出现于16世纪后期，由法文的“dénoter”或拉丁文的“denotare”而来。由此可见，英文的“connotation”“connote”“denote”这几个词至19世纪中期在英语中已各自有二三百年的历史了。而《牛津英语词典》（第二版）在对“connote”的释义中所做的一点历史钩沉则进一步说明了这个词与哲学或逻辑学的关系。该词典在对“connote”的释义中说：该词所源出的相应拉丁文一词在中世纪逻辑学中已常常出现，1300年前后，先是由邓斯·司各脱（Duns Scotus，约公元1265

① BUNNIN N，JIYUAN Y. The Blackwell Dictionary of Western Philosophy［M］. Malden：Blackwell Publishing，2004：132.

② BUNNIN N，JIYUAN Y. The Blackwell Dictionary of Western Philosophy［M］. Malden：Blackwell Publishing，2004：170.

年—公元1308年）所使用，后更多地被奥卡姆的威廉（William of Ockham，约公元前1285年—1349年）所使用，随后成为经院哲学的专门术语；之后该词进入英语文本，而其作为英语中的逻辑学专门术语则要归因于詹姆斯·穆勒（James Mill，1773年—1836年）和约翰·穆勒。事实似乎很清楚，“涵谓”一词作为哲学或逻辑学中的专门术语在约翰·穆勒之前已经有很长时间的历史了，即使是在英语的哲学或逻辑学文本中，也是约翰·穆勒的父亲詹姆斯·穆勒首先使用这个词的。实际上，“指谓”一词也是如此。下面，我们就沿着《牛津英语词典》（第二版）所提供的这点历史线索，来看看“涵谓”与“指谓”这两个词自中世纪至19世纪在哲学或逻辑学中有一番怎样的意义变迁。

《牛津英语词典》（第二版）说“涵谓”一词于1300年前后由邓斯·司各脱最先使用，但据查尔斯·皮尔士（Charles Peirce，1839年—1914年）的考证，“涵谓”一词最早于13世纪上半叶由哈里斯的亚历山大（Alexander of Hales，约1185年—1245年）所使用。在其《神学大全》中，亚历山大将“涵谓名称”（*nomen connotans*）与“关系称谓”（*appellatio relativa*）或“关系名称”等同起来并使关系本身成为“涵谓名称”所“涵谓”（*connotare*）的内容。例如，“创造者”（creator）这一名称所“涵谓”的就是创造者与受造者（creature）之间的关系。①对此，温斯顿·巴恩斯（Winston Barnes，生平不详）后来补充说，亚历山大将“涵谓名称”与“绝对名称”（absolute terms）对立起来并将“涵谓名称”与“关系名称”等同起来，这样，“涵谓名称”似乎就成了除指称或指谓一单个实体之外还“涵谓”该实体与另一实体之间关系的名称。例如，“创造者”这一名称指谓一个体并“涵谓”该个体与另一个体之间的关系。“仁慈的”（misericors）这一名称指谓一个体并“涵谓”该个体与另一个体之间的一种主动关系。还有“同等”（aequalitas）与“相似”（similitudo）这一类名称，也“涵谓”一个体与另一个体之间的

---

① PEIRCE C S. Upon Logical Comprehension and Extension [A] //MOORE E C. Writings of Charles S. Peirce [M] . vol. 2. Bloomington: Indiana University Press, 1984: 70 - 86. 73.

关系。①不过，在亚历山大有关“涵谓名称”的讨论中，未见其使用“指谓”一词来作为与“涵谓”相关联的用语，而是用了“意谓”（significant）一词来表达“指称”或“指谓”所表达的意思。②

再来看邓斯·司各脱对“涵谓”一词的使用。在其讨论公元三世纪后期的波菲利（Porphyry，234 年－305 年）的共相问题时，司各脱使用了“connotatum”一词与“significatum”一词，③前者即动词“涵谓”（connote），后者即动词“意谓”（signify）。在讨论“白的”（white）和“白”（whiteness）这两个名称的意谓（signification）时，司各脱提出，这两个名称的意谓相同，即都意谓白色这种颜色的性质，但它们意谓的方式不同，或者说它们是从不同的方面来意谓的：“白”意谓白色这种性质，是就其并不内在于任何一个对象、纯粹是其自身而言的；而“白的”意谓白色这种性质，是就其内在于某个对象或者说使该对象具有了这种性质而言的，同时，“白的”还涵谓白色这种性质内在于其中的那个对象。同样，“人性”（humanity）的意谓是人性本身，而“人”（man）的意谓则是体现在个人身上的人性并同时涵谓个体的人。④由此可见，在司各脱这里，“意谓”和“涵谓”成了一对相关联的术语，而且名称所“意谓”的是对象的性质，所“涵谓”的是个体对象，象“白的”和“人”这样的名称，既有“意谓”又有“涵谓”，而像“白”和“人性”这样的名称则似乎只有“意谓”没有“涵谓”。

很明显，司各脱对于“涵谓”一词的理解和使用与哈里斯的亚历山大相比有一重要差别。亚历山大认为，名称所“涵谓”的是个体对象间的关系，而在司各脱这里，名称所“涵谓”的是个体对象。亚历山大的“涵谓”相当于“内涵”或“涵义”，其“意谓”相当于“外延”或“指称”，而在司各

---

① BARNES W H F. The Doctrine of Connotation and Denotation［J］. Mind，1945（215）：254－255.

② HALES A. Universae Theologiae Summa［M］. pars. 1. Senensem：Venetijs，apud Franciscum Franciscium，1576：64.

③ PRANTL C. Geschichte Der Logik Im Abendlande［M］. Dritter Band. Leibzig：Akademischen Druck－u. Verlagsanstalt Graz，1955：134.

④ LECQ R. Logic and Theories of Meaning in the Late 13th and Early 14th Century Including the Modistae［A］//GABBAY D M. and WOODS J. Handbook of the History of Logic［C］. vol. 2. Amsterdam：Elsevier，2008：347－388. 365－366.

脱这里，则完全反过来了。由此可见，在13世纪末、14世纪初，“涵谓”一词在经院哲学中已经出现了截然相反的用法。当然，“意谓”一词亦是如此。不过，虽然司各脱对“涵谓”一词的使用导致了该词意义上的混乱，但正是在他这里个体的性质与名称的“涵谓”关联了起来，这或许为后来奥卡姆的威廉将个体的性质而不只是个体间的关系也纳入名称的“涵谓”之中起了铺垫作用。

现在，让我们继续按照《牛津英语词典》（第二版）所提供的线索，来看看奥卡姆的威廉是如何理解和使用“涵谓”一词的。在其《逻辑大全》中，奥卡姆似乎继承了哈里斯的亚历山大的做法，将“涵谓名称”与“独立名称”或“绝对名称”对立起来。其中，“涵谓名称”是主要地意谓某种东西并次要地意谓另一种东西的名称，具有所谓的“唯名定义”（nominal definition），即在这种定义中必然要将定义的一部分放在主格中、一部分放在间接格中。例如，“白的”这一涵谓名称的唯名定义为：某种具有白的东西（Something having whiteness）。显然，作为定义的一部分“某种东西”在主格中、“白”在间接格中。除了像“白的”这样的有关对象性质的名称是涵谓名称之外，象“相似的”这样的有关对象关系的名称也是涵谓名称。另外，象“行动”“理智”“意志”这样的名称因为也具有“唯名定义”，所以也是“涵谓名称”。与“涵谓名称”相对的“绝对名称”则是并非主要地意谓某种东西并次要地意谓另一种东西或同一种东西的名称，换句话说，“绝对名称”无论意谓什么都是主要地意谓的，其不具有唯名定义。比如，“动物”这一名称所指的仅仅是牛、驴、人及其他动物，并不以在主格中意谓某种东西并在间接格中意谓另一种东西这种方式来主要地意谓并次要地意谓。其他如“石头”“水”“白”等名称也都是绝对名称。①不难看出，在奥卡姆看来，“涵谓”一词既与两种意谓方式即“主要地意谓”和“次要地意谓”有关又与对象间的关系和对象的性质有关，与亚历山大的“涵谓”一词相比奥卡姆的“涵谓”一词显然包含了更为丰富的内容，而与司各脱的“涵谓”一词相比则有着完全相反的意义。不过，这里要注意的是，在奥卡姆的《逻辑大

① OCKHAM W. Ockham’s Theory of Terms: Part I of the Summa Logiae [M]. Notre Dame: University of Notre Dame Press, 1974: 69－71.

全》中虽然多次出现了“指谓”（denotatur）一词，但其仅与命题有关而与名称无关，也即是说，奥卡姆使用这个词旨在谈论命题的“指谓”即事态或事实而不是名称的“指谓”即个体或对象。实际上，奥卡姆这里所使用的“指谓”一词完全可以用“断定”（assert）或“意指”（mean）来代替。①因此，可以说，虽然奥卡姆使用了“指谓”一词，但他并没有将这个词作为与“涵谓”相关联的一个术语来使用。在其《逻辑大全》中，奥卡姆与哈里斯的亚历山大和司各脱一样，通常用“意谓”一词来表达与名称有关的“指谓”所表达的意思。

奥卡姆的威廉对于“涵谓”一词的理解和使用无疑扩展了“涵谓名称”的范围，但正如威廉·德·容所指出的，奥卡姆的“涵谓名称”仍然只涉及很少一部分名称，而正是与奥卡姆差不多同一时期的另一个经院学者让·布里丹（Jean Buridan，1292 年—1363 年）将“涵谓名称”的范围进一步扩展到了所有种类的名称之上。②

由上述讨论可以看出，哈里斯的亚历山大、邓斯·司各脱和奥卡姆的威廉对于“涵谓”一词的理解和使用有着或多或少的差异，这充分表明，直至十四世纪在经院学者那里“涵谓”一词尚未有统一而公认的意义。不过，在上述三人那里有一点是相同的，即他们均未使用“指谓”来作为与“涵谓”相关联的用语，而是通常用“意谓”一词来表达“指谓”所表达的意思。

根据翁贝托·埃科对“指谓”一词所做的历史考察，“指谓”一词的历史与“意谓”（significare）、“指涉”（designare）、“命名”（nominare）、“称谓”（appellare）这些词的历史密切相关，在很长一段时间内，这些词有时在内涵的意义上使用有时在外延的意义上使用。就“指谓”而言，其有时在强内涵意义上使用即在等同于“内涵”或“涵义”的意义上使用，有时在强外延意义上使用即在等同于“外延”或“指称”的意义上使用，有时在弱的意义上使用即在介于内涵和外延之间且较偏向于内涵的意义上使用，至少直到

① OCKHAM W. Ockham’s Theory of Terms: Part I of the Summa Logiae [M]. Notre Dame: University of Notre Dame Press, 1974: 64.

② JONG W R. The Semantics of John Stuart Mill [M]. Dordrecht: D. Reidel Publishing Company, 1982: 39.

十四世纪“指谓”一词都主要是在这种弱的意义上来使用的。①由此也就不难理解为什么哈里斯的亚历山大、邓斯·司各脱和奥卡姆的威廉对“意谓”和“涵谓”会有截然相反的用法了。

由埃科的考察来看，“指谓”一词似乎最早出现于1119年首次出版的阿伯拉尔（Peter Abelard，1079年—1142年）的《论辩术》中。在这一著作中，阿伯拉尔分别用“denotantur”和“denotat”表达了“指谓”的意思并同时使用了“意谓”“指涉”“命名”“称谓”这些词。②对此，埃科评论说：“就阿伯拉尔而言，要一劳永逸地确定他的每一个逻辑术语的用法是不可能的，因为他常常在不只一种意义上来使用这些词。”③或许正是由于这种用法上的混乱，造成这些词常常被随意交换使用，再加上“意谓”一词有着可追溯至亚里士多德的“semainein”（signify）一词的更为悠久的历史，④所以哈里斯的亚历山大、邓斯·司各脱和奥卡姆的威廉才似乎更倾向于采用“意谓”一词，而不是“指谓”一词。另一方面，虽然阿伯拉尔在《论辩术》中使用了“指谓”一词，但在该书中却未见其使用“涵谓”一词。结合哈里斯的亚历山大、邓斯·司各脱和奥卡姆的威廉有关“涵谓”和“指谓”的使用情况，似乎可以从中推知，“涵谓”和“指谓”在中世纪哲学或逻辑学中从未作为一对相关联的术语来使用。这一状况一直持续到19世纪，在约翰·穆勒那里才得以改变。

约翰·穆勒曾称詹姆斯·穆勒是“我们这个时代第一位从经院学者那里采用‘涵谓’（connote）一词的学者”⑤。在其《人类心灵现象的分析》（第一卷）一书中，詹姆斯·穆勒多次使用了“指谓”（denote）和“涵谓”这两个词。不过，奇怪的是，詹姆斯·穆勒并没有将这两个词用作一对相关联

① ECO U. From the Tree to the Labyrinth：Historical Studies on the Sign and Interpretation［M］. Cambridge，MA：Harvard University Press，2014：359.

② ABELARD P. Dialectica［M］//COUSIN V. Ouvrages inédits D’Abelard［M］. Paris：Imprimerie Royale，1836：210－219.

③ ECO U. From the Tree to the Labyrinth：Historical Studies on the Sign and Interpretation［M］. Cambridge，MA：Harvard University Press，2014：361.

④ ECO U. From the Tree to the Labyrinth：Historical Studies on the Sign and Interpretation［M］. Cambridge，MA：Harvard University Press，2014：358.

⑤ MILL J S. A System of Logic［M］. London：Longmans，Green，And Co.，1886：25.

的专门术语，而是用“note”代替了“指谓”使其和“涵谓”成为一对相关联的专门术语，同时用“指谓”来表达“意谓”(signify）的意思。由于“note”的本义为“指”，“涵谓”的本义为“兼指”，所以詹姆斯·穆勒将这两个词用作一对相关联的术语似乎旨在让人们从字面上就能够一眼看出这两个词之间具有一种先后、主从的关系，即先有“指”，其后才有“兼指”。

这几个词首先出现在《人类心灵现象的分析》（第一卷）关于“触觉”问题的讨论中，其中，詹姆斯·穆勒提出，“触感”或“触知”（feeling）这个词“指”（notes）的是触觉这种感觉，同时“兼指”或“涵谓”（connotes）以下东西：触觉部位、触知对象、触觉部位与触知对象在空间中的同步状态、触感在时间中的连续状态、同步状态是连续状态的前提且连续状态是同步状态的后果。①显然，詹姆斯·穆勒认为，对于既有“指”又有“兼指”或“涵谓”的名称而言，其“指”的是“事物的属性”而“兼指”或“涵谓”的是“事物”或“事物的状态”。在詹姆斯·穆勒看来，像这样可以同时“意谓”（denote）两种完全不同的东西的名称有很多，这些名称主要地“意谓”一种东西并次要地“意谓”另一种东西。例如，“白的”在“白马”这一短语中就“意谓”两种东西即“白色”和“马”，且其主要地“意谓”“白色”并次要地“意谓”“马”。于是，“可以非常方便地说，其‘指’主要的意谓（signification）并‘兼指’或“涵谓”次要的意谓。”②回顾一下哈里斯的亚历山大、邓斯·司各脱和奥卡姆的威廉对于“connotare”“connotatum”“connotans”等词的理解和使用，不难发现，就“涵谓”一词的意义和用法来看，詹姆斯·穆勒与邓斯·司各脱较为相似，而与哈里斯的亚历山大和奥卡姆的威廉则完全相反。不过，就詹姆斯·穆勒谈论“主要地指谓”和“次要地指谓”“主要的意谓”和“次要的意谓”这一点来看，其又与奥卡姆的威廉有些相似。显然，“指谓”一词在詹姆斯·穆勒这里，完全等同于了哈里斯的亚历山大、邓斯·司各脱和奥卡姆的威廉所使用的“意谓”一词，而且似乎是在翁贝托·埃科所说的“弱的意义上即在介于内涵和

---

① MILL J. Analysis of the Phenomena of the Human Mind [M]. vol. 1. London: Longmans Green Reader and Dyer, 1869: 33-34.

② MILL J. Analysis of the Phenomena of the Human Mind [M]. vol. 1. London: Longmans Green Reader and Dyer, 1869: 34n.

外延之间且较偏向于内涵的意义上”来使用的。

在同一本书的另一处，也即在对“抽象”问题的讨论中，詹姆斯·穆勒对其将“指”和“兼指”或“涵谓”作为一对相关联术语的用法再一次做了解释。詹姆斯·穆勒认为，对于像“黑的”“甜的”“高的”这样的不仅有“指”而且有“兼指”或“涵谓”的名称，用“指”（notation）这个词来指由这些名称所专门指明的那些感觉并用“兼指”或“涵谓”（connotation）这个词来指伴随着这些名称的“指”由这些名称所指明的那些类（clusters）是一种方便的表达方法。以“黑的”这一名称为例，该名称“指”的是由它作为其名称的那些东西所具有的一种特殊颜色，“兼指”或“涵谓”的则是由与“黑的”相结合的另一个词作为名称的那些类。如在“黑人”这个短语中，“黑的”“兼指”或“涵谓”的是“人”这个类；在“黑马”这个短语中，“黑的”“兼指”或“涵谓”的是“马”这个类。在詹姆斯·穆勒看来，古代逻辑学家反过来使用“指”和“兼指”或“涵谓”这两个词是非常荒唐的。①

正是在此处，约翰·穆勒对詹姆斯·穆勒有关“兼指”或“涵谓”的用法给出了一个长达6页的注释，一方面批评了詹姆斯·穆勒对于“兼指”或“涵谓”的用法，另一方面阐明了他本人对于这个词的用法。

首先，约翰·穆勒认为，詹姆斯·穆勒与一些古代逻辑学家一样在较为宽泛的意义上使用了“兼指”或“涵谓”这个词，即认为“兼指名称”或“涵谓名称”（connotative names）主要地意谓一种东西并次要地意谓另一种东西因而其“指”主要的意谓并“兼指”或“涵谓”次要的意谓。这种用法所面临的问题是，如何确定哪一种意谓是“主要的”、哪一种意谓是“次要的”。如果说在“白马”这一短语中“白的”这个词主要地意谓“白色”并次要地意谓“马”这点没有什么争议，那么由于这一短语中的另一个词“马”既意谓每一个个体的马也意谓那些导致它们被分类在一起并获得这一共同名称的属性，说其主要地意谓被称为“马”的那些对象并次要地意谓那些“属性”或许就有争议了。因为有人可能会说，属性才是意义的基础，说

① MILL J. Analysis of the Phenomena of the Human Mind［M］. vol. 1. London：Longmans Green Reader and Dyer，1869：299.

一个东西是“马”不过是说它与其他被称为“马”的东西相似，而正是这种相似构成了“马”的共同属性，所以“马”这个词应主要地意谓那些“属性”并次要地意谓那些被称为“马”的对象。但“马”这个词主要旨在表达的难道不正是那些被称为“马”的对象吗？正反的争论也许没有任何结果，原因就在于许多情况下“主要意谓”与“次要意谓”之间的区别并没有那么明确，仅仅只是表面上的，无法作为区分两种意谓方式的逻辑基础。①

其次，约翰·穆勒认为，詹姆斯·穆勒还与另一些古代逻辑学家一样在较为狭仄的意义上使用了“涵谓”这个词，目的是为了将所有具体的普遍名称或类名称所特有的“两种意谓”区别开来。由于每一个类名称一方面“意谓”构成该类的每一个个体对象，另一方面“意谓”该类得以借此形成并得以借此被赋予名称且为每一个具有该名称的对象所具有的那些共同属性。所以，为了将这“两种意谓”区别开来，可用“涵谓”一词代替其中的某个“意谓”。不过，虽然詹姆斯·穆勒与那些古代逻辑学家在使用“涵谓”一词来表达这种区分上是一致的，但却是与他们在完全相反的意义上来使用这个词的，也即是说，那些古代逻辑学家认为具体的普遍名称或类名称“涵谓”的是属性，而詹姆斯·穆勒则认为这类名称“涵谓”的是对象，“指”的是属性。②

既然狭义上使用的“涵谓”一词有这两种完全相反的用法，那么哪一种用法才是真正恰当的用法呢？约翰·穆勒对此提出了自己的看法。首先，他认为，具体的普遍名称或类名称虽然既表明了对象也表明了对象的共同属性，但将其用作对象的名称而不是用作对象的共同属性的名称才符合其用法。比如，若有人问“这个对象被称作什么?”，回答会是“马”，而若是问“这些属性被称作什么?”则不会作此回答。同样，若有人问“被称为‘马’的是什么?”，回答会是“就是你看到的对象”，而不会是“就是你看到的属性”。再如，若问“被称为‘黑的’（black）是什么?”，回答会是“所有具有那种特殊颜色的东西。”“黑的”是所有黑的东西的名称，而“黑”（black-

① MILL J. Analysis of the Phenomena of the Human Mind［M］. vol. 1. London：Longmans Green Reader and Dyer，1869：299－300.

② MILL J. Analysis of the Phenomena of the Human Mind［M］. vol. 1. London：Longmans Green Reader and Dyer，1869：301.

ness）则是那种颜色的名称。在这一认识的基础上，约翰·穆勒指出，既然“涵谓”就是“兼指”的意思并且不能说一个名称除了指某种别的东西还兼指由它作为其名称的那种东西，而只能说一个名称除了指由它作为其名称的那种东西还兼指某种别的东西，所以，说一个词“涵谓”或“次要地意谓”由它作为其名称的东西就非常别扭了。如此一来，象“人”和“黑的”这两个名称，说它们分别“涵谓”“人性”和“黑”并“指谓”（denote）“人”和“黑的对象”似乎更为符合“涵谓”这个词的本义。①这样，约翰·穆勒一方面否定了詹姆斯·穆勒在较为宽泛的意义上对“涵谓”一词的用法，另一方面反转了詹姆斯·穆勒在较为狭窄的意义上对“涵谓”一词的用法，同时，也表明了他自己对于“涵谓”一词的理解和用法。在约翰·穆勒看来，“从霍布斯到哈密尔顿（William Hamilton，1788 年—1856 年）这些试图识破理智更高级逻辑活动之秘密的人因为没有关于普遍名称的清晰的‘涵谓’观念而一直没有注意到这个词”②。至于为什么用“denote”取代“note”来表示“指谓”，约翰·穆勒解释说，“note”这个词太过常用，不适合仅将其限于表达“指谓”这一专门的意思。③至此，“涵谓”和“指谓”这两个其意义各自经历了六七百年历史变迁的词在约翰·穆勒这里正式成为了相关联的一对意义明确的专门术语。

当然，约翰·穆勒也意识到，对“涵谓”与“指谓”意义的更正显得对最早让这两个词得以复活的詹姆斯·穆勒有失恭敬。他对此解释说，自己之所以要这样做，是因为深信这些术语对于哲学是不可或缺的，而詹姆斯·穆勒虽然是那个时代最早从中世纪学者那里借用这两个词的学者，但他在使用这两个词时并未能将它们很好地用于希望它们来达到的目的。④除了在《人类心灵现象的分析》（第一卷）中的这种解释之外，在约翰·穆勒的《逻辑

---

① MILL J. Analysis of the Phenomena of the Human Mind [M]. vol. 1. London: Longmans Green Reader and Dyer, 1869: 301 - 302.

② MILL J. Analysis of the Phenomena of the Human Mind [M]. vol. 1. London: Longmans Green Reader and Dyer, 1869: 303.

③ MILL J. Analysis of the Phenomena of the Human Mind [M]. vol. 1. London: Longmans Green Reader and Dyer, 1869: 303.

④ MILL J. Analysis of the Phenomena of the Human Mind [M]. vol. 1. London: Longmans Green Reader and Dyer, 1869: 303.

体系》一书中还可以看到更为详细的解释："之所以采用一种与一个和其他任何人相比我都不可能轻视的高级权威所慎重认可的不一样的用语，主要是因为我迫切感到有必要用一个恰当的词来专门表达普遍的具体名称用于表明包含在其意谓（signification）中的属性的那种方式。这种必要性很少能被任何一个从未通过经验发现没有这样一个词而要试图传达语言哲学的清晰观念是多么徒劳的人所充分感受到。可以毫不夸张地说，要是有个通用的词来确切地表达我用'涵谓'这个词所意在表达的东西，那么大多数那些逻辑学已受到其沾染的广为散播的错误和充斥于逻辑学中的大部分模糊而混乱的观念就有可能得以彻底消除。"①

约翰·穆勒的"涵谓"与"指谓"这对术语与他对名称所做的一种划分即"非涵谓名称"与"涵谓名称"的划分直接相关，其中"一个非涵谓名称是仅仅意谓（signifies）对象（subject）或仅仅意谓属性的名称，而一个涵谓名称则是指谓对象并蕴涵（implies）属性的名称"②。一个"涵谓名称""直接意谓对象，间接意谓属性；它'指谓'对象并蕴涵或包含或暗指（indicates）或者像我们以后会说的那样'涵谓'属性"③。显然，根据约翰·穆勒的定义，"非涵谓名称"是只有"指谓"（denotation）的名称，如"约翰""伦敦""英国"这些仅仅"指谓"（denote）对象的个体名称或专名，又如"白""长""美德"这些仅仅"指谓"属性的抽象名称；而"涵谓名称"则是既有"指谓"又有"涵谓"（connotation）的名称，如"白的""人""第一个罗马皇帝""苏格拉底的父亲"这些既"指谓"对象又"涵谓"（connote）属性的具体的普遍名称和个体名称或摹状词。此外，约翰·穆勒还提到，某些情况下象"缺点"这样的抽象名称也可以被视为是"涵谓名称"，因其等同于"坏的或有害的性质"，所以可以说其"指谓"多种属性并"涵谓""有害"这种属性。④由此可见，约翰·穆勒所谓的名称的"指谓"指的是名称运用于其上的"对象"或"属性"，而名称的"涵谓"则指的是名称所蕴含的"属性"。

---

① MILL J S. A System of Logic [M]. London: Longmans, Green, And Co., 1886: 25.

② MILL J S. A System of Logic [M]. London: Longmans, Green, And Co., 1886: 19.

③ MILL J S. A System of Logic [M]. London: Longmans, Green, And Co., 1886: 20.

④ MILL J S. A System of Logic [M]. London: Longmans, Green, And Co., 1886: 20.

不过，约翰·穆勒也承认，除了在他自己的著作中之外，恐怕很难让“涵谓”与“指谓”这两个词在别处也能够保持同样确定的意义。像“涵谓”（connote）这个词，可能常常在较为笼统的意义上被“蕴涵”（imply）或“包含”（involve）所代替，甚至有些学者还不限于将这个词仅仅用于“名称”之上，还会将其用于“事物”之上，说“事物”“涵谓”“事物”之存在所蕴涵或预设的任何东西。①约翰·穆勒显然很清楚，即使将“涵谓”与“指谓”用作一对相关联的术语并赋予其如此这般的意义，但其他学者是否完全接受这对术语并认可他赋予这对术语的意义且遵循他对这对术语的用法就另当别论了。这一点可由约翰·穆勒在其《逻辑体系》中提到的一个例子得到很好的说明。在有关“涵谓名称”与“非涵谓名称”的讨论中，约翰·穆勒提到，沃特利（Richard Whately，1787 年—1863 年）大主教在其后来几版的《逻辑要义》中支持“涵谓名称”与“非涵谓名称”的划分，但建议用“属性的”（Attributive）来代替“涵谓的”（Connotative）。约翰·穆勒对此评论说：“这一表达实质上是恰当的，但是由于它不具有与任何动词可以关联起来的优点，如像‘涵谓’（connote）这样一种极为突出的特征，所以我认为它不适合在科学使用中来代替‘涵谓的’这个词。”②由此看来，即使在约翰·穆勒之后，对于“涵谓”与“指谓”的理解和使用仍会是众说纷纭，这两个词的“悲伤的混乱故事”似乎仍未结束。

自约翰·穆勒于 19 世纪中期将“涵谓”与“指谓”用作一对相关联的术语以来，这两个词受到了众多哲学或逻辑学学者的关注。从沃特利、皮尔士、谢登（Thomas Shedden，生平不详）开始，经西季威克（Alfred Sidgwick，1850 年—1943 年）、佛勒（Thomas Fowler，1832 年—1904 年）、约瑟夫（Horace Joseph，1867 年—1943 年）、维恩（John Venn，1834 年—1923 年）、鲍桑葵、凯恩斯、布拉德利（Francis Bradley，1846 年—1924 年）、威尔逊（John C. Wilson，1849 年—1915 年），至斯泰宾（L. Susan Stebbing，1885 年—1943 年）、赖尔、克里普克，其中的每位学者都在其哲学或逻辑学论著中对“涵谓”与“指谓”进行过一番或详或略的讨论，所涉及的主要问

① MILL J. Analysis of the Phenomena of the Human Mind [M]. vol. 1. London：Longmans Green Reader and Dyer，1869：304.

② MILL J S. A System of Logic [M]. London：Longmans，Green，And Co.，1886：20n.

题有："涵谓"是名称的主要意义而"指谓"是名称的次要意义还是"指谓"是名称的主要意义而"涵谓"是名称的次要意义？"专名"是否有"涵谓"？像"白的""甜的""高的"这些表示简单性质的名称是"涵谓名称"还是"非涵谓名称"？像"金山""独角兽""圆方"这样的名称是否有"指谓"？对这些问题的每一种不同回答几乎都意味着对"涵谓"与"指谓"意义的一种不同理解。或许正因为"涵谓"与"指谓"在哲学或逻辑学中有如此深厚的历史积淀，所以虽然这两个词常常在不同的意义上被使用，但其中没有一个象吉奇所说的那样"是时候从哲学的流通货币中扔掉这枚磨损用旧了的硬币了"，相反，这两个词现在仍然是流行的逻辑学教科书中的一对重要术语，帕特里克·赫尔利（Patrick J. Hurley，1942 年至今）的《简明逻辑学导论》即是一个例证。

在这本于2012 年出版了第十一版的逻辑学教科书中，赫尔利提出，名称的认知意义包括两种类型即"内涵意义"和"外延意义"，其中"内涵意义"或"内涵"由名称所"涵谓"（connotes）的性质或属性所构成，"外延意义"或"外延"由名称所"指谓"（denotes）的类的成员所构成；名称的"内涵意义"也被称作"涵谓"（connotation），"外延意义"也被称作"指谓"（denotation）；"内涵"与"外延"大致相当于"涵义"与"指称"。①显然，在赫尔利这里，"涵谓"与"指谓"、"内涵"与"外延"、"涵义"与"指称"基本上是三对同义词，但既然如此，为何还保留"涵谓"与"指谓"这对术语呢？这或许是因为赫尔利与约翰·穆勒一样考虑到"涵谓"与"指谓"可作为动词使用的缘故。对于名称"涵谓"属性的情况，赫尔利认为有两种哲学解释，一是客观解释，即一个名称"涵谓"那些某个东西要由该名称来"指谓"就必须要具有的属性；二是主观解释，即一个名称"涵谓"那些在使用该名称的人心中所出现的属性。赫尔利声明他在这本逻辑教材中采用的是第二种解释。但如此一来，就出现了名称的"涵谓"会因人而异的问题。对此，赫尔利解释说，他的"涵谓"指的是"约定涵谓"（conventional connotation），即一个名称在言说者心中共同唤起的那些属性，这样，

---

① HURLEY P J. A Concise Introduction to Logic [M]. 11th ed. Boston: Wadsworth, 2012: 89-90.

名称的“涵谓”在不同的时间、不同的人那里就会基本保持不变。至于名称的“指谓”，赫尔利认为，像“猫”这样的名称因为其“指谓”过去、现在、将来所有的猫，所以其“指谓”是不变的，但是像“当前活着的猫”“当前活着的渡渡鸟”这样的名称其“指谓”则是变动的，尤其是后者，在曾经的某个时间还“指谓”实际存在的实体，当前则仅“指谓”不含任何成员的“空类”，有所谓的“空外延”。其他如“独角兽”“精灵”“妖怪”等名称也有“空外延”，当然，这些名称并非有“空内涵”，它们“涵谓”许多可理解的属性。①

赫尔利这里谈到了“约定涵谓”，“涵谓”的主观解释和客观解释，这有点类似于20世纪初约翰·凯恩斯在其《形式逻辑的研究与练习》一书中对名称“内涵”意义的三种区分，即“约定内涵”“主观内涵”和“客观内涵”。凯恩斯的“约定内涵”指的是一致公认构成一个名称的定义并决定该名称的运用的那些属性，也即是说，如果缺少了那些属性中的任何一种，该名称都不能再使用，或者说，如果一个对象缺少了那些属性中的任何一种，都不能再被视为由该名称所称谓的类中的一个成员；“主观内涵”指的是人们在使用一个名称时心中所想到的与该名称有关的那些属性，其中包括名称使用者本人通常认为某一对象应属于由该名称所称谓的类的那些属性，在那些属性当中可能并不包含所有的“约定内涵”，而且还可能包含了“约定内涵”之外的一些属性；“客观内涵”指的是由一个名称所称谓的类的所有成员实际上共同具有的一切属性，其中除了包含全部的“约定内涵”和“主观内涵”之外通常还包含有许多别的属性。这样，“约定内涵”就相当于“涵谓”，“客观内涵”就相当于“内包”（comprehension），而“主观内涵”由于从逻辑的角度看不那么重要，所以没有一个单个的词与之对应。②除了将名称“内涵”的意义区分为三种情况之外，凯恩斯还将名称“外延”的意义区分为两种情况即“客观外延”和“主观外延”。“客观外延”即“指谓”，指的是在某个有限的论域内、受到某种或显或隐的限制的对象；“主观外延”

---

① HURLEY P J. A Concise Introduction to Logic［M］. 11th ed. Boston：Wadsworth，2012：89－90.

② KEYNES J K. Studies and Exercises in Formal Logic［M］. London：Macmillan and Co. Limited，1928：23－26.

指的是逻辑上可以设想的所有真实的或虚构的对象。这样，每一个能够在可以理解的意义上来使用的名称都有一种“主观外延”，而在一个受到时间、地点或情境限制的论域内这样一个名称的“指谓”却可能为空。①

显然，在凯恩斯这里，“涵谓”只是“内涵”的一种特殊情况，“指谓”只是“外延”的一种特殊情况，“内涵”与“外延”有着比“涵谓”与“指谓”更为丰富的意义，二者并不像赫尔利的《简明逻辑学导论》一类的现代逻辑学教科书中所说的那样是完全等同的两对术语。从历史上看，20 世纪上半叶的许多哲学或逻辑学学者像前文提到的约瑟夫、鲍桑葵、威尔逊、斯泰宾等人都反对将“涵谓”与“指谓”和“内涵”与“外延”简单地等同起来。例如，约瑟夫在其《逻辑学导论》中论及这两对术语时说，“外延”易于让人想到普遍名称所称谓的类（species），“指谓”则易于让人想到名称所称谓的个体；“内涵”易于让人想到名称的意思或意指，“涵谓”则易于让人想到从属于某种意义的附加意义。按照约瑟夫所做的区分，如果将“指谓”与“指称个体的外延”和“指称子类的外延”区别开来，那么就可以说“动物”“指谓”这个那个人或这匹那匹马，而“人”和“马”各是“动物”的“外延”的一部分。②可以看出，约瑟夫与凯恩斯一样，并没有将“涵谓”简单地等同于“内涵”、将“指谓”简单地等同于“外延”，二人都认为“涵谓”与“指谓”和“内涵”与“外延”具有不同的意义和用法。当然，也可以看出，约瑟夫和凯恩斯对“涵谓”与“指谓”和“内涵”与“外延”的理解也不尽相同。这一方面进一步表明 20 世纪上半叶的哲学或逻辑学学者仍在各人自己理解的意义上使用着“涵谓”与“指谓”这对术语，另一方面也表明“内涵”与“外延”似乎像“涵谓”与“指谓”一样，在不同的学者那里也有着不同的理解和使用，也有着自己的“悲伤的混乱故事”。事实确实如此。

据查尔斯·皮尔士的考证，有关名称“内涵”与“外延”的思想在公元 3 世纪末出现的波菲利的树形表里已见端倪，但直至 17 世纪下半叶才由波尔

① KEYNES J K. Studies and Exercises in Formal Logic［M］. London：Macmillan and Co. Limited，1928：30.

② JOSEPH H W B. An Introduction to Logic［M］. Oxford：The Clarendon Press，1906：131.

一罗亚尔逻辑学者明确提出“内包”（comprehension）与“外延”（extension）这对术语，而“内涵”（intension）与“外延”的出现则要归功于19世纪中期的威廉·哈密尔顿爵士。①在1662年首版的阿诺德（Antonie Arnauld，1612年—1694年）和尼科尔（Pierre Nicole，1625年—1695年）的《波尔—罗亚尔逻辑》一书中，一个一般观念或名称的“内包”被称为是“包含在该观念或名称自身中的、不毁坏该观念或名称就不可能从中拿掉的那些属性”，而一个一般观念或名称的“外延”被称为是“该观念或名称所适用的那些对象，也被称为是该观念或名称的居下者（inferiors），与之相对的该观念或名称则被称为居上者（superior）”。②“内包”与“外延”这对由法国逻辑学者提出的术语被许多英国逻辑学者所接受，例如，艾萨克·华兹（Issac Watts，1674年—1748年）在其1725年出版的《逻辑或理性在探求真理中的正确运用》一书，弗兰西斯·哈奇森（Francis Hutcheson，1694年—1746年）在其1756年出版的《逻辑概要》一书中都直接采用了“内包”与“外延”这对术语并基本上延续了其既有的意义和用法。直到1838年，威廉·哈密尔顿爵士在其《逻辑学演讲录》中讨论概念“内在的或内涵的量”（Internal or Intensive Quantity）和“外在的或外延的量”（External or Extensive Quantity）时，才第一次提出与“内包”等同的“内涵”（intension）一词并将其与“外延”一起视为一对相关联的术语。对于前者，哈密尔顿说其被一些晚期希腊逻辑学者称为“深度”（depth，βάθos），被拉丁逻辑学者称为“内包”（comprehensio，quantitas comprehensionis）或“内合”（complexus，quantitas complexus）；对于后者，哈密尔顿说其被晚期希腊逻辑学者称为“广度”（breadth，πλάτos），被拉丁逻辑学者称为“外延”（*extensio*，*quantitas extensionis*）或“外周”（circuit）、“外域”（domain）、“外围”（sphere）。③由此可见，在哈密尔顿提出“内涵”与“外延”这对术语之前，用来表达“内涵”与“外延”思想的词汇已经相当丰富。而就“内涵”与

① PEIRCE C S. Upon Logical Comprehension and Extension［A］//MOORE E C. Writings of Charles S. Peirce［M］. vol. 2. Bloomington：Indiana University Press，1984：70－86，70－72.

② ARNAULD A. and NICOLE P. The Port Royal Logic［M］. 5th ed. Edinburgh：James Gordon，1861：49.

③ HAMILTON W. Lectures on Logic［M］. Boston：Gould and Lincoln，1860：100－101.

“外延”的意义而言，在不同的学者那里也有着不同的理解。据皮尔士的考证，“内涵”与“外延”通常被用于谈论“概念”，而有些学者还将其用于谈论“判断”“心理表象”“认知”等；德国学者通常将“内涵”视为概念的总和或直观要素的总和，而英国学者则通常将其视为外在真实属性的总和；至于“外延”，其所指的可能是“事物”“种类”“对象”“个体”“概念”“表象”等。①由此看来，说“内涵”与“外延”也有自己的“悲伤的混乱故事”并非空言，只是其意义与用法也许没有像“涵谓”与“指谓”的意义与用法那样出现过截然相反的变化情况。

现在再来看看被诸多哲学词典和逻辑学教科书视为和“涵谓”与“指谓”、“内涵”与“外延”相当或者等同的“涵义”与“指称”这对术语，其出现也有一个“悲伤的混乱故事”。“涵义”与“指称”作为一对相关联的术语通常被认为由戈特洛布·弗雷格于1892年在其《论涵义与指称》一文中率先提出，其中“涵义”一词即英文的“sense”，德文的“Sinn”，“指称”一词即英文的“reference”，德文的“Bedeutung”。从英语世界学者对弗雷格这篇论文的研究来看，将“Sinn”译为“sense”似乎没有太多的异议，而将“Bedeutung”译为“reference”则经历了一番混乱的争论。迈克·毕尼（Michael Beaney，1959年至今）在其就“Bedeutung”一词的英译所做的讨论中指出，“Bedeutung”曾被译为“reference”（指称）、“denotation”（指谓）、“meaning”（意指）、“significance”（意谓）、“indication”（指征）、“nominatum”（指名），在弗雷格后期论著中“Bedeutung”一词还被解释成“语义值”、“语义角色”和“潜在真值”；“Bedeutung”的动词形式“bedeuten”则被译为“refer to”（指称）、“denote”（指谓）、“stand for”（表示）、“mean”（意指）、“signify”（意谓）和“indicate”（指征）。例如，维特根斯坦对“Bedeutung”的使用似乎意味着将这个词译为“meaning”（意指）是最好的选择，而罗素（Bertrand Russell，1872年—1970年）则将“Sinn”译为“meaning”，“Bedeutung”译为“denotation”。这显然造成了极大的混乱。或许正因如此，在1970年代初召开的一次由达米特（Michael Dummett，1925

① PEIRCE C S. Upon Logical Comprehension and Extension［A］//MOORE E C. Writings of Charles S. Peirce［M］. vol. 2. Bloomington：Indiana University Press，1984：70－86，74－76.

年—2011 年）、吉奇、涅尔（William Kneale，1906 年—1990 年）、怀特（Roger White，生平不详）和一位布莱克威尔出版社的代表参加的会议上，经过反复讨论之后，与会人士一致同意用“meaning”作为“Bedeutung”的翻译。①但遗憾的是，这次会议的决定显然没有被英语世界的学者普遍接受，现今广为采用“reference”作为“Bedeutung”的翻译即是明证。当然，英语世界的学者为了避免更多的混乱，最终采取的办法是：对弗雷格的“Sinn”和“Bedeutung”这对术语不再翻译，凡出现这两个词之处，均以原词示人。实际上，毕尼也已指出，“Bedeutung”的英译之所以出现如此大的混乱，一个主要原因是弗雷格常常将“bedeuten”或“Bedeutung”与表示纯外延意义上的“指称”或“指涉”的“bezeichnen”或“Bezeichnung”交替使用。②无疑，正是这种源头上的混乱导致了英语世界学者对该词意义理解的混乱。但不管怎样，源于弗雷格的“Sinn”和“Bedeutung”的“sense”和“reference”即“涵义”与“指称”现今已成为一对在哲学或逻辑学中被广为采用的术语。

不过，这里特别值得注意的是，与通常用于名称的“涵谓”与“指谓”和“内涵”与“外延”不同，弗雷格的“涵义”与“指称”既可用于谈论指号（signs）——包括名称、语词组合、书面记号，又可用于谈论句子。在《论涵义与指称》一文中，指号仅限于具有专名作用的名称、语词组合或书面记号，而句子则仅限于做出了某种断定、包含有某种思想的句子。所以弗雷格的指号指涉的仅仅是确定的对象，而不是概念或关系，这种确定的对象被称为指号的“指称”，而指涉的呈现方式或人们所公认的描述方式则被称为指号的“涵义”，例如，“暮星”和“晨星”的“指称”相同，“涵义”不同；对于句子而言，弗雷格一般认为其“指称”为真值即“真”或“假”，“涵义”则为句子所包含的思想。③实际上，由《论涵义与指称》一文可以看出，弗雷格更多讨论的是句子的尤其是各种从句的“涵义”与“指称”的情

---

① BEANEY M. The Frege Reader［C］. Oxford：Blackwell Publishers，Ltd.，1997：36－38.

② BEANEY M. The Frege Reader［C］. Oxford：Blackwell Publishers，Ltd.，1997：42.

③ FREGE G. On Sinn and Bedeutung［A］//BEANEY M. The Frege Reader［C］. Oxford：Blackwell Publishers，Ltd.，1997：151－171. 152－158.

况。由此可见，当前诸多哲学词典和逻辑学教科书简单地将“涵谓”与“指谓”、“内涵”与“外延”和“涵义”与“指称”等同起来基本上是只保留和采用了弗雷格的“涵义”与“指称”的部分意义和用法。

丘奇曾将弗雷格的“Bedeutung”译为“denotation”即“指谓”，将“Sinn”译为“sense”即“涵义”。在其《数理逻辑导论》一书的序言中谈到“指谓”与“涵义”时，丘奇表明了自己的一些看法：“事实上，我们准备接受‘涵谓’作为‘Sinn’的又一种翻译，尽管弗雷格在做出自己的区分时似乎并不知道穆勒的区分。我们不因循穆勒认为存在有‘指谓’而没有‘涵谓’的名称，而是坚持认为，一个名称必须总是以某种方式即通过某种‘涵义’或‘涵谓’来指明其‘指谓’，尽管在特殊事例中‘涵义’恰好可以还原为被称为某某的‘指谓’的存在（如关于个体名称的情况），或还原为此时此地所呈现的‘指谓’的存在（如关于指示词‘这个’的情况）。由于这方面以及其他方面的差异并且由于弗雷格所研究的更为重要的内容，我们将‘涵义’与‘指谓’之间的区分归之于弗雷格而不是穆勒。”①由这段话不难看出，就名称而言，丘奇认为虽然可以用约翰·穆勒的“涵谓”与“指谓”来称呼弗雷格的“涵义”与“指称”，但二者之间实际上存在着细微的差异，即弗雷格的“涵义”在特殊情况中可以就是“指称”本身，而约翰·穆勒的“涵谓”与“指谓”则没有这种关系。至于“其他方面的差异”和“弗雷格所研究的更为重要的内容”应该指的是“涵义”与“指称”可用于句子，而“涵谓”与“指谓”则无此功能。由此可见，在丘奇这里，“涵义”与“指称”实际上有着比“涵谓”与“指谓”更为宽泛的意义和用法。

至此，通过对“涵谓”与“指谓”、“内涵”与“外延”、“涵义”与“指称”意义和用法的历史考察和相互比较，可以发现，这三对术语在各自经历了一番“悲伤的混乱故事”之后，其意义虽仍有变化，但其核心意义已基本稳定下来，不再有根本性的变动了，所变的只是与使用者的个人偏好有关的边缘意义。或许考虑到这一原因，再加上这三对术语各有其独特的优势，所以虽然它们在某些情况下可以相互替代，但并非在所有情况下都可以

---

① CHURCH A. Introduction to Mathematical Logic [M]. Princeton, N. J.: Princeton University Press, 1956: 6n.

相互替代。如果要说出这三对术语各自特别突出的、无法由其他两对术语替代的一种优势，似乎可以说："涵谓"与"指谓"可作为及物动词使用，这一点是"内涵"与"外延"、"涵义"与"指称"无法完全替代的；"内涵"与"外延"有约定俗成的强大力量，有极高的接受度和使用率，象"内涵逻辑""外延主义"这些表达若被替换只会造成更大的混乱；"涵义"与"指称"可用于句子，这一点是"涵谓"与"指谓"、"内涵"与"外延"无法替代的。因此，"涵谓"与"指谓"、"内涵"与"外延"、"涵义"与"指称"这三对术语虽有相似之处，但其中没有任何一对术语可由其他两对术语来替代。

通过对"涵谓"与"指谓"意义变迁的历史考察，大致可以看出这对相关联术语经过六七百年的时间得以最终形成的基本历程。但这种考察的目的并不仅限于此。约翰·穆勒在其《逻辑体系》中讨论语词意义变化的自然史时说："考察一个语词的历史，弄清楚决定该语词用法的起因或根据，对其使用来说是比任何定义都更好的一种指导，因为定义只能表明该语词特殊时期的意义或至多是一串前后相继的意义，而其历史却可以表明那串前后相继的意义借以产生的规律。"①所以，对"涵谓"与"指谓"意义变迁的历史考察的另一个目的就在于：希望这种考察对这两个词的"使用来说是比任何定义都更好的一种指导"。而通过对"涵谓"与"指谓"、"内涵"与"外延"、"涵义"与"指称"的比较，可以看出这对术语所具有的、无法由另外两对术语所替代的独特特点。确实，"涵谓"与"指谓"这两个词作为哲学或逻辑学的专门术语在不同的时期、不同的使用者那里表现出或多或少不同的意义和用法，已无疑成了"哲学流通货币中"两个"磨损用旧了的硬币"。但这两枚"硬币"至今也没有像彼得·吉奇所说的那样被从"哲学流通货币中"扔掉，或许正是因为其具有深厚的历史积淀和不可替代的独特特点。

事实上，在"哲学流通货币中磨损用旧了的硬币"远不止"涵谓""指谓"，像"存在""意义""理性"等应该都是"磨损用旧了的硬币"，但这些"硬币"并没有被从哲学逻辑学中扔掉，至今仍然在流通。考虑到这些，不能不说吉奇的说法有点过激了。对于因为语词的使用所造成的语词意义的

---

① MILL J S. A System of Logic [M]. London: Longmans, Green, And Co., 1886: 449.

变化，逻辑学家所应采取的态度和做法似乎应该像约翰·穆勒所说的那样，不能阻止这些变化时就高兴地顺应这些变化；而要是需要下定义，就按照一个词的新意义来定义这个词，如果需要将这个词先前的意义保留在语言中，就将其作为第二意义保留下来；弄清楚是什么在模糊地引导着语词的一些特殊使用，然后尽量用清晰明确和经久不衰的语词来表现它们。①这些态度和做法至今仍然值得借鉴。

第四节　命名问题

在讨论了有关名称的划分和名称的指谓与涵谓等问题之后，穆勒没有继续在这一章对命名问题——即作为一种智识工具的名称的实际功能及其最终所依赖的名称作为形成并强化人们观念之间联系的一种方式方法的潜力问题——进行讨论，而是将其放在归纳问题之后作为从属于归纳活动的问题进行了讨论。在讨论的一开始，穆勒首先引用了亚历山大·拜恩的一段话："名称是感觉印象，是最有力地支配心灵的感觉印象，与其他一切印象相比最容易在心中被回忆起来并被保留下来。因而，它们用于给一切较为易变的思想和感觉对象提供一个依附点。一闪现就可能永远消散的感觉印象通过与语言的关联而总能被把握。思想本身一直都在溜出当前的心理视域，但名称与我们同在，说出名称就短暂地恢复了思想。语词是每一种与其相比不那么令人印象深刻的心灵产物的看护者。人类知识的一切扩展、一切新的概括甚至无意识都要通过语词的使用来确定和传播。成长的儿童伴随着其对母语单词的学习，逐渐认识到他常常认为是不同的东西在重要的方面是相同的。不用任何正式的指导，我们成长于其中的语言就教会了我们当时的一切常识哲学。语言指导我们留意并认识我们常常忽视的东西；它给我们提供现成的分类，通过这些分类（尽可能按照过去的概括所允许的那样）最大程度相似的东西被整理安排在了一起。一种语言中普遍名称的数目和那些名称的普遍性

① MILL J S. A System of Logic [M]. London: Longmans, Green, And Co., 1886: 455.

程度提供了对那个时代的知识和见识的一种检验，这种检验是任何一个出生于该时代的人与生俱来的权利。”①拜恩这里清楚地表明了名称在人类思想活动中的不可或缺性。不过，穆勒认为，他这里所要思考的并不是通常认为的名称的作用，而仅仅是名称在真理探究或归纳过程中直接作为工具使用的方式和程度。②

首先，穆勒表明了名称对于归纳并非绝对是不可或缺的。穆勒认为，由于“观察”（Observation）和“抽象”（Abstraction）活动是归纳不可或缺的条件，所以似乎有同样的理由认为“命名”也是归纳不可或缺的条件。虽然有学者就坚持认为，语言并非像通常流行的说法那样只是思想的一个工具，而就是思想的工具；名称或某种等同于名称的东西，如某种人工指号（signs），对于推理是必不可少的；没有名称就不可能有推论，自然也不可能有归纳。但是，如果推理的性质得到了正确的说明，那么这种看法尽管是一个重要的事实但却可以肯定地说是一种夸大。如果推理是从特殊到特殊，而且如果它就在于将一个事实视作另一个事实的标记（mark）或另一个事实的标记的标记，那么除了感觉（senses）和联想（association）之外就不再需要别的什么来使得推理成为可能，其中感觉用来感知两个事实是联系在一起的，而联想则用作规律，通过它两个事实中的任何一个都让人想到另一个。对于这些心理现象来说，以及对于相随而来的那种信念或期待（人们借以将已感知到其标记的那个事实视为已然发生或将要发生的）来说，显然不需要语言。这种一个特殊事实来自另一个特殊事实的推论是一种归纳的情况。它是一种畜类都能进行的归纳，未开化的心灵正是以这种方式来进行其几乎所有的归纳的。在没有经过人们任何积极主动的探究熟悉的经验就将结论强加给人们，以及在证据一经提出人们的信念或期待就本能地、快速而坚定地随之而来的情况中，人们也都是以这种方式进行归纳的。③如果情况确实如此，那么名称究竟是以什么方式与归纳相关的呢？或者说以什么方式从属于归纳

---

① 拜恩的这段话未见其直接的出处，仅在其《逻辑学》第一卷中有类似的论述，具体内容可见 Bain, A. *Logic*, vol. 1, 2nd ed. , Lodon: Longmans, Green, Reader, & Dyer, 1873: 42 –47.

② MILL J S. A System of Logic [M] . London: Longmans, Green, And Co. , 1886: 434.

③ MILL J S. A System of Logic [M] . London: Longmans, Green, And Co. , 1886: 434 – 435.

的呢？穆勒接下来对此进行了探讨。

在穆勒看来，尽管具有一种归纳特征的推论不使用指号也是可能的，但没有指号，这样一种推论就绝不能在上面刚刚所描述的那种非常简单的情况之外来进行，即绝不能在构成那些对约定语言一无所知的动物推理之极限的非常简单的情况之外来进行。没有语言或某种与之等同的东西，充其量就只能有不借助于普遍命题而发生的纯粹自经验而来的推理。严格说来，人们虽然可以从以往的经验推出一个新的个别情况而无须经过普遍命题这个中间环节，但没有普遍命题人们很少会记得有什么样的以往经验，而且很难会知道经验将保证什么样的结论。归纳过程划分为两部分，第一部分弄清楚已知事实的标记，第二部分弄清楚标记是否在新的情况中存在。这样一种划分是自然而然的，对科学来说是不可或缺的。实际上，在绝大多数情况下，仅仅时间就使得这样一种划分成为必要。人们借以用来指导自己的判断的经验也许是别人的经验，不通过语言几乎无法传达，而即使经验是自己的，通常也是许久以前的经验了。因而，除非通过人工指号的方式将经验记录下来，否则其很少会被保留在记忆中。几乎不必多说，当归纳推论并不具有最为直接且显而易见的性质的时候，或者换句话说，当其需要在不同的情形中进行观察或实验并且需要对这些情形进行相互比较的时候，没有语词所赋予的人为的记忆其不可能前进一步。没有语词的话，如果人们已常常注意到 A 和 B 处于一种直接而明显的关联中，那么无论什么时候看到 B 都会期待 A。但是当这种关联并不直接而明显的时候，要发现这种关联或者要确定其是一贯的还是仅仅偶然的以及是否在任何已知的情形变换下都有理由期待它，就成了一个过于复杂、没有某种人为的设计来使人们准确记住自己的心理活动就不可能来进行的过程。现在，语言就是这样一种人为的设计。当使用这一工具来加以协助时，困难就减小成为如何让人们准确记忆语词意义的困难了。可以保证，无论什么闪过心灵，通过将它们变成语词并写下或记住这些语词，都可以使这种瞬间即逝的东西被准确记下。总的来看，命名在归纳中的作用，特别是普遍名称在归纳中的作用可以概括如下。每一个完全恰当的归纳推论对于整个一类事例都是恰当的。这种推论要是能比仅仅将两个观念黏合在一起更好地保证其正确性，实验和比较的过程就是必不可少的，其中必须考虑整个一类事例以及在自然过程中进化出来的某种不变的齐一性（uniformity），因为正是这样一种齐一性才是得出合理归纳推论的最终依据和保证。因而，需要思考如何永久地来确定这种齐一性，从而在各种特殊的事例中，可以将其作为一种定则（formula）来得到由先前的经验所保证的所有那些推论。但是，只有通过用普遍名称和普遍命题及其他指号这些永久指号作为中介记录下那些齐一性，我们才能保证它们有机会被记住。①除了上述对名称以何种方式从属于归纳的讨论之外，穆勒这里还特别提到，普遍名称并非只是人们简化语言使用、让语言更经济的一种纯粹人为设计。

针对某些思想家认为人们使用普遍名称的原因是个体对象有无穷多个，不可能每个对象都有一个名称，所以有必要把一个名称用于多个对象。这是一种对于普遍名称的作用的非常有限的看法。即使每个个体对象都有一个名称，人们仍然会需要与现有的同样多的普遍名称。没有它们，人们甚至无法表达仅仅单个一次比较的结果，也无法记录自然界中所存在的任何一种齐一性，而且也几乎不会比根本没有名称在归纳活动中表现得更好。仅有个体的名称或者说仅有专名，人们可以通过说出名称来想到对象的观念，但除了通过用两个专名中的一个来表述另一个所形成的那些没有意义的命题之外，人们无法断定任何命题。只有通过普遍名称人们才能传递信息，甚至才能表述个体的属性以及更多的类的属性。严格说来，仅仅有关于属性的抽象名称这样的普遍名称，人们就能让言说与思考继续下去了。人们可以让所有命题都具有这种形式："如此这般一个个体对象具有如此这般一种属性"或者"如此这般一种属性总是或绝不与如此这般另一种属性相关联"。不过，事实上，人们总是不仅将属性赋予对象，还将普遍名称赋予对象。被赋予对象的普遍名称蕴涵着属性并从属性中导出其全部的意义。而人们也正是在这种意义上来使用普遍名称的。②当然，接下来似乎还要考虑赋予普遍名称时应遵守什么原则的问题，由于这一问题与穆勒对"哲学语言"或"普遍语言""理想语言"的讨论有关，所以就留待后文再作讨论。

---

① MILL J S. A System of Logic [M]. London: Longmans, Green, And Co., 1886: 435 - 436.

② MILL J S. A System of Logic [M]. London: Longmans, Green, And Co., 1886: 436.

第三章　穆勒的命题理论

本章将首先讨论穆勒有关命题的定义及其有关系词的一些观点，然后考察其对于命题的几种划分，即肯定命题和否定命题，简单命题和复合命题，全称命题、特称命题、不定命题和单称命题。在此基础上，本章将重点讨论穆勒有关命题含义的观点及其对事实的五种分类，即存在、共存、相继、因果和相似。最后，还将讨论穆勒有关纯粹字义命题即不关乎事实只关乎名称含义的命题的观点。

第一节　概述

前文已经说过，穆勒认为命题是由两个名称放在一起而形成的，是某种东西相对某种东西而被肯定或否定的述说（a discourse, in which something is affirmed or denied of something）。每一个命题都包括三个部分即主词（Subject）、谓词（Predicate）和系词（Copula），其中谓词是指谓被肯定或被否定的东西的名称，主词是指谓人或物——某种东西相对其而被肯定或否定——的名称，系词是指谓存在一种肯定或否定的指号，是使听者或读者能够将命题与其他述说区分开来的标记。

既然命题是某种东西相对某种东西而被肯定或否定的述说，那么首先可以将命题划分为肯定命题（Affirmative Propostions）和否定命题（Negative Propositions）。肯定命题的系词是“是”（is），而否定命题的系词是“不是”

(is not)。一些逻辑学者（如霍布斯）认为肯定命题和否定命题中只有一种系词形式“是”（is），否定命题中的“not”应隶属于谓词，并称这种结合了“not”的谓词为“否定名称”(negative name)。但是，在穆勒看来，否定名称所表达的是属性的缺失（absence），即“非……”的一面，而人们实际上仅仅是要否定属性的在场（presence），即“不是……”的一面，所以，这些逻辑学者对否定命题所做的肯定伪装纯粹是一种幻觉。此外，穆勒还认为，表明命题的时态（tense）或时间（time）的“过去”“现在”和“将来”应隶属于系词而不是谓词；而涉及“必然”“可能”的模态命题，其所断定的是“人类的心灵状态”，应与断定“事实本身”的命题区别开来。

其次，还可以将命题划分为简单命题（Simple Propositions）和复合命题(Complex Proposition)。简单命题是其中一个谓词相对于一个主词而被肯定或否定的命题。复合命题是其中不只有一个谓词或不只有一个主词的命题。穆勒认为，虽然几个简单命题“合取”起来可以构成一个复合命题，但“合取”得到的一个复合命题并不就是“一个”命题或断定，例如，“Caesar 死了且（and）Brutus 活着”或者“Caesar 死了而（but）Brutus 活着”，其中每个命题里面都有两个而不是一个断定。的确，作为必须与别的词结合起来使用的词“且”和“而”自身有意义，但其意义绝没有使两个命题成为“一个”命题，而是可以给那两个命题增添第三个和第四个命题。这里，“且”是一个附加命题即“人们必须同时想到二者”的缩写，“而”是两个附加命题即“人们必须同时想到二者”和“人们必须想到二者之间有一个对比”的缩写。但是，假言命题即析取命题和条件命题却是真的复合命题，因为其中只包含有一个断定，而构成假言命题的简单命题并不构成假言命题所传达的断定的一部分。例如，当人们说“如果可兰经来自上帝，那么穆罕默德就是上帝的先知”时，通常的意思并不是要肯定或者可兰经来自上帝或者穆罕默德是上帝的先知，这两个简单命题可能没有一个是真的，然而这个假言命题却可能是真的，其所断定的并不是这两个命题中的某一个为真，而是一个来自另一个的可推论性（inferribility）。因而，既然“如果 A 是 B，那么 C 是 D”可以被视为“命题‘C 是 D’是自命题‘A 是 B’的一个合法推论”，那么假言命题和直言命题之间的区别也并不像初看上去那么大。

第三种划分是将命题划分为全称命题（Universal Propositions）、特称命题

(Particular Propostions)、不定命题（Indefinite Propositons）和单称命题（Singular Propositions）。当主词是个体名称时命题是单称的，个体名称既可以是专名也可以是摹状词或描述语。当作为命题主词的名称是普遍名称时，人们可以相对主词所指谓的所有东西或部分东西来肯定或否定谓词。当谓词相对主词所指谓的每一个东西而被肯定或否定时，命题是全称的，当仅仅相对那些东西中不确定的某些部分而被肯定或否定时，命题是特称的。当表达形式并未清楚地表明作为命题主词的普遍名称是意在用于其所指谓的所有个体还是仅仅部分个体时，这种命题被某些逻辑学家称为不定的。但虽然言辞中没有清楚地表明说话人的明确意向，但语境和言说常常可以弥补这一不足。

穆勒认为，对命题性质的探究一般应考虑如下两个方面：一是分析“相信”（belief）的心灵状态；二是分析所“相信”的东西。许多逻辑学者把前者即对判断活动的分析错误地当成是逻辑学的主要任务，认为命题就在于相对一个观念来肯定或否定另一个观念。确实，不管是为了相信还是不相信对于两个东西所做的断定，心灵中都必须同时要有两个观念，而且在两个观念同时出现时，还可能会有一种心理过程。但是，这些都与命题的含义无关，命题是对外部自然事实的断定，不是对心理过程事实的断定。

从对不同命题的分析中可以看出，命题的真实含义并非全然是字词上的。例如，即便是一个用专名作主词的命题，其也意在断定个体具有谓词所涵谓的那些属性，专名被认为仅仅是给出有关物理事实的信息的手段。而在带有涵谓主词的命题中，情况更是如此。在这些命题中，所指谓的对象是由对象的某些属性来指明的，命题实际上所断定的是：谓词的那组属性永远伴随着主词的那组属性。由于每一种属性都基于某一个事实或现象，所以当一个命题断定一种或一些属性伴随着别的属性出现时，其实际上所断定的就是一种现象伴随着另一种现象而出现。举个例子，当人们说“人是必死的”时，其意思是说，在出现被称为“人性的”某些物理的和精神的事实的地方，也会出现被称为“死亡的”那些物理的和精神的事实。除了两种现象的这种“共存”（coexistence）或“相继”（sequence）即两种意识状态之外，命题还断定了别的东西。在通过可知现象对作为其背后隐藏原因的不可知实体（noümena）所做的断定中，命题还断定了不可知实体的“存在”（existence）、不可知实体与可知现象之间的“因果”（causation）以及两种现象之间的“相似”（resemblance）。简言之，每一个命题所肯定或所否定的就是“存在”“共存”“相继”“因果”“相似”这五种事实之一。这五种划分穷尽了一切所能“相信”的东西。观念论（Conceptualism）的命题观断定的是两个观念（ideas）之间的关系，唯名论（Nominalist）的命题观断定的是两个名称含义之间的一致或不一致。作为一般理论，这两种观点都是错的，因为总的来说命题的含义是对现象或其背后肇因即上述五种事实的肯定或否定。

不过，有一类命题与事实无关而只与名称的含义有关。因此，由于名称及其含义是任意的，所以，这类命题不承认“真”或“假”，只承认与名称用法的“一致”或“不一致”。这类“字义命题”（verbal propositions）不仅仅是那些主词和谓词都是专名的命题，还有一些被认为是与“事物”而不是别的什么密切相关的“本质命题” （essential propositions）。一个本质命题——即一种由主词所涵谓的特性相对主词而被谓述的命题——是同一性的。这类命题的唯一用处就是通过展开包含在名称中的含义来“定义”语词。就像在数学中那样，当似乎从这类命题中得出了重要的结果时，实际上是通过系词的含糊性从所命名的对象真实存在这一隐含的假定中得出的。

一个偶然命题——即一种未被主词所涵谓的特性相对主词而被谓述的命题——无疑断定了与主词相应的一种东西的存在，否则，这样一个命题就什么也没断定。偶然命题有两类，一类是那些主词是专名的单称命题，一类是其中谓词涵谓了未被主词所涵谓的属性的全称命题或特称命题。偶然命题可以被称为“实在命题”，这类命题增加了人们的知识。它们的含义按照人们所关注的是命题的意指还是命题被使用的方式可以分别被表述为：主词的属性总会或从不会由谓词所意谓的那些属性相伴随；主词的属性是谓词的属性出现的证据或标记。由于在推理的过程中命题更多是作为确立其他命题的手段，而不只是最终的结果，所以通常人们似乎更偏爱后一种表述。

总的来看，穆勒的命题理论或谓述理论是与其名称的涵谓理论相一致的，是为了解释与托马斯·霍布斯和詹姆斯·穆勒的唯名论理论以及沃特利大主教和经院学者的类理论（the class theory）有关的某些困难而提出的。穆勒的命题理论完全是用“内涵”来解释命题的含义，即命题所表达的是主词所涵谓的属性永远由谓词所涵谓的属性相伴随。不过，由于属性是以感觉为基础的，所以命题的含义最终可以由感觉及其中所包含的各种关系来解释。

也正因如此，穆勒的命题观现在也时常被称为一种认知实在论的命题观。

第二节　命题的形式、变化和划分

穆勒认为其《逻辑体系》整个第一卷“论名称与命题”的真正主题和目的是分析命题的含义，但在此之前，有必要先来考虑一下命题的形式（form）和变化（varieties）这些比较基本的性质。

一、命题的形式和变化

如前所述，命题是论说的一部分，其中谓词相对主词而被肯定或否定。谓词和主词是构造命题所必需的所有东西，但由于不能从仅仅看见两个名称放在一起就下结论说它们是主词和谓词即其中一个意在相对另一个而被肯定或否定，所以必须有指明那样一种意向的方式方法，即某种将谓述与任何别的论说区别开来的标记。有时可以通过语词的屈折变化（*inflection*）即对一个词稍作改变的方法来这样做，如当人们说，“火燃烧”（Fire burns）时，第二个词由“burn”到“burns”的变化表明人们意在相对主词“fire”来肯定谓词“burn”。但这种功能更多是当意在肯定时由“is”这个词来实现，当意在否定时由“is not”来实现，或者由动词“*to be*”的其他形式来实现。这样，用作谓述标记的那个词，如先前所说的那样，被称为“系词”（the copula）。在人们有关系词的性质和作用的观念中不应当有任何含混之处，这一点很重要，因为有关它的含混观念正是神秘主义扩散到逻辑领域并使逻辑思考堕落成口角舌战的原因之一。

人们往往认为系词不仅仅是谓述的某种标记，它还指示存在。在命题“苏格拉底是正义的”（Socrates is just）中，似乎不仅意味着“正义的”可以相对苏格拉底被肯定，而且意味着“苏格拉底是”（Socrates *is*），即苏格拉底存在。不过，这只是表明“is”这个词有歧义。这个词不仅在肯定命题中起着系词的作用，而且还具有自身的意义，借此它本身可以被用作命题的谓词。其用作系词并不必然包含对存在的肯定，这一点在这样一个命题中很明显："人马是诗人的虚构"（A centaur is a fiction of the poets），其中不可能意味着"人马"存在，既然该命题本身明确断定这种东西并不真正存在。

有关"存在"（Being，*ποόν*，*οῦσῖα*，*Ens*，*Entitas*，*Essentia* 等等）性质的无聊琐碎思考可谓汗牛充栋，都因忽视了"*to be*"这个词的那种双重意义并认为当其表示"存在"时与当其表示"to *be*"某种特殊的东西时，如"是"一个人（to *be* a man）、"是" Socrates（to *be* Socrates）、"被"看见或"被"谈及（to *be* seen or spoken of）、"是"一个幽灵（to *be* a phantom）甚至"是"一个非实体（to *be* a nonentity），实质上必须对应着同样的观念并且必须为"*to be*"找到一种适合于所有这些情况的意义。升起于这一狭仄之地的烟雾早期笼罩在整个形而上学领域。然而并不因为人们现在能够避免柏拉图和亚里士多德也许不可避免要犯的许多错误就显得比他们高明。现代蒸汽机的烧炉员用力气所造成的后果远远大于克罗托那的米罗（Milo of Crotona）①所能造成的后果，但烧炉员并不因此就是个更有力气的人。希腊人很少知道除了他们自己的语言之外的任何语言。这使得对他们比对现代人来说更难以快捷地发现歧义。精研多种语言尤其是那些著名思想家用作其思想工具的那些语言的好处之一是：通过发现一种语言中的同一个词在不同的场合对应于另一种语言中的不同的词，人们学到了有关语词歧义的经验教训。没有这样的训练，悟性再高都会发现很难相信共有一个名称的东西并没有某一方面的共同性质，因而常常会徒劳无益地（就像刚刚提到的那两位哲学家频频所做的那样）试图去发现这种共有性质存在于何处。但习惯一经养成，次等的才智甚至都能发现许多语言共同的歧义。令人惊讶的是，现在所考虑的那种歧义尽管不仅在古代语言中也在现代语言中存在，但却被几乎所有的学者都忽视了。许多起因于对系词性质的误解的无聊思辨霍布斯都隐约提到了，但詹姆斯·穆勒是第一个明确刻画了这种歧义并指出既有哲学体系中系词不得不为之负责的许多错误的人。②实际上，系词对今人的误导绝不比对古人的误导更少，因为今人的理解认识还没有完全摆脱古人的影响，尽管今人的错误并

---

① 克罗托那的米罗是公元前6世纪古希腊的一位摔跤能手，曾在各种运动会上赢得冠军，其名字至今仍为力量的代名词。

② MILL J. Analysis of the Phenomena of the Human Mind［M］. vol. 1. London：Longmans Green Reader and Dyer，1869：159－188.

不显得同样的非理性。

对于穆勒有关系词在命题中的作用和影响的讨论，这里有必要做进一步的补充。伯特兰·罗素在其《数学原则》一书中曾说："将命题划分为主词和谓词已经成了一种惯常的做法，但这样一种划分有着遗漏动词的缺陷，的确，有时通过不严谨地谈论系词也对此作了适当的弥补，但就系词这个动词来说，其值得得到远比这多得多的尊重。"①实际上，单单就英国而言，在十七世纪至十九世纪的两百年时间里，从霍布斯到穆勒的众多学者都对系词进行了或多或少的讨论，不可谓对系词不尊重。

在亚里士多德的《解释篇》中可以看到，虽然亚里士多德对动词"to be"有充分的讨论并多次强调没有"is""was""will be"这些"to be"的不同形式，就不会有陈述句，也不会有肯定或否定、真或假，甚至提出这些"to be"的不同形式是命题的第三构成元素，但亚里士多德似乎更愿意将这些动词作为一般动词来对待，常常强调其与一般动词同样具有的作为时态或时间标记的附带性功能，而没有给予这些动词特别的地位，也没有赋予其一个专门的名称。②"系词"这个词，最早见于阿伯拉尔的《论辩术》中。阿伯拉尔认为，动词"to be"在将名词或名词短语转化为命题的主词和谓词方面的作用要比其为语句指明时态或时间方面的作用远远重要得多。③正是由于这种不同于亚里士多德的对于"to be"的认识，阿伯拉尔用来称呼各种"to be"形式的拉丁文"系词"（*copulare*）一词在词源上也更强调了将两个名词或名词短语结合在一起时的"链接"（to link）作用。自亚里士多德和阿伯拉尔之后，将动词"to be"视为命题的第三构成元素或联结主词和谓词的元素成了西方逻辑思想中对于"系词"的一种基本认识。

穆勒完全继承了源自亚里士多德和阿伯拉尔的上述有关系词和命题的认识，认为每一个命题作为"某种东西相对某种东西而被肯定或否定的述说"（discourse，in which something is affirmed or denied of something），包括主词、

---

① RUSSELL B. Principles of Mathematics［M］. London：Routledge，2010：40.

② ARISTOTLE. The Complete Works of Aristotle［M］. Princeton：Princeton University Press，1984：25－38.

③ MORO A. The Raising of Predicates：Predicative Nouns Phrases and the Theory of Clause Structure［M］. Cambridge：Cambridge University Press，1997：251.

谓词和系词三个部分，其中“谓词是被肯定或被否定的东西的名称。主词是人或物——相对它们某种东西被肯定或被否定——的名称。系词则是表明存在一种肯定或否定的指号（sign）”，或是“主词和谓词之间的联结标记（connecting mark）”①。例如，按照穆勒对于主词、谓词和系词的定义，在“地球是圆的”这一命题中，谓词是“圆的”，主词是“地球”，“圆的”这一名称所指的东西相对“地球”这一名称所指的东西而被肯定；系词“是”是“地球”和“圆的”之间的“联结标记”，或者说是表明“圆的”相对“地球”而被肯定的“指号”。对于上述认识，穆勒进一步解释说，由于不是将两个东西放到命题中就可以说它们是主词或谓词，所以必须有一种表明它们是主词或谓词或者说表明其中一个相对另一个而被肯定或被否定的方式。这一点有时可以通过语词的屈折变化（inflection）来做到，如当人们说“火燃烧”（Fire burns）时，第二个词由“burn”到“burns”的变化表明人们是在相对主词“fire”来肯定谓词“burn”。但这种功能更多是当意在肯定时由动词“to be”来实现，当意在否定时由“not to be”来实现，即由作为谓述（predication）“指号”或“标记”的系词来实现。②

由穆勒的上述认识和解释不难看出，虽然其认为命题基本上由主词、谓词和系词三部分构成，但似乎只有主词和谓词才是构成命题的“内容”，而系词仅仅是构成命题的“形式”，是表明肯定或否定的“指号”，是联结主词和谓词的“标记”。换句话说，系词虽与主词和谓词相并列，成为命题构成的三元素之一，但与主词和谓词各自对应于独立而实在的东西不同，系词并不对应于任何独立而实在的东西，其仅仅是一个“指号”或“标记”。正因如此，在穆勒这里，系词虽然起着将主词和谓词联结起来的作用，但若将其比喻为“链环”（link）似乎很容易给人以误导，让人以为系词与主词和谓词一样对应着独立而实在的东西。而按照鲍桑葵的看法，由于在命题中主词和谓词之间并没有什么有意义的第三种观念与系词相对应，所以将系词视为独立于主词和谓词的“链环”不如将其视为附着于主词或谓词的“抓爪”

① MILL J S. A System of Logic [M]. London: Longmans, Green, And Co., 1886: 12.

② MILL J S. A System of Logic [M]. London: Longmans, Green, And Co., 1886: 49 - 50.

(grip) 更为恰当。①这种对于系词的"链环"和"抓爪"的比喻实际上对应着两种不同的命题分析方式。

在经院哲学中，当一个命题中的主词、谓词和系词各自独立存在时，这样的命题被称为"第三元素的命题"(*propositiones tertii adjacentis*)，而当一个命题中的系词和谓词合而为一时，这样的命题被称为"第二元素的命题"(*propositiones secundi adjacentis*)。②其中的"第三元素"和"第二元素"显然是针对系词而言的，因而两种命题中的系词也可分别被称为"第三元素的系词"和"第二元素的系词"，其中前者更像"链环"，后者更像"抓爪"。而"第三元素的系词"似乎又有如下两种情况：第一，独立的系词并不对应于独立而实在的东西，即系词本身并无含义，其仅仅是谓述的"指号"或"标记"；第二，独立的系词本身有独立的含义，通常意指"存在""同一"或"归属"。同样，"第二元素的系词"似乎也有两种情况：第一，不管系词本身是否具有独立的含义且不管具有何种含义，其都被归入到谓词之中，成了谓词的一部分；第二，系词本身即是谓词，意指"存在"，如"我思，故我在。"(I think, therefore I am.) 中的"am"即属这种情况。显然，不管是"第三元素的系词"还是"第二元素的系词"，都涉及系词在命题中是否意指"存在"这一逻辑史中长期存在着争论的问题。

穆勒认为，动词"to be"这个词具有双重意义，其既可以作为谓述的"指号"或"标记"，又可以意指"存在"。不过，其在命题中作为系词出现时并不必然包含对"存在"的肯定。例如，在"人马是 (is) 诗人的虚构"这一命题中，其中的"is"并不肯定"人马"的存在，因为命题本身明确断定这种东西并不存在。接下来，穆勒认为，动词"to be"之所以有歧义，是因为人们常常误以为"是苏格拉底"(to be Socrates)、"是一个人"(to be a man)、"是一个幽灵"(to be a phantom)、"是一个非实体"(to be a nonentity) 中的"to be"对应着同样的观念，具有一种适合于所有这些情况的含义，正是这一错误的认识造成了自古希腊以来有关"存在"问题的无数无聊

---

① BOSANQUET B. The Essentials of Logic [M]. London: Macmillan and Co., Limited, 1895: 99-100.

② HAMILTON W. Lectures on Logic [M]. ed. by Henry Mansel and John Veitch. Boston: Gould and Lincoln, 1860: 162.

琐碎的思考。①对此，穆勒从一般语言形成和使用的角度解释了许多欧洲语言中的系词具有表示“谓述”和“存在”的双重意义的原因，表明了系词的这种双重意义完全是语言形成和使用的一种必然结果，纯粹是一种语言习惯使然。②

对于系词与存在的关系问题，约瑟夫在其《逻辑学导论》中表达了一种与穆勒不太相同的看法。首先，约瑟夫认为，系词是“隐含”（imply）存在而不是“谓述”存在，因为“存在”本身不是一种有意义的属性，严格说来不能被谓述。人们可以像问“鸵鸟是否会飞”那样来问“飞狮是否存在”，但前者中“鸵鸟”被假定是存在的，所问的是其是否具有“会飞”这种属性。而后者中并没有假定“飞狮”是存在的，因为所问的正是“飞狮”是否存在。问“飞狮是否存在”实际上就是问“存在的某个东西中是否有‘飞狮’这个词所意指的那个东西”，因而“飞狮存在”这一命题中的真正主词是“存在的某个东西”。可以说，实在（reality）是每一个命题的终极主词（ultimate subject）或形而上学主词，而正是因为每一个命题都包含这种对实在的指称，所以人们在命题中使用系词。接下来，约瑟夫认为，虽然每一个命题都隐含存在，但其所隐含的并不是命题主词所指的对象的存在，而是命题中所断定的整个事实的存在。例如，当人们说“飞狮是一个传说中的怪物”时，并没有断定飞狮像猪和牛一样存在，而是隐含了一堆传说的存在，这堆传说是全部实在中的一部分。又如，“安妮女王死了”这一命题并没有断定安妮女王现在存在，而是断定其过去存在。安妮女王本人现在已不再存在，但其所经历的生和死现在存在，其存在于被称为“世界”的整个事物体系之中。③可以看出，约瑟夫与穆勒一样，也认为系词具有一种源自语言习惯的既表示“谓述”又表示“存在”的双重意义。只是穆勒似乎仅仅限于提醒人们要小心系词的这种歧义，注意命题中的系词并不是任何情况下都表示“存在”。而约瑟夫虽然也要求人们注意命题中的系词并不必然断定命题主词

---

① MILL J S. A System of Logic［M］. London：Longmans，Green，And Co.，1886：50.

② MILL J. Analysis of the Phenomena of the Human Mind［M］. vol. 1. London：Longmans Green Reader and Dyer，1869：183－184n.

③ JOSEPH H. An Introduction to Logic［M］. Oxford：At the Clarendon Press，1906：147－149.

所指的对象的存在，但与穆勒不同的是，约瑟夫认为命题中的系词在任何情况下都表示“存在”或隐含“存在”，只是这里的“存在”并不仅仅限于命题主词所指的对象，而是扩展到了命题所断定的有关世界或整个事物体系的事实之上。

不过，与穆勒和约瑟夫不同是，威尔逊坚持认为，命题中的系词不仅是谓述的“指号”或“标记”，同时也意指“存在”，且主要意指命题主词所指的对象的存在。但这样一来，该如何解释“龙是一种想象的动物”“方的圆是一种非实体”这类命题中主词所指的对象的存在呢？对于“龙是一种想象的动物”这一命题，威尔逊解释说，一般的存在包括所有想象的对象在内的一切东西，“龙”虽然不是现实中的存在，但却是想象中的存在，在该命题中，系词表示的是其一般的存在，谓词表示的是其特殊的存在，所以这一命题是一个正确的肯定句，断定了主词的存在。①很明显，威尔逊的包含一切可以想象的东西的“存在”概念与穆勒强调现实存在的“存在”概念和约瑟夫强调事实存在的“存在”概念有所不同，而正是这种不同使得威尔逊得以坚持了系词的“存在”含义。对于“方的圆是一种非实体”这一命题，威尔逊解释说，这一命题实际上不是一种正常的语言表达，首先，主词“方的圆”有明显的人为性，两个可以想象的东西被强行放在了一起变成了一个不可想象的东西；其次，这一命题实际上是说“方不是圆”，是一个否定命题，但它却被人为地由一个否定命题变成了一个肯定命题，而由于其中的系词隐含存在，人为性的主词却没有相应的对象存在，所以为了消除隐含在系词中的存在，不得不将这一伪装的肯定命题中的谓词变成否定的形式。但即使如此，也并不能说在“方的圆是一种非实体”这一命题中系词不表示“存在”。②显然，在对“方的圆是一种非实体”的解释中，威尔逊在否定不可想象的“方的圆”存在的同时巧妙地保留了其所坚持的系词的“存在”含义。为此，威尔逊批评了人为地将否定命题转化为肯定命题、将肯定名称转化为否定名称的做法。而对于这一点，穆勒在谈论系词、谓词和否定之间的关系

---

① WILSON J. Statement and Inference［M］. Oxford：At the Clarendon Press，1926：214－215.

② WILSON J. Statement and Inference［M］. Oxford：At the Clarendon Press，1926：215－216.

时，已经有了相似的看法。

霍布斯在其《计算或逻辑》中将肯定命题定义为谓词是肯定名称（positive name）的命题，如“人是有生命的被造物”（Man is a living creature），将否定命题定义为谓词是否定名称（negative name）的命题，如“人不是石头”（Man is not a stone）。①按照霍布斯的定义，以上两个命题中的系词都是“is”，而第二个命题中的否定词“not”隶属于谓词，是谓词的一部分，不是系词的一部分。对此，穆勒批评说，霍布斯似乎想要通过将否定命题看作是对否定名称的肯定来消除肯定和否定之间的区别，但由于否定名称是表达属性缺失的名称，所以，即使是肯定一个否定名称，实际上所谓述的仍然是缺失和不存在；在事实的存在和不存在之间、在看见某个东西和没看见它之间、在某人死了和没死之间存在着确确实实的区别，而不只是一种字词上的区别；无论在语言上要弄什么样的花招，把东西放在一起和把东西分开终归是不同的活动。②基于这一认识，穆勒将肯定命题定义为谓词相对主词而被肯定的命题，将否定命题定义为谓词相对主词而被否定的命题，如在“凯撒死了”（Caesar is dead）这一命题中，谓词“dead”相对主词“Caesar”而被肯定，而在“凯撒没死”（Caesar is not dead）这一命题中，谓词“dead”相对主词“Caesar”而被否定。③按照穆勒对于主词、谓词、系词以及肯定命题和否定命题的定义，在上述两个命题中，主词都是“Caesar”，谓词都是“dead”，而系词则分别是“is”和“is not”，其中前者是肯定的“指号”，后者是否定的“指号”。而按照霍布斯的定义，上述两个命题中的主词都是“Caesar”，系词都是“is”，谓词则分别是“dead”和“not dead”。显然，穆勒和霍布斯的分歧就在于：否定词“not”究竟是隶属于系词还是隶属于谓词？

从“否定”（negation）概念的发展史来看，霍布斯似乎直接继承了波菲利、波爱修斯（Anicius Boethius，约480年—524年）等一些古代和中世纪

---

① HOBBES T. Computation or Logic［M］//MOLESWORTH W. The English Works of Thomas Hobbes［C］. vol. 1. London：John Bohn，1969：35.

② MILL J S. A System of Logic［M］. London：Longmans，Green，And Co.，1886：51.

③ MILL J S. A System of Logic［M］. London：Longmans，Green，And Co.，1886：51.

学者的认识，而穆勒则似乎直接继承了亚里士多德的认识。①之后的许多逻辑学者也多坚持后一种认识。例如，约瑟夫同样认为，由于某些属性或存在方式间的相互排斥是一种肯定性事实（positive fact），所以试图通过字词上的变化来抹杀这种排斥纯属徒劳。②对此，约瑟夫进行了如下论证：对否定命题"A 不是 B"（A is not B）来说，通过将否定词"not"与谓词结合并不能使"A 是非 B"（A is not - B）成为一个真正的肯定命题，除非 not - B 是一个肯定概念，比如说是 C，而这显然是因为 B 和 C 表示两种相互排斥的属性。但如果是这样，"B is not C"和"C is not B"这两个否定命题同样无法通过被改写为"B is not - C"和"C is not - B"而成为肯定命题。因为如果 C 就是 not - B，那么 not - C 就是 not - not - B，如此一来，"B is not - C"就成了"B is not - not - B"，而这无疑是荒谬的，因为 C 是一个肯定概念，它和 B 的区别以及二者的相互排斥不可能被还原为 B 并非不是它自身。③总之，穆勒之后的许多逻辑学者与他一样基本上坚持认为肯定和否定之间存在着"确确实实的区别"，是两种"不同的活动"。当然，对于"否定"在命题中实际上的多样性，逻辑学者也早有认识。如华兹就认为，争论像"no""none""not""never"这些否定词在命题中是主词的一部分、系词的一部分还是谓词的一部分意义并不大，因为虽然命题通常都是根据其系词的情况而被判定为肯定的或否定的，但这些否定词似乎很自然地有时是主词的一部分，有时是系词的一部分，有时是谓词的一部分。④这一认识显然从一个方面表明了"否定"问题的复杂性，而后世众多逻辑学者对"否定"问题的讨论无疑也证明了这一点。

穆勒认为，其对肯定与否定的看法基本上也适用于命题的模态（modality）。例如，就命题的时态（tense）或时间（time）而言，与之有关的命题间的区别按照一些逻辑学者的看法似乎可以像消除肯定与否定的区别一样通过

① HORN L R. A Natural History of Negation［M］. Standford：CSLI Publications，2001：30 - 31.

② JOSEPH H. An Introduction to Logic［M］. Oxford：At the Clarendon Press，1906：163.

③ JOSEPH，H. An Introduction to Logic［M］. Oxford：At the Clarendon Press，1906：163.

④ WATTS I. Logic or the Right Use of Reason［M］. 4th ed. Boston：John West & Company，1809：115.

改变谓词而加以消除。以“太阳已经升起”“太阳正在升起”“太阳将要升起”为例，其可以分别被改写为：“太阳是已经升起的对象”“太阳是正在升起的对象”“太阳是将要升起的对象”。但这种改写并不表明“过去”“现在”和“将来”应隶属于谓词，因为“已经升起”“正在升起”和“将要升起”并不是多种不同的升起，它们只是对于“太阳升起”这一事件的特定说法，其影响的不是谓词，而是谓词对主词的运用即谓述，而由于系词是谓述的“指号”或“标记”，所以时态或时间应隶属于系词。①穆勒的这一认识无疑源于亚里士多德。

不过，对于时态或时间应隶属于系词这一认识，有学者提出了不同的看法。佛勒在其《演绎与归纳逻辑》中认为可以对所有的命题进行一种终极的标准逻辑分析，即将作为谓述“指号”或“标记”的系词仅限于动词“to be”的现在时及其否定形式。之所以对系词有这样一种限制，是因为命题的真正功能就在于表达人们“当下时刻”针对主词和谓词所指的东西是一致还是不一致而做出的判断。“过去”“现在”和“将来”这些时态或时间与人们对主词和谓词所指的东西是一致还是不一致的判断无关，不能由系词来表达，只能由谓词来表达。如像“火燃烧”（Fire burns）、“亚历山大是菲利普的儿子”（Alexander was the son of Philip）、“枪炮明天开火”（The guns will be fired tomorrow）这些命题，完全可以将其改写为具有“S is P”这种标准形式的如下命题：“Fire is burning”“Alexander is a person who was the son of Philip”“The firing of the guns is an event which will take place tomorrow”。从中可以看出，时态或时间与系词无关而与谓词有关。②同样，敏托（William Minto，1845 年—1893 年）在其《归纳与演绎逻辑》中也认为时态或时间与系词无关，因为在具有“S is P”这种形式的命题中，系词“is”并不表达时间，而只表达“S”和“P”之间的某种关系，所以时态或时间只能由主词或谓词来表达。通常，时态或时间被看成是谓词的一部分，例如，“所有一切都消失了”（All had fled）这一命题具有“All S is P”的形式，可以重新

---

① MILL J S. A System of Logic [M] . London：Longmans，Green，And Co.，1886：51－52.

② FOWLER T. Logic：Deductive and Inductive [M] . Oxford：At the Clarendon Press，1904：26.

表述为：所有一切都是包括在某一时间基于“消失”这一性质所构成的一个类中的东西。有时，一个命题的谓词完全就是一个时间谓词，例如，“委员会昨天中午开会了”（The Board met yesterday at noon）具有“S is P”的形式，可以重新表述为：委员会的会议是具有“某一时间已经发生”这一性质的所有那些事件中的一个事件。而某些情况下似乎更适合将时间看成是命题主词的一部分。如“小麦是贵的”（Wheat is dear）这一命题中，“小麦”并不表示所有的小麦，只表示“当前”市场上的小麦，“贵的”这一属性正是相对这部分小麦而被谓述的，也只有这部分小麦包括在贵的事物这个类之中。①显然，就时态或时间是否隶属于系词这一问题，佛勒和敏托与穆勒有着完全不同的看法。此外，就二人将时态或时间与模态分开讨论来看，其中还明显存在着一种与穆勒不同的认识，即命题的时态与命题的模态并不是一回事。这一点在约瑟夫那里有更为明确的说明。约瑟夫认为，时态或时间与地点一样与命题的模态无关，正如当说“瘟疫在这里爆发”和“瘟疫在那里爆发”时没有人会认为这两个命题是模态命题并且是两个模态不同的命题一样，当说“瘟疫去年爆发了”和“瘟疫正在爆发”时，也不会有人认为这两个命题是模态命题并且是两个模态不同的命题。时态或时间的不同与地点的不同一样并不会影响命题的模态，只会影响命题的谓词。②总之，在约瑟夫这里，命题的模态基本上限于自亚里士多德以来常见的几种模态之上，即“必然的”“偶然的”“可能的”“不可能的”。而穆勒对于这几种模态的看法与其对时态的看法相比，又有所不同。

穆勒认为，对于像“凯撒可能死了”（Caesar may be dead）、“凯撒也许死了”（Caesar is perhaps dead）、“凯撒死了是可能的”（It is possible that Caesar is dead）这一类命题中的“may”“perhaps”“possible”来说，如果不能像谈论时态或时间与系词之间的关系那样来谈论它们与系词之间的关系，那仅仅是因为“这类命题根本不是对与事实本身有关的任何东西的断定，而

---

① MINTO W. Logic：Inductive and Deductive［M］. London：John Murray，1915：77－78.

② JOSEPH H. An Introduction to Logic［M］. Oxford：At the Clarendon Press，1906：184－185.

是对与事实有关的人类自身心灵状态的断定。"①穆勒这里似乎碰到了一个难以处理的问题，如果说认为时态或时间隶属于系词已经有违他所坚持的系词仅仅是谓述的"指号"或"标记"这一立场，但因为有"is""was""will be"这些系词本身时态或时间形式上的变化，这种做法还尚可理解，现在如果认为"may""perhaps""possible"也隶属于系词或者说是系词的一部分，那么由于这些语词本身具有语义内容，因而使得系词也有了语义内容，这实在与其所坚持的系词仅仅是"指号"或"标记"的立场相悖。但如果认为"may""perhaps""possible"隶属于谓词，则似乎又像穆勒反对"过去"、"现在"和"将来"并不构成多种不同的"(太阳）升起"那样，"可能"和"也许"也并不构成多种不同的"（凯撒）死了"，所以，这几个词似乎也不应隶属于谓词。如此一来，也难怪穆勒认为这一类的命题所断定的是"人类的心灵状态"，应与断定"事实本身"的命题区别对待。与穆勒相比，佛勒和敏托更好地坚持了系词是纯粹"指号"或"标记"的立场，他们不仅认为时态或时间应隶属于谓词（有时也隶属于主词），模态同样隶属于谓词。如，佛勒认为，像"这肯定是（大概是、可能是）我昨天看到的那个人"（This is certainly (probably, possibly) the man I saw yesterday）这些命题并不表明有多种不同的系词，它们完全可以改写为"That this is the man I saw yesterday is certain (probable, possible)"，从而保证其具有"S is P"这一最终的标准命题形式。②

通过以上论述，可以将穆勒的系词观概括为如下四个方面：第一，系词是与主词和谓词相并列的、命题的第三构成元素，是表示肯定或否定的"指号"或者说是联结主词和谓词的"标记"；第二，系词具有双重意义，除作为"指号"或"标记"外，还可以表示"存在"，但在命题中系词并不必然意指"存在"；第三，在"A is not B"这种形式的命题中，"not"是系词"is"的一部分，不是谓词"B"的一部分；第四，就命题的模态而言，"过去""现在"和"将来"应隶属于系词，而"可能""必然"和"偶然"不应隶属于系词。总的来看，穆勒的系词观是一种"第三元素的系词"观，即

① MILL J S. A System of Logic [M]. London: Longmans, Green, And Co., 1886: 52.

② FOWLER T. Logic: Deductive and Inductive [M]. Oxford: At the Clarendon Press, 1904: 28.

认为系词是与主词和谓词相并列的、命题的第三构成元素，其本身不含有语义内容，仅仅是表示肯定或否定的“指号”、联结主词和谓词的“标记”。不过，虽然穆勒从系词中排除了“存在”的含义，但由于其认为时态或时间隶属于系词，所以其坚持系词仅仅是“指号”或“标记”的立场似乎还不够彻底。与穆勒相比，弗雷格认为系词是谓词的一部分，系词不仅没有“存在”的意思，也没有“包含”（subsumption）的意思，甚至因其与谓词相结合而具有的某种断定力（assertoric force）也应被忽略。①这一认识无疑更彻底地坚持了系词仅仅是“指号”或“标记”的立场。拉姆塞（Frank Ramsey，1903 年—1930 年）也坚持这一立场，并进一步提出命题的主词和谓词实际上并没有绝对的区别，例如，“苏格拉底是智慧的”完全可以改写为“智慧是苏格拉底的一种特征”，且其既可以被视为“苏格拉底是 x”这一命题函项的值，也可以被视为“x 是智慧的”这一命题函项的值，而其中的系词“是”既可隶属于“苏格拉底”也可隶属于“智慧的”。②显然，弗雷格和拉姆塞的系词观是一种“第二元素的系词”观，不同于穆勒的“第三元素的系词”观。通过对穆勒系词观的考察和讨论，可进一步表明在传统逻辑向现代逻辑的转化过程中系词观的变化为何是一个值得注意的因素，而这也正是讨论命题的形式和变化的意义所在。

二、命题的划分

现在再来简单地考察一下命题之间的主要划分（division）以及常常用来表达这些划分的专业术语。

命题是论说的一部分，其中某种东西相对某种东西而被肯定或否定。命题的第一种划分就是肯定命题（Affirmative Propostions）和否定命题（Negative Propositions）的划分。肯定命题是其中谓词相对主词而被肯定的命题，如“凯撒死了”（Caesar is dead）。否定命题是其中谓词相对主词而被否定的命题，如“凯撒没死”（Caesar is not dead）。在后一命题中，系词由词“is

① FREGE G. On Schoenflies：Die Logischen Paradoxien der Mengenlehre［A］//HERMES H. Posthumous Writings［C］. Chicago：The Universtiy of Chicago Press，1979：176－183. 177－178.

② RAMSEY F P. Foundations［M］. London：Routledge & kegan Paul，1978：21－31.

not”构成；“is not”是否定的标记，“is”是肯定的标记。

有些逻辑学者，如霍布斯，对这种区分的说明有所不同。他们认为只有一种系词形式“is”并使否定标记隶属于谓词。按照这些学者的说法，“凯撒死了”和“凯撒没死”并不是主词和谓词都一样的命题，而只是主词一样的命题。他们不认为“死了”而是“没死”是第二个命题的谓词，相应地，他们将一个否定命题定义为谓词是一个否定名称的命题。尽管没有什么太大的实际意义，但作为一个通过明显的仅仅是字词上的简化，命题内容就被弄得比以前更复杂的一个例子，这一点值得注意。这些学者的想法是，通过将每一种否定的情况看作是对否定名称的肯定，可以消除肯定和否定之间的区别。但否定名称是什么意思呢？是表达属性缺失的名称。这样一来，当人们肯定一个否定名称时，实际上所谓述的是缺失和不存在。人们所断定的不是某个东西是什么，而是某个东西不是什么，要表达这样一种效果似乎没有哪个词像“否定”那么恰当。根本的区别在事实和事实的不存在之间、在看见某种东西和没看见它之间、在凯撒死了和他没死之间；如果这只是字词上的区别，将二者综合到同一种断定形式中就会是一种真正的简化；但这一区别是确确实实的事实上的区别，正是这种综合将这一区别与仅仅是字词上的区别混淆在了一起，而且通过将两种事实之间的差别看成好像仅仅是两种语词之间的差别使得这一问题更为模糊。无论用语言要弄什么样的花招，把东西放在一起和把东西分开终归是不同的活动。

类似的评论适用于据说与命题的模态（modality）有关的命题间的大部分那些区别上。如时态或时间的区别：太阳已经（did）升起；太阳正在（is）升起；太阳将要（will）升起。这些区别像肯定和否定间的区别一样，可以通过将时间事件看成仅仅是谓词的修改而被掩藏起来；例如，太阳是一个已经升起的对象（an object having risen）；太阳是一个正在升起的对象（an object now rising）；太阳是一个将要升起的对象（an object to rise hereafter）。但这种简化仅仅是字词上的。过去、现在和将来并不构成那么多不同的升起，它们是属于所断定事件的指定说法，指明了太阳今天升起。它们影响的不是谓词，而是谓词对特定主词的运用。人们所肯定的是过去、现在或将来的那种东西并不是主词所指的东西，也不是谓词所指的东西，而是谓述具体明确地所指的东西，是仅仅由命题本身所表达的东西，而不是由主词和谓词中的任何一个或一起所表达的东西。因而，时间的情态完全被认为隶属于系词，而系词是谓述的标记，不是谓词的标记。对于如下这样的改动，“凯撒可能死了”（Caesar *may* be dead）、“凯撒也许死了”（Caesar is *perhaps* dead）“凯撒死了是可能的”（It is *possible* that Caesar is dead），如果不能同样这样来说的话，那仅仅是因为这些完全成了另外一个话题，其根本不是对与事实本身有关的任何东西的断定，而是对与事实有关的人们自身心灵状态即人们并非完全不相信事实的断定，例如，说话者说“凯撒可能死了”意指说话者“不确信凯撒活着”。

接下来再来考察和讨论一种命题的划分，即简单命题（Simple Propositions）和复合命题（Complex Propositions）的划分。简单命题是其中一个谓词相对一个主词而被肯定或否定的命题。复合命题是其中不只有一个谓词或不只有一个主词的命题。

乍一看，这种划分有一点荒唐的感觉，好像人们要将马划分为单个的马和成群结队的马。确实，所谓的复合命题常常根本不是一个命题，而是几个命题用连接词联结在一起。例如，“凯撒死了且（and）布鲁图斯活着。”或者是“凯撒死了而（but）布鲁图斯活着。”这里有两种不同的断定，就像这两个命题都是复合命题一样，我们也可以称街道为复合房屋。确实，必须与别的词放在一起来使用的词“且”和“而”本身有意义，但这种意义并没有使两个命题成为一个命题，而是给它们增添了第三个命题。所有的虚词都是缩写，而且一般是命题的缩写，它们有时更像是一种速记，凭着这一点，某种要完整表达就需要一个命题或一系列命题的东西会立刻浮现在人们心里。如这样一个字词组合“凯撒死了且布鲁图斯活着”等于如下这些命题：凯撒死了；布鲁图斯活着；人们想让这两个命题一起被想到。如果是这样的字词组合：凯撒死了而布鲁图斯活着，那么其含义就等同于上面三个命题再加上第四个命题：头两个命题之间还存在着一种对比，即或者是两个事实本身之间的对比，或者是人们想要被关注的感受之间的对比。

在上述例子中，两个命题有着明显的区别，即每个主词都有各自不同的谓词，而每个谓词也都有各自不同的主词。不过，为了简洁起见，命题常常被混合在一起。如在“彼得和雅各在耶路撒冷和加利利传道。”这一命题中，其中包含四个命题：彼得在耶路撒冷传道；彼得在加利利传道；雅各在耶路撒冷传道；雅各在加利利传道。

可以看到，当包含在一个所谓复合命题中的两个或多个命题被独立陈述且不受任何条件限制时，这个所谓的复合命题根本不是一个命题，而是多个命题，因为其所表达的东西并不只是一个断定，而是几个断定。如果这些断定放在一起为真，那么当其分开时也为真。但也有一种命题，尽管其包含多个主词和谓词并且可以在“多个”这个词的一种意义上说由几个命题所构成，但其却只包含一个断定。这种命题为真并不意味着构成它的简单命题也为真。这样的例子有：当简单命题由连词“或者”所联结时，如“A 是 B 或者 C 是 D。”；或者由连词“如果”所联结时，如“A 是 B 如果 C 是 D。”前一种情况中的命题被称为“析取的”（disjunctive），后一种情况中的命题被称为“条件的”（conditional）；最初，二者都被称为“假言的”（hypothetical）。正如沃特利大主教和其他人已充分注意到的那样，析取形式可归结为条件形式，每一个析取命题都等同于两个或多个条件命题。“或者 A 是 B 或者 C 是 D”的意思是“如果 A 不是 B，那么 C 是 D；如果 C 不是 D，那么 A 是 B。”因而，所有的假言命题，即使形式上是析取的，意思上也是条件的。“假言的”和“条件的”这些词就像它们实际上常常被使用的那样可以被同义地使用，而其中的断定并不依赖于条件的命题用逻辑学家的话来说就是“直言的”（categorical）。

假言命题并不像上面所说的那些被称为复合命题的命题那样仅仅是简单命题的聚合。那些构成了假言命题在其中得以被表述的语词的一部分的简单命题并不构成假言命题所传达的断定的一部分。当有人说“如果可兰经来自上帝，那么穆罕默德就是上帝的先知”时，他的意思并不是要肯定或者可兰经来自上帝或者穆罕默德确实是上帝的先知。这两个简单命题可能没有一个是真的，然而这个假言命题的真却是无可争辩的。所断定的并不是那两个命题中的某一个为真，而是一个来自于另一个的可推论性（inferribility）。那么，什么是这个假言命题的主词？什么是它的谓词呢？“可兰经”不是其主词，“穆罕默德”也不是，因为没有任何东西相对于“可兰经”或“穆罕默德”而被肯定或否定。该谓述的真正主词是“穆罕默德是上帝的先知”这一整个命题，所被肯定的是：这是自“可兰经来自上帝”这一命题的一个合法推论。因而，一个假言命题的主词和谓词都是命题或作为名称的命题，也即是说，当主词是具有“那个什么什么”这种形式时，谓词则具有“自什么什么的一个推论”这种形式。这里，既然“如果A是B，那么C是D”被发现是“命题‘C是D’是自命题‘A是B’的一个合法推论”的缩写，所以这里提出了一个虚词是缩写的新例子。

因而，假言命题和直言命题之间的区别并不像初看上去那么大。在条件形式中与在直言形式中一样，都是谓词相对主词而被肯定或否定，没有别的。只是条件命题是关于命题的命题，这种断定的主词本身也是断定。这样一种特性并不唯独假言命题所特有，其他各种关于命题的断定也有。像其他东西一样，命题具有可以相对它而被谓述的属性。在一个假言命题中，相对该命题而被谓述的属性就是“作为自某个其他命题的一个推论”这种属性。而这仅仅是可以被谓述的许多属性中的一种属性。人们可以说：“整体大于部分”是数学中的一条公理；“圣灵只出自圣父”是希腊教会的一条宗旨；“君权神授”被革命的议会所否认；“教皇不可错”并没有来自圣经的支持。在所有这些情况中谓述的主词是整个命题。不同的谓词相对其而被肯定或否定的是“整体大于部分”“圣灵只出自圣父”“君权神授”“教皇不可错”这些命题。这样，既然假言命题和其他任何命题之间的差异与一个人由它们的形式所能够想象到的相比要少得多，所以，如果人们不记得在假言命题中，对于一个命题所断定的东西——该命题是来自某个别的东西的推论——正是逻辑学家所重点关注的该命题的属性之一，那么人们将无法解释这一明显的事实，即在各种逻辑学论著中，假言命题为何会受到特别对待和关注。①

接下来命题的一种常见划分是：全称的（Universal）、特称的（Particular）、不定的（Indefinite）和单称的（Singular）。这种划分是基于作为命题主词的名称普遍性程度不同而形成的。如：

所有人是必死的。	全称的
有些人是必死的。	特称的
人是必死的。	不定的
凯撒是必死的。	单称的

---

① 上述有关假言命题和条件命题的讨论另可参见 KEYNES J N. Studies and Exercises in Formal Logic［M］. London：Macmillan and Co. Limited，1928：249－273.

当主词是个体名称时命题是单称的，个体名称不需要是专名，“基督教的创立者被钉上了十字架”与“基督被钉上了十字架”同样是单称命题。

当作为命题主词的名称是普遍名称时，人们可以相对主词所指谓的所有东西或部分东西来肯定或否定谓词。当谓词相对主词所指谓的每一个东西而被肯定或被否定时，命题是全称的；当只是相对那些东西中不确定的某一部分而被肯定或被否定时，命题是特称的。如“所有人是必死的”“每个人是必死的”是全称命题。“没有人是不死的”也是一个全称命题，因为“不死的”这个谓词相对由“人”这个词所指谓的每一个个体而被否定；该否定命题完全等同于“每个人是并非不死的”（Every man is not-immortal）。而“有些人是智慧的”“有些人不是智慧的”则是特称命题；“智慧的”这个谓词不是相对由“人”所指谓的每一个个体而在一种情况下被肯定、在另一种情况下被否定，而是相对仅仅部分个体（无须指明是哪一部分）在一种情况下被肯定、在另一种情况下被否定。之所以说“无须指明是哪一部分”，是因为一旦指明了，命题就会变成单称命题，或者变成像“所有受过良好教育的人是智慧的”这样有着不同主词的全称命题。还有其他形式的特称命题，如“大多数人受到的是不完美的教育”。要是无法确定地将谓词相对主词的那一部分与其余部分区别开来的话，谓词相对主词的多大一部分而被断定就并不重要。

当表达形式并未清楚地表明作为命题主词的普遍名称是意在用于其所指谓的所有个体还是仅仅部分个体时，这种命题被某些逻辑学家称为不定的。但正如沃特利大主教所说的那样，这是对语法的违反，与一些语法学家在他们的词性列表中列举出“不定词性”（doubtful gender）时所犯的错误具有同样的性质。说话人肯定意在断定这种命题或者是一个全称命题或者是一个特称命题，尽管他没能声明是哪一个。常常出现的情况是，尽管语词没有表明说话人意欲声明的是哪一个，但语境和言说习惯弥补了这一不足。例如，当肯定“人是必死的”时，没有人怀疑该断定的意思指的是所有人。指示普遍性的那个词常常被省略，仅仅是因为没有它命题的意思也是很明显的。在“酒是好的”这一命题中，虽然原因多少有些不同，但同样很容易理解，该断定的意思并不是全称的而是特称的。正如亚历山大·拜恩注意到的那样，不定命题的主要例子都带有有时作为全称谓述的主词有时作为特称谓述的主词的物质名称。①“食物是由碳、氧等化合而成的”是一个数量上全称的命题，指的是所有的食物、一切类型的食物。“食物是动物所必需的”是一个数量上特称的命题，指的是某些类型的食物，而不是一切类型的食物。“金属是增加强度所必不可少的”指的并不是所有类型的金属。“金子会开路”指的是部分金子。当一个普遍名称代表它作为其名称的每一个个体时，或者换句话说，代表它所指谓的每一个个体时，逻辑学家说它是“周延的”（distributed）或可周延地来看待。例如，在“所有人是必死的”这一命题中，主词“人”是周延的，因为“必死的”相对每一个个人而被肯定。谓词“必死的”不是周延的，因为命题中所提到的“必死的”只是碰巧是人，而这个词看上去可能本身就包含了并且事实上也确实本身就包含了无数个包括人在内的对象。在“有些人是必死的”这一命题中，主词和谓词都是不周延的。在“没有人有翅膀”这一命题中，主词和谓词都是周延的。不仅“有翅膀”这一属性相对于“人”这整个类而被否定，而且“人”这个类与“有翅膀的”整个类被隔绝开来。在表述三段论规则时极为有用的这一术语让人们能够非常简洁地表达全称和特称命题的定义。全称命题是主词周延的命题，特称命题是主词不周延的命题。

第三节　命题的含义

“命题”（Proposition）与“判断”（Judgement）的关系可以追溯至柏拉图、亚里士多德对“*logos*”和“*doxa*”的讨论以及斯多噶学派对“*lekton*”和“*axiōma*”的讨论。在西塞罗（Cicero，公元前 106 年—公元前 43 年）第一次使用“命题”（*propositio*）这个词并将“判断”（*judicium*）从修辞学中转换到逻辑学中之后，经过波爱修斯、阿伯拉尔、西班牙的彼得（Peter of Spain，约 1205 年—1277 年）等诸多经院学者的进一步强化，“命题”与

① BAIN A. Logic［M］. vol. 1. 2nd ed. London：Longmans，1873：82－83.

“判断”之间有了一种密切的关系。①如西班牙的彼得在其《逻辑大全》中所给出的“命题”定义是：“命题是以判断的方式意指某种为真或为假的东西的语句……就是相对某种东西来肯定或否定某种东西。”②而在希尔伍德的威廉（William of Sherwood，约1210年—1271年）的《逻辑导论》中则第一次出现了将“命题”与“判断”在相同含义上使用的情况。③此后直至20世纪上半叶，在诸多的逻辑学教科书中，“命题”与“判断”常常以一种不可分离的面目出现。比如，在约翰·凯恩斯1906年的《形式逻辑的学习与练习》一书中，“命题”被称为“判断的语言表达”，而“判断”则被称为“对命题的理解”。④又如，在彼得·考菲1938年的《逻辑科学》一书中，“命题”被称为“用语言表达的判断”，是“真或假的言语表达”，而判断则是“真或假的心理表达”。⑤不过，对于“命题”与“判断”的这样一种认识，并非每个逻辑学者都认同，约翰·穆勒早在其1843年的《逻辑体系》一书中就已经提出了一种不同的看法。

穆勒认为，逻辑学者对命题含义（import）的探讨应是分析言说者在言说一个命题时所相信的东西，而不是分析言说者“相信”（Belief）的心灵状态。而自笛卡尔（René Descartes，1596年—1650年）、洛克（John Locke，1632年—1704年）、莱布尼兹（Gottfried Wilhelm Leibniz，1646年—1716年）以来的许多学者对命题含义的探讨都是基于对“相信”这种心灵状态或者说“判断”（Judgment）活动的分析之上的。在这些学者看来，“命题”只是“判断”的语词表达，其中重要的是所表达的东西，而不是语词表达。当心

① NUCHELMANS G. Theories of the Proposition：Ancient and Medieval Conceptions of the Bearers of Truth and Falsity［M］. Amsterdam：North - Holland Publishing Company，1973：1 - 192.

② PRIOR A N. The Doctrine of Propositions and Terms［M］. London：Duckworth，1976：15.

③ NUCHELMANS G. Theories of the Proposition：Ancient and Medieval Conceptions of the Bearers of Truth and Falsity［M］. Amsterdam：North - Holland Publishing Company，1973：191.

④ KEYNES J N. Studies and Exercises in Formal Logic［M］. 4th ed. London：Macmillan and Co. Limited，1928：66 - 67.

⑤ COFFEY P. The Science of Logic［M］. vol. 1. New York：Peter Smith，1938：154，158.

灵同意一个命题的时候，它在进行判断，只有去发现当心灵进行判断的时候它在做什么，人们才能知道命题的含义是什么，除此之外没有别的办法。正是基于这一认识，过去两个世纪中几乎所有的逻辑学者都使他们的命题理论（theory of Propostions）完完全全成了一种判断理论（theory of Judgements）。这些学者常常不加区分地使用“命题”和“判断”这两个词，认为“命题”或“判断”就在于相对一个观念来肯定或否定另一个观念，而做判断就是把两个观念放在一起，或者把一个观念放在另一个观念之下，或者比较两个观念，或者感知两个观念间的同与异。在此情形下，整个命题理论加上以命题理论为基础的推理理论似乎从根本上构成了那些判断活动的实质内容。①

对此，穆勒也承认，在任何一种判断活动中，如当人们说“金子是黄色的”时候，人们心中确实要有“金子”的观念和“黄色”的观念，而且这两个观念必须被放在一起。不过，这仅仅是发生在人们心中的活动，人们完全可以把两个观念放在一起而不在心中产生任何相信活动。例如，在想象某种像“金山”（golden mountain）那样的东西时，或者在想要表达的正是某种不相信时，因为即使为了表达不相信穆罕默德是上帝的使徒，人们也必须把“穆罕默德”的观念和“上帝的使徒”的观念放在一起。②因此，有理由认为，“命题”并不是对心灵中事物观念的断定，而是对事物本身的断定。当人们相信“金子是黄色的”时，其所相信的是与金子这种外在的东西相关的并与这种外在的东西在人们感官上所造成的印象相关的事实，而不是与金子的观念相关的事实，这种事实是心理过程的事实，不是外在自然界的事实。同样，当人们说“火产生热”时，其意思显然不是“火”的观念产生了“热”的观念，其意思是：火这种自然现象产生了热这种自然现象。③

在上述认识的基础上，穆勒认为，在探究命题的含义时，不是要探究大写的“判断”（Judgement），而是要探究小写的“判断”（judgements），不是要探究“相信”活动，而是要探究“相信”的事物。具体来说，就是要探究如下问题：什么是命题中的直接相信对象？什么是命题所指的事实内容（the

① MILL J S. A System of Logic [M]. London: Longmans, Green, And Co., 1886: 56.

② MILL J S. A System of Logic [M]. London: Longmans, Green, And Co., 1886: 56.

③ MILL J S. A System of Logic [M]. London: Longmans, Green, And Co., 1886: 56－57.

matter of fact)？当断定一个命题时，人们对其表示同意并要求他人也表示同意的是什么？命题这种述说形式表达的是什么？其与事实的符合构成了命题的真吗?①

对于上述问题，被穆勒称为"这个国家或这个世界所产生的最清晰且最有连贯性的思想家之一"② 的霍布斯似乎早在两百年前就已经给出了一种回答。在其《计算或逻辑》中，霍布斯提出，命题由两个通过系词联结起来的名称所构成，说话者通过命题来表明，前一个名称包含在后一个名称中，或者说其相信后一个名称也是用前一个名称来称呼的同一个东西的名称。③这也即是说，主词包含在谓词中，谓词是主词作为其名称的同一个东西的名称。而对于何为真命题或假命题，霍布斯则提出了如下定义：真命题指谓词包含主词的命题，或者说指谓词也是主词作为其名称的每一个东西的名称的命题。如，"人是动物"是一个真命题，因为被称为"人"的任何对象也都被称为"动物"；而"人是石头"是一个假命题，因为被称为"人"的任何对象并不被称为"石头"。④

对于霍布斯的这一认识，穆勒认为，霍布斯确实指出了所有真命题的一种特性，主词和谓词作为事物的名称，如果它们是完全不同的事物的名称，那么其中一个与其所指就无法在相容的情况下相对另一个而被谓述。如果"有些人是古铜色的"是真的，那么在"人"这个名称所指谓的个体当中有一些也在"古铜色的"这个名称所指谓的个体当中。如果"所有的牛都是反刍的"是真的，那么"牛"这个名称所指谓的个体也在"反刍的"这个名称所指谓的个体当中。不过，要是由此认为两个名称中的一个所指谓的东西也应当能够由另一个来称谓就是蕴含在命题这种论说形式中的全部含义，这种认识就不恰当了，因为命题所断定的远不只是两个名称之间的关系。⑤在穆勒看来，霍布斯的分析只能够较好地用于那些主词和谓词都是专名的命题和

① MILL J S. A System of Logic [M] . London: Longmans, Green, And Co. , 1886: 57.

② MILL J S. A System of Logic [M] . London: Longmans, Green, And Co. , 1886: 57.

③ HOBBES T. Computation or Logic [M] //MOLESWORTH W. The English Works of Thomas Hobbes [C] . vol. 1. London: John Bohn, 1839: 30.

④ HOBBES T. Computation or Logic [M] //MOLESWORTH W. The English Works of Thomas Hobbes [C] . vol. 1. London: John Bohn, 1839: 35.

⑤ MILL J S. A System of Logic [M] . London: Longmans, Green, And Co. , 1886: 58.

一些相当有限且不重要的命题上，如“图利是西塞罗”“海德是克拉伦登”这类命题，霍布斯的分析可以充分说明这类命题的含义。但是，对于那些只能由事实来说明的命题，霍布斯的分析却是不充分的，因为这种分析很少关注语词的涵谓（connotation），而是完全在语词的指谓（denotation）中来寻求命题的含义，好像所有的名称都是加在个体上的记号，而且专名和普遍名称之间除了前者仅指谓一个个体而后者指谓更多的个体之外没有什么差别。然而，由于除了专名和部分没有涵谓的抽象名称之外，所有名称的含义都位于涵谓之中，所以当分析其主词和谓词或其中之一是涵谓名称的命题的含义时，人们应当全力关注的是主词和谓词的涵谓，而不是它们所指谓的东西或者说由它们作为其名称的东西。当霍布斯说一个命题的真依赖于其主词和谓词之间指谓的相符时，比如，说“苏格拉底是智慧的”这个命题是真命题因为“苏格拉底”和“智慧的”是可用于同一个人的名称时，霍布斯应该问他自己这样一个问题，即“这两个词是如何成为同一个人的名称的?”这肯定不是最初发明那些语词的人的意图。当“智慧的”这个词的意思被确定下来的时候，应该没有人想到苏格拉底，而当苏格拉底的父母给他取名叫“苏格拉底”时，应该也没有想到智慧。这两个名称因为某一“事实”而碰巧适用于同一个人，在这两个名称最初出现时，这一事实并不为人所知，也不存在。如果人们想知道这一事实是什么，会发现找到它的线索在名称的“涵谓”之中。①

在穆勒看来，霍布斯有关命题含义的分析或者说有关谓述（Predication）的一套说法并没有得到其后学者的广泛认同，倒是一种与之等同的、多少有些含混的谓述理论被广为接受下来。按照这种理论的看法，“谓述”就在于将某种东西指向一个类（class），即或者将一个个体放在一个类之下，或者将一个类放在另一个类之下。如“柏拉图是个哲学家”断定了柏拉图这个人是组成哲学家这个类的那些人之一。“人是必死的”这一命题断定了“人”这个类包含在“必死的”这个类之中。对于否定命题来说，不是将某种东西放在一个类之中，而是将某种东西排除在一个类之外。又如，“大象不是食

① MILL J S. A System of Logic［M］. London：Longmans，Green，And Co.，1886：58 - 59.

肉的”这一命题所断定的是，大象被排除在“食肉的”这个类之外，或者说不算在组成这个类的那些对象之中。很明显，除了用语之外，这一谓述理论和霍布斯的理论之间并无实质区别，因为“类”不过就是普遍名称所指谓的无数多个个体，所赋予它们的这个共有的普遍名称正是使它们成为一个类的东西。“将某种东西指向一个类”就是将那种东西看作由那个共有的普遍名称所指谓的东西之一，而将其从一个类中排除出去就是说那个共有的普遍名称不可运用于它。正是这样一种谓述观，已经成了著名的“遍有遍无原则”（*dictum de omni et nullo*）的基础。当三段论被解释成对一个类成立的东西对所有属于这个类的东西也成立的推论时，当几乎所有的专业逻辑学者将这一原则确定为一切推理的有效性都要归功于它的终极原则时，逻辑学者们显然认为，构成推理的命题所表达的仅仅是这样一个过程，即将事物划分为类并将每一种事物都指向其恰当的类。①这里不妨将霍布斯上述对于命题含义的分析和这种有关“类”的谓述理论统称为“命题含义的一种外延解释”。

穆勒认为这样一种谓述理论是逻辑学中常常出现的一种逻辑错误的一个典型例子，即“后者在先”的错误，也即是说，在解释一个东西时先预设了这个东西。当人们说“雪是白的”时，也许应当把“雪”想成一个类，因为人们正在断定一个对所有的雪都成立的命题。但人们肯定没有把白的对象想成一个类，因为除了雪之外，人们可能没有在想任何别的对象，而是仅仅在想雪和雪所给予人们的白的感觉。实际上，只是当人们断定或同意“雪是白的”以及几种别的东西也是白的这些命题时，人们才慢慢开始把白的对象想成包括雪和那几种别的东西的一个类。但这是一个随后于而不是居先于那些命题的观念，因而不可能作为对那些命题的解释。②在穆勒看来，这种不是用原因来解释结果而是用结果来解释原因的谓述理论是建立在对分类性质的一种潜在的错误认识之上的。这种错误的认识认为，分类就是对一定数目的个体的分门别类，即当要赋予这些个体一个普遍名称时，人们将考虑宇宙中的所有个体对象，将它们分组排列并赋予每一组对象一个共有的名称，每次重复这一活动直至发明出构成这种语言的所有普遍名称。此后，要是出现这样

① MILL J S. A System of Logic［M］. London：Longmans，Green，And Co.，1886：60.
② MILL J S. A System of Logic［M］. London：Longmans，Green，And Co.，1886：60.

一个问题，即某一普遍名称是否确实可以相对某一特殊对象而被谓述，那么人们只要看看将名称加诸其上的那些对象的记录并看看是否可在其中找到与所出现的问题有关的那个对象就行了。这就等于说，这种语言的构造者已经预先确定了组成每一个类的所有对象，而当出现新的对象时，人们只能去参考先已确定下来的那个记录。无疑，这样一种认识是荒唐的。①在穆勒看来，普遍名称并不是加在一类既定对象上的标记，“类”并不是通过围绕着一定数目的既定个体画一条封闭的线就形成了的。构成任何一个特定类的对象永远是变动不居的。人们完全可以在不知道构成一个类的全部个体甚至在不知道那些个体中的任何一个的情况下想象出这个类。要是一个普遍名称的意义（meaning）就是它作为其名称的对象，那么除了偶然情况下之外，根本没有任何一个普遍名称具有确定的意义或者可以长期保留同一种意义。一个普遍名称具有确定意义的唯一方式就是成为无限多个对象的名称，即具有某些确定属性（attributes）的、过去现在或将来的、已知或未知的所有对象的名称。当通过研究自然现象人们发现某些确定的属性为某个先前人们并不知道具有它们的对象所具有时，如化学家发现钻石是可燃的时，人们就将这个新的对象包括在那些类之中，如将“钻石”包括在“可燃的”这个类之中，而并非是“钻石”已经属于“可燃的”这个类。总之，在穆勒看来，当人们用因一种属性而给出的一个名称来谓述任何一个对象时，其目的并不是要肯定那个名称，而是通过那个名称来肯定那种属性。②正是基于对对象属性的强调，穆勒提出了“命题含义的一种内涵解释”。

在穆勒看来，一只鸟、一块石头、一个人仅仅意指具有某些属性的一个对象。“人”这个词的真正意思或含义是人所具有的那些属性，而不是约翰、彼得等那些个人。同样，“必死的”这个词的真正意思或含义是其所涵谓的一种或多种属性，而不是那些必死的对象。当人们说“所有人是必死的”时，该命题的含义指的是：所有具有一组属性即“人”的属性的存在物也具有另一组属性即“必死的”属性。在人们的经验中，如果“人”所涵谓的属

① MILL J S. A System of Logic [M]. London: Longmans, Green, And Co., 1886: 60 - 61.

② MILL J S. A System of Logic [M]. London: Longmans, Green, And Co., 1886: 61 - 62.

性总是伴随着“必死的”所涵谓的属性，那么自然会得出这一结论，即“人”这个类完全包含在“必死的”这个类之中，而“必死的”这一名称将是由“人”作为名称的所有东西的名称。这其中的原因就在于，“人”具有“必死的”属性而不是由“必死的”所称呼才是“所有人是必死的”这一命题得以为真的真正条件。涵谓名称并不是先于而是后于它们所涵谓的属性。如果一种属性总是被发现连带着另一种属性，那么与这两种属性分别对应的具体名称即可谓述同样的对象或者说可表示相同的事物。而这样两个名称同时运用在相同对象或事物上的可能性只是两种属性相互连带的结果。当然，两个名称之间的连带关系不可能通过对两个名称含义的分析来发现，而是要借由人们的感官通过经验来认识，这种连带关系并不是名称含义的问题，而是自然律的问题即存在于现象当中的秩序问题。①在这一认识的基础上，穆勒分析了两类命题的含义。

首先，穆勒分析了主词是专名、谓词是涵谓名称的命题的含义。以“钦博腊索山山顶是白的”（The summit of Chimborazo is white）为例。“白的”这个词涵谓一种由“钦博腊索山山顶”所指的那个对象所具有的属性，这种属性在于这样一个物理事实，即它在人们心中激起了一种“白的”感觉。应当承认，人们通过断定这样一个命题，旨在交流有关那个物理事实的信息，而不是为了交流两个名称，更不是为了交流两个名称所指的对象。因此，这样一种命题的含义就是：由主词所指谓的个体对象具有由谓词所涵谓的属性。②接着，穆勒分析了主词和谓词都是涵谓名称这种更为复杂的命题的含义。以全称肯定命题“所有人是必死的”为例。这一命题所断定的东西或所表达的对这种东西的信念是：主词“人”所指谓的对象具有谓词“必死的”所涵谓的那些属性。这里，对象不是由专名来单个指明，而是由对象的一些属性所指明，对象是被称为“人”的对象，具有“人”这个名称所涵谓的那些属性，而人们对对象的认识可能只有那些属性。实际上，由于这一命题是全称的，所以主词所指谓的对象有无限多个，其中绝大多数根本不会被单个认识。因而，这一命题并不是说谓词所涵谓的那些属性由任意一个既定的个体

① MILL J S. A System of Logic［M］. London：Longmans，Green，And Co.，1886：59.

② MILL J S. A System of Logic［M］. London：Longmans，Green，And Co.，1886：62.

所具有，或者说由任意多个已知是约翰、彼得等的个体所具有，而是说那些属性被每一个还具有其他某些属性的个体所具有，或者说凡具有主词所涵谓的属性的对象也具有谓词所涵谓的那些属性，又或者说后一属性集恒定地伴随着前一属性集。①对于这后一类命题的含义，穆勒认为，要是记住每一种属性都是基于外在感觉或内在意识的某种事实或现象，而且具有一种属性就是成为该属性基于其上的事实或现象的起因或构成部分，那么就可以进一步来完成这种分析了。②在穆勒看来，断言一种属性总是伴随着另一种属性这类命题实际上所断定的仅仅是：一种现象总是伴随着另一种现象，以至于在后者出现的地方一定也存在着前者。在“所有人是必死的”这一命题中，“人”这个词涵谓人们基于自身所表现出的某些现象而归诸自身的那些属性，这些现象部分是身体现象即由人的形体和结构在人们感官上所造成的印象，部分是心灵现象即人自身所拥有的感性而理智的生活，当人们说出“人”这个词的时候，任何一个知道这个词的意思的人都明白这一点。而“所有人是必死的”意思则是：无论在何处发现“人”所涵谓的那些身体现象和心灵现象，那里也一定存在着被称为“死亡”的身体现象和心灵现象。③

通过对上述两类命题含义的分析，穆勒认为，命题的含义就在于构成命题的名称的含义，在于许多语词极为复杂的涵谓，在于常常构成名称所涵谓现象的大量而连续的事实（facts）。由于每一种相信活动（act of belief）都蕴涵着两种现象或两种意识状态，而命题所肯定或所否定的、存在于两种现象或意识状态之间的是“共存”（Coexistence）或“相继”（Sequence），所以，一般而言，命题中所表达的信念对象（object of belief）或者是两种现象或意识状态的共存或者是两种现象或意识状态的相继。例如，当人们说“慷慨的人值得尊敬”（A generous person is worthy of honour）时，人们肯定了由“慷慨的”和“值得尊敬”这两个词或短语各自所涵谓的两种复杂现象之间的“共存”。也即是说，人们所肯定的是：蕴涵在“慷慨”这个词中的内在感受和外在事实无论出现在何时何地，另一种内在感受——“尊敬”的存在和表

① MILL J S. A System of Logic［M］. London：Longmans，Green，And Co.，1886：63.
② MILL J S. A System of Logic［M］. London：Longmans，Green，And Co.，1886：63.
③ MILL J S. A System of Logic［M］. London：Longmans，Green，And Co.，1886：63.

现都会于彼时彼地在人们的心中被“赞同”这种感受所跟随。①

不过，穆勒也认为，虽然一种现象与另一种现象的共存或相继在命题中最为常见，但现象的共存或相继并不是命题旨在传达的唯一含义。这主要是因为共存和相继并不只是对于现象而被断言，它们也对隐藏在现象背后的、被称为实体（entities）和属性的原因做出断言。当人们说“苏格拉底与伯罗奔尼撒战争同时期”（Socrates was contemporary with the Peloponnesian war）时，这一断言的基础与所有涉及实体的断言的基础一样，是一个涉及实体所表现的现象的断言，即苏格拉底借以向人们表明自身的那一系列事实和构成其可感知存在的那一系列精神状态与被称为伯罗奔尼撒战争的那一系列事实同时出现。除此之外，这一命题通常还被认为断定了那个实体本身，即苏格拉底这一实体（*noumenon*）在伯罗奔尼撒战争期间存在并正在经历那一系列事实。因而，共存和相继不仅可以在现象之间被肯定或被否定，而且可以在实体之间或者在实体和现象之间被肯定或被否定。由于就实体和现象而言，人们既可以肯定前者的简单存在（Existence），也可以肯定后者的简单存在，而且由于就实体作为一种未知的原因而言，在肯定实体的存在时人们所肯定的是一种因果关系（Causation），所以这里有了另外两种能够在命题中被断定的事实，即“存在”和“因果”。此外，还要给这四类事实再增添一类事实即“相似”（Resemblance），这是一种不可能再进行分析的属性，不可能再为其指定任何与对象本身不同的基础。因而，除了断定两种现象之间相继或共存的命题之外，还有断定它们之间相似的命题，如“这种颜色与那种颜色一样”“今天的气温与昨天的气温相同”等。②在此基础上，穆勒得出结论说，存在、共存、相继、因果和相似这五种划分穷尽了所有的事实，穷尽了所有可以相信的东西，穷尽了所有可以提出的问题和对于问题的回答，这五种事实是仅有的可以被肯定或被否定的东西。③对于事实，穆勒在《威廉·哈密尔顿爵士的哲学考察》一书中还提到，“信念的真正对象不是观念或观

---

① MILL J S. A System of Logic［M］. London：Longmans，Green，And Co.，1886：64.

② MILL J S. A System of Logic［M］. London：Longmans，Green，And Co.，1886：65－66.

③ MILL J S. A System of Logic［M］. London：Longmans，Green，And Co.，1886：67，70.

念的关系，而是所认识或所理解的事实。事实不需要是外在的事实，也可以是内在经验或心理经验的事实。但即使如此，事实是一回事，事实的观念是另一回事。判断关注的是事实，不是观念。事实可以完全是主观的，如我昨晚梦到了某种东西，但判断并不是对‘我’和‘梦到’这两个观念之间关系的认知，而是对真实事件（real event）的真实记忆的认知。”①这段话无疑可以作为理解穆勒上述事实划分的一种补充。至于穆勒为何给出存在、共存、相继、因果和相似这五种事实，奥斯卡·库比兹在其《约翰·斯图亚特·穆勒〈逻辑体系〉的发展》一书中给出了如下简单的解释。库比兹认为，“共存”和“相继”是穆勒父亲詹姆斯·穆勒的联想原理，而“因果”是“相继”的一种特殊形式。“存在”作为事实当中的一种，部分原因在于詹姆斯·穆勒对谓述中系词功能的讨论，老穆勒认为每次使用系词时，即使仅仅只是在传达谓述，其中也涵谓着“存在”这一事实。而每一个及物动词不仅传达形容词的标志力量也传达系词的力量。穆勒坚持认为命题传达的东西应与事物实际发生的方式相符可能正是其将“存在”包括在事实当中的原因。“相似”出现在比较和对比的过程中，是从属于归纳的各种活动的核心，也是类比的核心和三段论推理所依赖的公理的核心。穆勒将其作为一种事实是再自然不过了。②

由于认为命题的含义就在于名称的含义，就在于语词的涵谓，就在于构成语词涵谓的事实，所以接下来穆勒就以普遍名称和抽象名称构成的命题为例对上述五种事实做了进一步的说明。穆勒认为，在对命题含义的探究中，直接分析那些其中词项是具体名称的命题是必要的，与此同时也就间接分析了那些其中词项是抽象名称的命题，因为没有什么抽象名称的含义不在相应的具体名称的含义之中。当人们相对某个东西来谓述一个具体名称的时候，人们相对那个东西所谓述的东西实际上是属性，而由于在一个谓词是具体名称的命题中，命题所断言的不过是存在、共存、因果、相继和相似这五种事

---

① MILL J S. An Examination of Sir William Hamilton's Philosophy [M] //ROBSON J M. Collected Works of John Stuart Mill [M]. vol. 9. University of Toronto Press, 1979: 329.

② KUBITZ O A. Development of John Stuart Mill's System of Logic [M]. Illinois: Illinois Studies in the Social Sciences, 1932: 87-89.

实之一，所以这里的属性必然或是存在，或是共存，或是因果，或是相继，或是相似。当人们相对某个东西来谓述一个抽象名称的时候，人们相对那个东西所断定的是：它是那五种事实中的一个或另一个，即或是存在的情形，或是共存的情形，或是因果的情形，或是相继的情形，或是相似的情形。任何一个由抽象名称所表达的命题都可以转化成一个完全等同的由具体名称所表达的命题，其中的具体名称或者是涵谓属性自身的名称，或者是关于属性基础（*fundamenta*）即属性所基于的事实或现象的名称。前一种情况，如，"谨慎是一种美德"可以转化成"就'谨慎的'而言，所有谨慎的人都是有美德的"；"有勇气值得受到尊敬"可以转化为"就'有勇气的'而言，所有有勇气的人都值得受到尊敬"。后一种情况，比如，在"轻率是危险的"这一命题中，"轻率"是一种以人们称为轻率行为的那些事实为基础的属性，该命题等同于"轻率行为是危险的"这一命题。再如，在"白是一种颜色"或"雪的颜色是白"这一主词和谓词都是抽象名称的命题中，其包含具体名称的等同命题是：白的感觉是被称为颜色感觉的那些感觉之一，或者说看雪的视感觉是被称为白的感觉的那些感觉之一。①为了进一步阐明其中词项是抽象名称的命题的含义，穆勒以"谨慎是一种美德"为例，对其进行了细致的分析。首先，穆勒认为，这一命题中的"美德"可用一个等同但更为确切的表达来代替，如"一种有益于社会的精神品质"或"一种让上帝喜悦的精神品质"或其他任何人们接受为"美德"之定义的东西。可以看出，该命题所断定的是一种伴随着因果的相继，也即是说，有益于社会或受到上帝的赞许是基于谨慎或由谨慎所引起的后果，这里存在着一种时间次序上的前后相继。②其次，穆勒详细讨论了引起这种相继后果的前因即谨慎。在穆勒看来，谨慎是一种属性，其中涉及三种东西，即谨慎这种属性本身、作为这种属性主体的谨慎的人和作为这种属性基础的谨慎的行为。显然，"谨慎"的意思不是说"有益于社会"或"受到上帝的赞许"总是伴随着所有谨慎的人，而只是说这些人是谨慎的，因为谨慎的人若是无赖，就不可能对社会有益，也不会被认为是好人。同样，"有益于社会"或"受到上帝的赞许"也并不总

① MILL J S. A System of Logic [M]. London: Longmans, Green, And Co., 1886: 68-69.

② MILL J S. A System of Logic [M]. London: Longmans, Green, And Co., 1886: 69.

是伴随着谨慎的行为，因为谨慎的行为所造成的伤害有可能比其所带来的益处更多，而且可能遭到远比因谨慎而受到的赞许更多的抱怨。因而，上述二者没有一个是“谨慎是一种美德”这一断定所指的意思，也即是说，实体（人）和现象（行为）并不是所说的那些“美德”的前因。但是，如此一来，“谨慎是一种美德”是基于什么来断定所说的那些“美德”是作为前因的后果的呢？正是基于在人和行为之中被称为谨慎的那种东西，同时也是基于当行为虽然是谨慎的但却是邪恶的时在人和行为之中的那种东西，换句话说，也即是对后果的一种正确预见、这些后果对所考虑的对象有多么重要的一种恰当评价以及对与考虑周详的目的不符的任何未经省思的冲动的抑制。人的这些心灵状态是这一命题所断定的前后相继中的真正前件、因果关系中的真正原因。而这些也是“谨慎”这一属性的真正根据或基础，因为无论这些心灵状态出现在何处，人们都可以断定说是“谨慎”，甚至在人们不知道是否有任何行为与这些心灵状态相伴随之前也可以这么说。以这样一种方式，有关属性的每一个断定都可以转化成一个与之完全等同的、作为属性基础的有关事实或现象的断定。①

正是基于上述分析，穆勒认为，没有哪一种相对事实或现象被谓述的东西不属于存在、共存、相继、因果或相似这五种情况中的任何一种。由于这五种事实情况是仅有的可以被肯定的东西，所以它们也是仅有的可以被否定的东西。例如，“没有马是有蹼的”否定了任何情况下马的属性和蹼足的同时共存，“有些鸟不是有蹼的”否定了有些情况下鸟的属性和蹼足的同时共存。②

至此，可以得出结论说：在穆勒这里，命题的含义或命题的性质就是物理的、外在事实或心理的、内在事实，或者说命题实际上就是事实。因而，对于“什么是命题中的直接相信对象?”“当断定一个命题时，人们对其表示同意并要求他人也表示同意的是什么?”“命题这种述说形式表达的是什么?”这几个穆勒提出的问题，其答案无疑都是“事实”。而对于“什么是命题所指的事实内容?”“命题与事实的符合构成了命题的真吗?”这两个问题，则

① MILL J S. A System of Logic [M]. London: Longmans, Green, And Co., 1886: 69–70.

② MILL J S. A System of Logic [M]. London: Longmans, Green, And Co., 1886: 70.

可以回答说：物理的外在事实和心理的内在事实是命题所指的事实内容，命题与事实的符合构成了命题的真。穆勒这种将命题、信念和事实（包括事件）关联起来的命题观在后世学者的命题学说中也多有体现。如伯特兰·罗素就直接将命题定义为“当我们正确地或错误地相信时我们所相信的东西”（What we believe when we believe truly or falsely），并进一步解释说，要说明命题是什么显然需要先说明什么是相信、可以被相信的那种东西是什么、构成相信的真假的是什么，最终就是要说明“事实”是什么。在罗素这里，任何复杂的东西或者说使得断定（assertions）为真或为假的、构成世界的那些特征（features）都是事实，如“伦敦到爱丁堡的距离”“天在下雨”“苏格拉底是希腊人”等，进而罗素讨论了“事实的形式”（forms of facts）和事实构成成分的可替代性。不过，罗素并没有像穆勒那样将“事实”或“构成世界的特征”划分为类似“存在”“共存”“相继”“因果”“相似”等这些情况，只是讨论了“事实的肯定和否定性质”也即“肯定事实”和“否定事实”。①

斯各特·索莫斯（Scott Soames，1946 – ）在概述传统命题观时认为，对命题的传统思考通常会涉及如下三个方面：一是一些东西被断定、被相信、被知道；二是这些被断定、被相信、被知道的东西是真假的承担者；三是这些东西可由语句来表达。②穆勒的命题观显然也涉及这三个方面，其从中得出的结论是，这些被断定、被相信、被知道的东西是“事实”，正是“事实”构成了命题的含义或本质。而同样由这三个方面出发，与穆勒的《逻辑体系》1843 年首次出版大概同一时期，布尔扎诺（Bernard Bolzano，1781 年—1848 年）提出，这些被断定、被相信、被知道的东西是“命题自体”（proposition in itself）或“语句自体”，不管它是真还是假，是否有人用语词表述过，是否作为一种思想在人们的心灵中出现过，它就在那儿。③布尔扎诺的“命题自身”或“语句自身”这一概念无疑让“命题”成了一种独立于人类

① RUSSELL B. On Propositions：What they are and how they mean［J］. Proceedings of the Aristotelian Society，Supplementary Volumes，1919（2）：1 – 43. 1 – 2.

② SOAMES S. Propositions［A］//RUSSELL G. and FARA D G. The Routledge Companion to Philosophy of Language［C］. New York：Routledge，2012：209 – 220. 209.

③ BOLZANO B. Paradoxes of the Infinite［M］. New York：Routledge & Kegan Paul Ltd.，1950：45.

心灵的、客观的、神秘而不可解释的对象。显然，穆勒的命题观不同于布尔扎诺的命题观，在穆勒那里并没有“命题自身”这种神秘而不可解释的东西，只有客观的、物理的外在事实和主观的、心理的内在事实。如果说前者还可以说是一种独立于人类心灵的东西，那么后者无疑不能说是一种独立于人类心灵的东西。当索莫斯以弗雷格和早期罗素的实在论命题观为靶子批评布尔扎诺式的命题观时，他坚持认为：“既然命题需要被追溯到认知活动，那么可以将它们等同于‘事件类型’（event types），其例示包含那些活动。例如，‘x 是红的’就是一种极小事件类型，行为者于其中断定了 x 的红。如此一来，它既内在地与它需要追溯的认知活动有了关联，也与所有接受它的行为者将同一种自然关系赋予其上的某种东西有了关联。”①索莫斯的这种认知实在论命题观显然既关注到了命题的主观方面，也关注到了命题的客观方面，与穆勒对命题含义的讨论，即命题的含义是事实、事实既有物理的外在事实也有心理的内在事实、事实可划分为“存在”“共存”“相继”“因果”和“相似”，等等，似乎隐约存在着某种相关性。考虑到穆勒所称的五种事实即“存在”“共存”“相继”“因果”和“相似”既包含了命题言说者的认知活动，也是五种索莫斯所说的“自然关系”，甚至可被认为是索莫斯所谓的“事件类型”，所以，似乎有理由说，穆勒的命题观实质上也是一种认知实在论的命题观，或者至少也是一种类似认知实在论的命题观。或许正因如此，索莫斯在其最新的一本著作中，专辟一章从语言认知和理解的角度对“穆勒的表现方式”（Millian modes of presentation）进行了讨论。②

穆勒在其《逻辑体系》第一卷《论名称与命题》中《论命题》一章的开头第一句话就说：“对命题所传达的含义进行分析正是其《逻辑体系》第一卷及其后各卷基础的真正主题和目的。”③由此可见，对命题含义的思考在穆勒整个逻辑思想体系中占有多么重要的地位。一个不容否认的事实是，穆勒的名称理论特别是其有关涵谓名称（connotative names）与非涵谓名称

① SOAMES S. Propositions [A] //RUSSELL G. and FARA D G. The Routledge Companion to Philosophy of Language [C]. New York: Routledge, 2012: 209 – 220. 218.

② SOAMES S. Rethinking Language, Mind and Meaning [M]. Princeton: Princeton University Press, 2015: 67 – 95.

③ MILL J S. A System of Logic [M]. London: Longmans, Green, And Co., 1886: 49.

（non-connonative names）的讨论已成为整个名称理论中不可忽视的一部分，“穆勒式名称”业已成为一种专名理论的代名词。而从上述有关穆勒命题含义的讨论来看，穆勒对命题含义或命题本质的看法似乎也有理由在当代各种命题学说的讨论中受到关注。

第四节 字义命题

在讨论了命题的含义、区分了命题中所断定的五种不同种类的事实之后，穆勒继续讨论了一类不与任何事实有关而只与名称的含义有关的命题即字义命题（verbal propositions）。穆勒认为，在这类命题中，由于名称及其含义完全具有任意性，所以严格说来，这类命题既不能为真也不能为假，而只能与名称的用法或约定相一致或不相一致。它们所能够得到的一切证明都是名称用法的证明，即证明说话者或写作者都是在他们想要使用的词义上来使用名称的。不过，这类命题远比那些主词和谓词都是专名的命题包含的东西多得多，它们包含了被经院学者所强调、被当今大多数形而上学家所坚持的所谓“必然命题”（essential propostions）和“偶然命题”（accidental propositions）的区分以及“必然特性或属性”（essential properties or attributes）和“偶然特性或属性”（accidental properties or attributes）的区分。所以，纯粹字义命题在哲学中具有显要的地位，它们的性质和特征在逻辑学中与其他类型的命题的性质和特征同等重要。①

接下来，穆勒首先表明了所有的必然命题都是“同一性命题”（identical propositions）这一观点。在穆勒看来，正是约翰·洛克之前和之后的许多形而上学家使得“必然谓述”（Essential Predication）和被说成是主词的本质（essence）的“谓词”成了极为神秘的东西。他们认为，所谓事物的本质即是意味着没有这种本质事物就既不能存在也不能被想象为存在。如，理性是

① MILL J S. A System of Logic［M］. London：Longmans，Green，And Co.，1886：70－71.

人的本质，因为没有理性人就不能被想象为存在。构成事物本质的属性被称为事物的“本质属性”，其中任意这样一种属性相对事物而被谓述的命题被称为“必然命题”（Essential Propositions）。与其他命题相比，这些命题被认为更加深入到了事物的本质之中，更多地传达了事物的重要信息。所有不是事物本质的那些属性被称为事物的“偶然属性”，其与事物的内在本质无关，任意这样一种属性相对事物而被谓述的命题被称为“偶然命题”（Accidental Propositions）。这一源于经院学者的区分和他们有关“普遍实体”（general substances）与“实体形式”（substantial forms）的学说之间存在着关联。经院学者当中之所以流行着由这些专门术语来表达的、有关分类（classification）和概括（generalization）的性质的许多错误看法，正是由于经院学者们错误地理解了“本质”（Essences）的真实性质。确实，他们说，不可能想象人没有理性，但尽管不能这样想象人，却可以想象除了这一性质以及作为这一性质的前因或后果的其他那些性质之外在所有方面都完全像人的存在。因而，在“不可能想象人没有理性”这一断言中真正正确的仅仅是：如果人没有理性，就不会被视为人。并非不可能想象那种没有理性的东西，那种东西也并非不可能存在。这种不可能性是语言约定的，即使那种东西存在，语言约定也不会允许其由专门保留给理性存在物的那个名称来称呼。简言之，理性包含在“人”这个词的含义中，是该名称所涵谓的属性之一。人的本质指的就是“人”这个词所涵谓的全部属性，这些属性中的任何一种单独来看都是人的一种本质属性。不过，这些思考对像许多后期亚里士多德派学者那样的人来说却有些不可接受，他们认为对象成为它们所被称谓的东西，如金子成为“金子”，不是通过具有人们选择用那一名称来称谓的某些属性，而是通过享有一般被称为“金子”的那种“普遍实体”的性质，那种实体加上属于它的所有属性，内在于每一块金子之中。由于这些学者不认为这样的“普遍实体”附着于所有的普遍名称，而只是附着于某些普遍名称，所以他们认为，一个对象从一个“普遍实体”那里只是获得了部分属性，其余属性则以独特的方式属于该对象。前者他们称为对象的“本质属性”，后者则被称为对象的“偶然属性”。有关“本质”的经院学说比它所基于的理论即对应于普遍名称的真实实体存在的理论要长命的多，直到 17 世纪末才由洛克来使哲学家们相信所谓类的本质完全就是类的名称的含义。①对此，穆勒评价洛克说："在其为哲学所做的各种卓越的工作中，没有哪一个比这更有必要、更有价值的了。"②

在讨论了以上几个概念之后，穆勒认为，由于普遍名称通常不只涵谓一种属性而是涵谓几种属性，其中每一种属性都是类（class）的聚合的黏合剂和某个普遍名称的含义，所以人们可以相对一个涵谓多种属性的名称来谓述另一个只涵谓这些属性中的一种或几种属性而不是全部属性的名称。在这些情况中，全称肯定命题将为真，因为拥有任意一组属性中的全部属性的东西也拥有这组属性中的任意一部分属性。不过，这类命题对任何先已清楚了这些名称全部含义的人来说并没有传递任何信息。"每一个人都是有形的存在""每一个人都是有生命的存在""每一个人都是有理性的"这些命题对于任何已知晓"人"这个词的全部含义的人来说没有传递什么信息，因为这个词的含义包含了所有这些东西，也即是说，每一个"人"都具有由所有这些谓词所涵谓的属性这一点当他被称为"人"时已经被断定了。现在，所有被称为必然命题的命题都具有这一性质，正因如此，它们也可以被称为"同一性命题"。当然，谓述了一种属性（即使这种属性是隐含在名称中的属性）的命题在大多数情况下实际上包含了一个隐含的假定，即存在着与名称相对应的并具有由名称所涵谓的属性的东西。这一隐含的假定也许传递了信息，甚至对那些已清楚名称含义的人也可能传递了信息。但所有这一类的信息，如由"人"作为其主词的所有必然命题所传递的信息都包括在"人存在"（Men exist）这一断定中。这一有关真实存在的假定终究是语言不完美的结果，其源自系词的歧义，即除了作为断定的标记这一固有的功能之外，系词还是一个涵谓存在的词。因而，对一个必然命题来说，命题主词所指谓对象的"存在"仅仅是表面上的，并非真正地隐含在谓述中。例如，可以说"鬼魂是不具形体的精怪"，但却不用相信鬼魂的存在。而一个偶然的或非必然的断定则隐含着主词的真实存在，因为谈论一个非存在性的主词，命题并没有断定任何东西。再如，"被谋杀者的鬼魂出没在谋杀者的卧榻旁"这样一个命题

① MILL J S. A System of Logic [M]. London: Longmans, Green, And Co., 1886: 71-72.

② MILL J S. A System of Logic [M]. London: Longmans, Green, And Co., 1886: 72.

只有被理解为隐含着相信有鬼魂存在才会有意义，因为既然“鬼魂”这个词的含义中并不隐含有任何东西，所以说话者或者并不意指任何东西，或者只是意在断定一种他希望相信确实出现了的东西。由此可见，当从一个必然命题或者说一个仅仅涉及名称含义的命题似乎得出了什么重要的结果时（像在数学中那样），实际上所得出的是如此称呼的对象真实存在这一隐含的假定。撇开这种对于真实存在的假定，这类命题即谓词是主词的本质（谓词涵谓主词所涵谓的全部或部分东西但并不涵谓别的任何东西）的这类命题除了向不明白其中所包含名称的含义的那些人揭示其全部或部分含义之外并无别的用途。如此一来，最有用且严格说来唯一有用的一类必然命题就是“定义”(definition)。完整的定义应当揭示包含在所定义语词含义中的全部东西，即（当语词是一个涵谓语词时）语词所涵谓的全部东西。不过，在定义一个名称时，通常并不需要指明其全部涵谓，只需要指明那些足以将由该名称所指谓的对象与其他对象区别开来的涵谓就够了。有时一种纯粹偶然的、并不包含在名称含义中的属性也可以很好地用于这一目的。①

按照上述对必然命题的看法，穆勒接着提出了“个体无本质”这一观点。穆勒认为，没有一个必然命题是与个体有关的，也即是说，没有一个必然命题其主词是专名，因为个体没有本质。当经院学者谈论个体本质的时候，他们并不是在意指隐含在个体名称中的特性，因为个体名称不隐含任何特性。他们习惯上把个体通常所归属的类的本质视为个体的本质。例如，因为“人是一种理性的存在”这一命题是一个必然命题，所以该命题也断定了“居留士·凯撒是一种理性的存在”这一命题所要断定的东西。只要认为“属”和“种”是不同于而且是内在于构成它们的个体的实体，就可以得出上述结论。如果“人”（man）是一种内在于每一个个人的实体，那么“人”的本质（无论其可能的意思是什么）自然伴随着每一个个人，其内在于居留士·凯撒、约翰·汤普逊之中并构成二者的“共同本质”（common essence）。这样，完全可以说，作为人的本质的理性也是汤普逊的本质。而要是“人”完全只是个体的人并且只是因为某些共有的特征而赋予他们的一个名称，那

---

① MILL J S. A System of Logic［M］. London：Longmans，Green，And Co.，1886：72－73.

么什么是约翰·汤普逊的本质呢？所以说，个体的本质就是由于对类的本质的错误理解而造成的一个无意义的虚构。然而，即使是洛克，当他消除了这一错误的根源时，却未能彻底抛弃由这一错误引发的结果。洛克区分了两类本质：实在的（Real）和唯名的（Nominal）。他的唯名的本质与这里所说的类的本质大致相近。除了唯名的本质之外，洛克还认为有实在的本质或个体对象的本质，他假定这种本质正是使得对象具有可感知特征的原因。但洛克这里所说的实在的本质或个体对象的本质究竟是什么并不清楚，而要是知道这些东西是什么，单单由它们似乎就可以推演出对象的可感知特征，就像三角形的特征可从三角形的定义中被推演出来一样。这里，似乎只能说，按照洛克的定义，对象（就物体而言）的实在本质随着物理学的进步逐渐被认为接近等同于物体的粒子结构。①

在上述讨论的基础上，穆勒区分了字义命题（Verbal Propositions）和实在命题（Real Propositions）并讨论了再现或表征实在命题含义的两种方式。在穆勒看来，必然命题就是纯粹的字义命题，其对于在某个特殊名称之下的对象所做的断定仅仅是断定了该对象由那一名称所称呼这一事实，因而没有给出任何信息，或者给出的是有关名称的而不是有关对象的信息。相反，非必然命题或偶然命题可以被称为与字义命题相对的实在命题。它们断定对象具有某种没有包括在名称（命题借以来谈论对象的名称）含义中的事实，或者断定对象具有某种没有被名称所涵谓的属性。所有涉及个体对象的命题、所有全称的或特称的其中谓词涵谓并不由主词所涵谓的属性的命题都属此类命题。所有这些命题，如果是真命题，都增加了人们的知识，即它们传递了并未包含在所使用的名称中的信息。当人们被告知具有某些性质或处在某些关系中的所有对象或部分对象还具有某些别的性质或还处在某些别的关系中时，人们就从这一命题中了解到一个新事实。这一事实并不包括在人们对那些词的含义的已有认识中，甚至不包括在人们对与那些词的含义相应的对象存在的认识中。只有这类命题是启发性的或者可以由其推论出别的启发性的

① MILL J S. A System of Logic [M]. London: Longmans, Green, And Co., 1886: 73－74.

命题。①几乎所有常见的经院逻辑教科书用于举例说明谓述学说和三段论学说的例子都由必然命题所构成，或许正是这种原因造成了长期流行的认为经院逻辑无用的看法。这些必然命题通常源自仅仅包括类的本质的范畴树（Predicamental Tree），如“每一个物体都是实体”“每一个动物都是物体”“每一个人都是物体”“每一个人都是动物”“每一个人都是有理性的”，等等。在以教授三段论技巧为业的学者那里，当用这一技巧来证明的命题是这样一些命题时，即只要理解语词的含义就会认同这些命题而无须证明时，认为三段论的技巧在辅助正确的推理中没有什么用处就一点也不奇怪了。对于传递信息的命题即在一个并未对什么要被断定已先有预设的名称之下断定一个东西具有某种东西的命题来说，特别是其中的普遍命题，不妨将其看作思辨真理或理论知识的一部分，或者将其看作用于实际用途的通告记录，即通告或提醒人们在该命题所包含的断定之中任何情况下都必然可期待的东西。按照这两种看待传递信息的命题的不同方式，这些命题的含义可以很方便地以一种方式或另一种方式来表达。当将命题看作思辨真理或理论知识的一部分时，“所有人是必死的”意味着人的属性总是伴随着“必死的”这种属性；“没有人是神”意味着人的属性从来不会由“神”这个词所意谓的任何属性或全部属性相伴随。而当命题被看作是用于实际用途的通告记录时，“所有人是必死的”这一命题的意思是说，人的属性是“必死性”的证据或标记，用以指明“必死性”这一属性的在场，可以期待在前者出现的地方必然出现后者。“没有人是神”的意思是说，人的属性是神的某些或全部属性不在场的证据或标记，不可期待在出现前者的地方也会出现后者。这两种表达方式实际上是等同的，只是一个更直接地关注命题所表达的意思，另一个更直接地关注命题使用的方式。②对于命题使用的方式，穆勒特别谈到了其对于推理（Reasoning）的意义。穆勒认为，推理是这样一个过程，其中命题不是作为最终结果而是作为确立其他命题的手段而存在。因而，将普遍命题看作用于实际用途的通告记录这种方式似乎可以更好地表现命题在推理中所起的作

① 穆勒这里提到了康德（Immanuel Kant，1724—1804）对分析判断和综合判断所作的区分，认为前者即是可以从所使用的语词的含义引申出来的判断。

② MILL J S. A System of Logic［M］. London：Longmans，Green，And Co.，1886：74－75.

用。而实际上，在推理理论中，将命题视为断定一个事实或现象是另一个事实或现象的标记或证据这种方式几乎是不可或缺的。对推理理论来说，定义一个命题的含义的最佳方式并不是最清晰地表明其实质上是什么的那种方式，而是最明确地让人想到可以由该命题进一步得出其他命题的方法的那种方式。①穆勒的这一观点无疑强调了逻辑的“形式”或“语形”方面，这也许正是他讨论纯粹字义命题的最终目的。

① MILL J S. A System of Logic [M]. London: Longmans, Green, And Co., 1886: 75 - 76.

第四章　穆勒的分类与定义理论

本章在表明穆勒对分类本质的认识的基础上论述了穆勒的两种分类，即作为名称使用的附带效应的分类和作为单独心灵活动的分类，进而考察了穆勒的自然分类理论及建立在整个分类理论基础上的定义理论，旨在揭示分类和定义与穆勒“哲学语言”观的关系。

第一节　概述

穆勒的分类（classification）和定义（definition）理论基于他对五宾词（the predicables）或五种不同类名称（names of classes）的讨论之上，这五种类名称分别是：属（*genus*）、种（*species*）、差异性（*differentia*）、固有性（*proprium*）和偶然性（*accidens*）。由于无法用类名称的涵谓学说来解释“属”和“种”，穆勒认识到它们必须借助于外延来加以解释。起初，穆勒曾认为不同“属”和“种”的提出仅仅在于述说的方便，但在对涉及自然律和齐一性的归纳进行了研究之后，穆勒认为“属”和“种”的提出不只在于述说的方便，还在于事物的本质。不过，就定义而言，由于事物的本质通常包含无限多种特性，而这无限多种特性并不能完全在名称的涵谓中来理解，所以很难为自然界中各种实在的品类（Kinds）即作为“属”或“种”的东西给出完整的定义，而只能给出尽量接近实在品类无限特性的名称的约定涵谓，这也就是通常所说的“除非假定存在着与定义相符的东西，否则从定义或字义命题中推不出存在”的意思。而只有定义中的约定涵谓尽可能接近外在世界中事物的分门别类，定义所表达的东西才可以是事实或存在，才可以是被相信的对象。

由普遍名称的使用所导致的分类就是一个五宾词或五种类名称的问题。“属”“种”“差异性”“固有性”“偶然性”，这些针对普遍名称所做的划分，并不是基于名称的含义或名称所涵谓的属性的区别，而是基于名称所指谓的类的区别。它们所表达的也不是谓词本身的含义，而是谓词与主词的一种可变的关系。通常，对两个类来说，如果其中一个将另一个完全包括在内，甚至包括得更多，那么这两个类的名称可分别被称为“属”和“种”。就被亚里士多德派学者称为“品类”的类而言，属是一个可以继续划分为其他品类的类，其本身相对更高的属也可以是一个种。不可再进行如此划分的类则是离个体“最近的品类”（*proximate kind*）或“最低的种”（*infima species*），其共同属性必须包括个体可以归入的其他实在品类的所有共同属性。

亚里士多德派学者认为“差异性”是事物的本质，而事物的本质就是使事物成为其所是的那种东西。由于品类可产生自无数并无共同来源的属性，所以逻辑学家们就挑出那些使事物成为其所是的东西的属性，将其称之为本质，而本质不只是种的本质，就最低的种而言，也是个体的本质。“种差”（specific difference）是必须添加到属名的涵谓中来完善种名的涵谓的东西。一个种按照特殊分类的原则可以有各种不同的种差，以这些种差中的任意一个为基础都可以构成一个“品类”，而这一种差可以成为该“品类”其他属性的索引。有时，一个名称不只有日常的涵谓，还有专门的涵谓。例如，“人”这个名称在林耐（Carl Linnaeus，1707 年—1778 年）的系统中涵谓一定数目的门齿和犬齿，而不是通常的理性和某种一般形态。这样一来，这个词就有了歧义，即实际上成了两个名称。“属”和“差异性”被说成是有关本质的，它们所意谓的属性由指谓种的名称所涵谓。而“固有性”和“偶然性”都是相对种而被附带断定的，只是固有性是相对种而被必然断定的属性，其并不由名称所涵谓，而是由名称所涵谓的属性推出的。这种推出或者是通过推演（demonstration）的方式即作为前提的结论的方式，或者是通过因果的方式即作为原因的结果的方式，而不管哪一种方式都是“必然推出”的方式。另一方面，不可分离的偶然性（如黑对于奶牛）对于某个种来说是普遍而非必然的，其既不包含在种名的含义中，也不可从作为种名含义的属性中推出。而可分离的偶然性并不属于某个种的全部个体（如就人来说身高180cm），或者即使属于全部个体也不是自始至终都属于（如人的出生和死亡并不伴随其生命的整个过程），有时甚至在同一个个体那里也不是恒定不变的（如变热变冷）。

每一个涵谓一种属性的名称都可以顺便将所有已知的和未知的、真实的和想象的事物划分为两类，即具有那种属性和不具有那种属性的事物。但分类所要面对的真正问题是：让事物处于什么样的类别中并且这些类别处于什么样的次序中才能让人们更好地弄清楚并记住事物的规律？其对象不只是真实的事物，而且是所有的真实事物，因为为了把一个对象放入一个类别中，人们需要详尽地了解有关大自然的分类。任何一种属性都可以成为一种分类的基础，但最适合作为分类基础的是那些作为原因的属性。不过，当作为一个类的主要特性产生的原因几乎不表现为其特征属性时，适合作为分类基础的则是结果，即作为那种原因及其他结果的标记的结果。只有具有如此基础的分类才是科学的，自然分类（natural classification）就是这样一种科学的分类。这里的“自然”简单地说指的是这样一种情况，即以给人们留下最深印象的属性为基础来进行分类。自然分类的第一原则是说，由于品类的共同特性以及可对其做出的一般断定数不胜数，所以类必须这样来形成，即构成每一个类的对象应有尽可能多的共同特性，且每一个品类在自然类别中都应有一个位置。但是，由于品类的数目实在有限，无法构成全部分类，所以也可以让其他一些类为“自然的”，尽管这些类彼此之间仅仅是由数目明确的一些特性来划定的。惠威尔曾认为，每一个自然类别都不是由定义或可用语词来表达的明确特征来确定的，而是由范型（Type）来确定的。他解释说，范型就是类的样式，就像属的种，其以一种标志性的方式具有属的所有特征和特性。以这种“范型—种”（type-species）为核心，其他在不同方向和程度上虽然与这种“范型—种”有所偏离然而却更为接近这一“范型”而不是更为接近其他某个“范型”的所有的种被归到一起。正因如此，有关自然类别的命题常常声称有些东西并非在所有的情况下都成立，而仅仅在大多数情况下成立。所以，惠威尔的理论严格说来对任何一种自然类别都不完全成立。惠威尔的认识里包含着真理，但也仅仅是部分的真理。类的名称应当通过其构造方式来帮助对该类有所了解的人记住它，并且通过仅仅告知名称来帮助对该类并不了解的人掌握它。就品类而言，当通过其构成来指明名称所涵谓的特性时，效果应该是最佳的。但这种情况并不常见，因为品类名称并非涵谓了所有的品类特性，而是仅仅涵谓了一些可作为其他特性确切标记的特性，而即使是这些特性，也显得太多而无法方便地包括在一个名称之中。

总的来说，分类的目的就是将对象的观念放入最适合对现象的规律进行归纳探究的次序之中。但旨在促进对某种特殊现象进行归纳探究的分类必须以那种现象本身为基础。这样一种分类的要素是：首先，将表现出那种现象的各种事物放入一个类之中；其次，按照表现那种现象的程度不同将事物安排整理到一个序列之中。序列的划分一般必须由从属于自然序列原则的自然归类的原则即自然亲缘来决定，即绝不要把应当处于刻度尺不同刻度上的东西放入同一个类别之中。

定义就是声明一种一般或特殊意义的命题。就涵谓名称而言，定义就是声明语词的涵谓。这可以通过直接陈述所涵谓的属性来完成，而更常见的则是相对所要定义的主词来谓述一个同义名称或谓述几个结合起来等同于主词涵谓的名称。如此一来，通常作为若干本质命题（针对所要定义的名称提出的）总和的名称的定义实际上是一种分解活动。甚至当一个名称仅仅涵谓一种属性时，在将那种属性分解为元素的意义上，该名称及其相应的抽象名称仍能通过表明那种属性的涵谓而得到定义，即如果那种属性由若干属性结合而成，就将那若干属性枚举出来，而如果只是一种属性，就将作为其基础的事实分解开来，甚至当作为属性基础的事实是一种无法再分析的简单感觉时，如果这种简单感觉有一个名称，那么那种属性和具有那种属性的对象仍可以参照作为事实的这种简单感觉来定义。例如，一个“白的对象”可以定义为激起白的感觉的对象，而“白”可以定义为激起白的感觉的力量。无法分析因而无法定义的名称一是专名，因为其没有含义，二是简单感觉自身的名称，因为简单感觉只能通过与先前感觉的相似来解释，那些与现在用来称呼简单感觉的名称同义的、用来称呼先前感觉的名称并不能作为前者的定义，因为它们同样需要定义。

虽然精确的定义是一种声明名称中所包含的全部事实即涵谓的定义，但人们通常满足于定义能够指明名称的指谓、能够避免名称不一致的使用即可。这通常也是经院逻辑学者的目标，他们规定说种必须由“属加种差”（*per genus et differentiam*）来定义，这里的“种差”是单数，意指包含在本质即涵谓中的一种属性。如在“人”的定义中，“理性”这种属性足以标明所指谓的对象。当然，为了定义的完备性，这种定义应当是“属加（全部的）种差”（*per genus et differentias*），即属名加上未隐含在属名中的种名所涵谓的全部属性。而即使已知所有被涵谓的属性，一个“至高的属”（*summum genus*）由于其上已没有更高的属，也无法按照这种方式来定义。对于纯粹为了指明对象而并不包含对应名称所涵谓的真正属性的摹状词或描述语（Description）来说，其可以起到与逻辑学家所谓的本质定义同样好的作用。当通过改变与其对应的名称的涵谓，一个描述语就可以转变成一个本质定义。事实上，几乎所有作为分类突出标志的、随着知识的进步不断改变的科学领域的定义都是这样构成的。

虽然这两种方式即本质定义和偶然性描述语并不完美，但实在论者在名称定义和事物定义之间的区分却完全是错误的。实际上，定义本身并不能解释事物的本质，而只是一种解释语词意思的同一性命题。对真实存在的对象名称来说，其定义像在几何学中那样通常包括两个命题：一个是定义，一个是公设（即肯定与名称相应的事物的存在）。认为推演式真理来自定义而不是来自公设的原因是上述那种公设并不是什么时候都正确。所以，寻求某种更为正确的东西的哲学家就推测说，定义既不是有关语词也不是有关事物的陈述和分析，而是有关观念的陈述和分析，他们认为所有推演式科学的内容都是心灵的抽象。但即使承认这一点，结论也并非只是从定义中推出，而是从观念真实存在的公设中推出。

简言之，定义是名称的定义，不是事物的定义。然而，定义并不因此就可以是任意的。要决定一个词应当是什么意思，常常有必要看看对象的情况。涵谓的模糊性起因于经由属性来命名的对象，也起因于在没有认识到不同对象的共同性质时，就将同一个名称在普遍相似的基础上运用于不同的对象。确实，哲学家使用具有确定涵谓的普遍名称，但哲学家并不制造语言，语言自发生长。以至于同一个名称也常常不同程度地出现不再涵谓普遍相似性的情况。重塑语言的目的就是要发现所指谓的事物是否具有共同的性质，即是否它们构成一个类？如果它们并不构成一个类，就人为地为它们构造一个类。语词意义的变迁会一直进行下去，直至一个类别中的不同成员似乎不再涵谓任何共同的东西。但不管怎样，这种变迁恰恰表明在所指谓的对象当中有一种显著的相似性，要确定名称的涵谓，必须考虑这种显著的相似性。而名称只有在具有了一种明确的涵谓之后，才能被定义。哲学家通常选择最为重要的属性来作为其名称的涵谓，对表面一致所依赖的深层一致的探究常常以对名称定义探究的面目出现。

第二节　分类理论

分类作为一种通过对象归类来简化人们理解世界的方式在古代就已经为人所知，相关论述在柏拉图和亚里士多德的著作中都可找到。虽然经院学者对分类进行了很好的运用，但分类学作为一门学科实际上是随着自然科学的诞生才开始出现的。自那时以来，所有的科学都使用了分类的方法。①显然，分类作为认识理解世界的一种重要方式、作为科学发生发展的一种基本方法，对其进行逻辑的探讨似乎首先需要回答“其究竟是什么”这一问题，而这自然就涉及给分类对象命名的问题。正因如此，穆勒首先将分类与五宾词放在一起进行了讨论。

一、分类的本质

在穆勒看来，逻辑学家通常所谈的“类”和“分类”的观念自有关普遍实体（General Substances）的实在论学说不再流行之后，成了几乎每一种有关普遍名称和普遍命题的哲学理论的基础。普遍名称有一种含义，与它们作为类的名称完全无关，而不管该名称是可用于多个对象，还是仅仅可用于一个对象，甚至是否有对象可用。“神”“龙”“鹰马怪”“吐火怪”“美人鱼”“鬼魂”等都是普遍名称，每一个其意谓由属性来构成的名称都潜在地是无

① PARROCHIA D. and NEUVILLE P. Towards a General Theory of Classification [M]. Basel: Springer, 2013: vii – viii.

穷多个对象的名称，但不需要是任何实际对象的名称，而即使有实际的对象，它也可能仅仅只是一个对象的名称。确实，只要名称涵谓属性，那些具有所涵谓属性的东西（无论多少）就构成了一个类。不过，在谓述这样的一个名称时，所谓述的仅仅是属性，“属于某一类”这一事实许多情况下根本不在考虑之中。①结合穆勒对命题含义的讨论，不难看出，无论是命题还是名称，穆勒都不倾向于从“类”的角度对其进行一种外延的解释，而是更为强调从事实和属性的角度对命题和名称进行内涵的解释。

不过，穆勒也认为，尽管谓述（Predication）并不以分类（Classification）为前提，且名称理论和命题理论并没有因将分类观念强加进来而变得更好，然而在分类和普遍名称的使用之间还是有一种密切的关联。每一个普遍名称都创造出一个类，与该名称的意谓（signification）相应的任何真实的或虚构的东西构成这个类。因而，类将其存在主要归因于普遍语言（general language），而普遍语言有时也将其存在归因于类。一个普遍名称或一个有意谓的名称被引入主要是因为有一种意谓要用它来表达，或者说是因为人们需要一个词来谓述某种可涵谓的属性。但若说有时引入一个名称是因为通过它可以很方便地来创造一个类、可以将某一类对象放在一起来思考，无疑也是正确的。居维叶（Georges Cuvier，1769 年—1832 年）的“跖行动物”“趾行动物”等显然就有这样的作用。这里，分类的便利成了引入这些名称的首要动机。而在别的情况下，引入名称则主要是一种谓述的手段，由名称所指谓的类的形成也仅仅是一种间接产物。②正是考虑到分类和命名的这种关系，穆勒接下来较为详细地讨论了五宾词或五种类名称的学说。

穆勒认为，作为普遍语言理论一部分的所谓五宾词（Predicables）学说，源自亚里士多德、波菲利所做的一组区分，其中一些已深深植根于科学的术语中，有些甚至已深深植根于日常用语中。五宾词是用普遍名称（General Names）进行的五重划分，也即是说可以用五种不同的类名称来谓述同一个东西。这五种类名称分别是：属（genus，*γὲνοs*）、种（species，*εἶδοs*）、差异性（differentia，*διαφορά*）、固有性（proprium，*ἴδιον*）和偶然性（acci-

---

① MILL J S. A System of Logic［M］. London：Longmans，Green，And Co.，1886：76.

② MILL J S. A System of Logic［M］. London：Longmans，Green，And Co.，1886：76－77.

dens, *συμβεβηκός*)。这种划分并非基于名称意义的差别或者说名称所涵谓的属性的差别，而是基于名称所指谓的类的差别。对这种划分要注意两点：一、五种类名称所表达的不是谓词本身的含义是什么，而是谓词与主词具有什么关系；二、不存在一些绝对是属、另一些绝对是种或差异性的名称，而是按照主词的不同，名称指向这个或那个宾词。例如，“动物”对于“人”是一个属，而对于“实体”（Substance）或“存在”（Being）却是一个种。“矩形的”是正方形的“差异性”之一，但却仅仅是一张桌子的“偶然性”之一。因而，“属”“种”“差异性”等词都是相对名称，它们都是被用作谓词的名称，来表达它们与某个主词之间的关系。这种关系，不是基于谓词所涵谓的东西，而是基于谓词所指谓的那个类以及在某个已知的分类中那个类相对主词所处的地位。①

就这五个名称而言，“属”和“种”这两个名称不仅在博物学和哲学的意义上来使用，还在一种流行的意义上来使用，即一个包括另一个的全部对象甚至更多对象的任意两个类都可以被称为“属”和“种”。例如，“动物”和“人”、“人”和“数学家”，前者相对后者被称为“属”，后者相对前者被称为“种”。“味道”是一个“属”，“甜味”“酸味”“咸味”等是“种”，但“味道”也是“感觉”这个“属”的一个“种”。“美德”是一个“属”，“正直”“节俭”“勇敢”“坚强”“慷慨”等是它的“种”，但“美德”也是“精神品质”的一个“种”。在这种流行的意义上，“属”和“种”变成了日常话语。这里要注意的是，按照通常的说法，不是类的名称而是类本身被说成是属或种，当然，这不是在类的个体意义上来说的，而是在个体的集合意义上来说的。这样，类的名称就被称为“属名”或“种名”。这是一种可允许的表达方式，采用两种言说方式中的哪一种并不重要，只要语言的其余部分与其一致就行了。但是，一旦称一个类本身为属，就不能再说谓述这个属了。在相对人来谓述“必死的”这一名称时，可以说谓述了这一名称所表达的东西即“必死性”这种属性，而在“谓述”这个词的任何一种意义上相对人来谓述的都不是“必死的”这个类，而是“属于这个类”这一事实。亚里士多德派逻辑学者在一种更为严格的意义上来使用“属”和“种”这两个

① MILL J S. A System of Logic [M]. London: Longmans, Green, And Co., 1886: 77.

词。他们并不承认每一个可以被划分为其他类的类是一个“属”或每一个可以被包含在一个更大的类中的类是一个“种”。“动物”被他们认为是一个属，“人”和“兽”是这个属之下同等的种。然而“二足动物”并不被认为是相对“人”的一个属，“二足的”仅仅是一种固有性或偶然性。按照他们的理论，“属”和“种”必须是对象的本质。“动物”是“人”的本质，而“二足的”不是。在每一个分类中，他们都将某一个类视为是“最低的”（lowest 或 *infima*）种，如“人”是一个最低的种，虽然其可进一步划分为“白种人”“黑种人”和“红种人”或者“牧师”和“信众”，但他们并不承认这些是种。这自然就涉及对作为类的本质和作为类的非本质的那些属性的区分，也即对包含在类名称意谓之中的属性和不包含在类名称意谓之中的属性的区分。亚里士多德派学者用这种区分意指某种重要的东西，但这种仅仅被模糊地认识到的东西并未通过有关本质的专门术语和他们所诉诸的其他各种言说方式得到充分地表达。正是考虑到这一点，穆勒接下来重点讨论了“品类”（Kinds）这一概念。

穆勒认为，只要存在任何可基于其上来确立一种区分的差异，不管多么微小，其构成类的力量就是无限的，这是逻辑学中的一条基本原理。对任意一种属性来说，基于这种属性可以将所有的东西划分为两类，即具有这种属性的东西和不具有这种属性的东西。因而，可能的类的数目是无限的，有多少普遍名称就有多少实际的类（或者是真实事物的或者是虚构事物的）。但如果仔细考虑任何一个如此构成的类，如“动物”或“植物”的类、“硫”或“磷”的类、“白的”或“红的”类，并且考虑包含在一个类中的个体在哪些方面不同于那些不在该类中的个体，就会发现在一些类和其他一些类之间这方面有一种非常显著的差异。有些类，仅仅在其中的对象可以计数这方面不同于其他的类，而有些类，不同的方面不单单是可以计数这一方面，而是有更多的方面不同。有些类，除了名称所涵谓的东西之外几乎没有什么共同的东西。例如，“白的东西”除了“白”之外，再没有任何共同的东西来将它们与别的东西区分开来，而即使它们被区分了，那也仅仅是被那些以某种方式依赖于“白”的东西或与“白”相关联的东西所区分的。但是，人类至今也没有穷尽“动物”或“植物”的共同特性，而且似乎认为它们是不可穷尽的，会一直进行新的观察和实验，并完全相信会发现没有隐含在已知特性中的新的特性。如果有人提出考察具有相同颜色、相同形状或相同比重的所有东西的共同特性，其荒谬性是显然的，因为除了包含在那一假定自身当中的或通过某种因果律可从中推导出的那些共同特性之外，似乎没有理由相信那些东西还存在着什么共同的特性。因而，一方面存在这样的情况，即形成一个类所基于的那些特性有时穷尽了一个类所共同具有的所有特性，或者通过某种隐含方式包含了一个类所共同具有的所有特性。但另一方面还存在这样的情况，人们从数目众多简直可以说是无穷无尽的共同特性中只能挑选出几种特性来作为形成一个类的共同特性。就这两种情况而言，可以说一种分类是天生而成的，另一种分类是通过人们的约定做出的。现在，天生而成的分类似乎是仅有的被亚里士多德派逻辑学者视为“属”或“种”的“品类”，而通过约定形成的类仅仅被视为是事物的偶然区分。经院学者在这两种类和类的区分之间划了一条明确的界线。按照他们的说法，任何一个个体可指向的最近的或最低的品类被称为该个体的“种”。这样，艾萨克·牛顿（Isaac Newton，1642 年—1727 年）可以说属于“人”这个种。而实际上在“人”这个类中还包含了许多牛顿也属于其中的子类，如“基督徒”“英国人”和“数学家”。但这些尽管是不同的类，在现在所说的“品类”的意义上，却并非是人的不同“品类”。例如，一个“基督徒”不同于其他人，但仅仅是在这个词所表达的那种属性即信仰基督教及其中所隐含的别的东西（如通过某种因果律与该事实相关联的东西）上不同。人们不应当去探寻为所有“基督徒”所共有并专有的特性，而应当去探寻所有“人”的共同特性，生理学家不断进行的就是这么一种探寻，其回答可能永远不会结束。因而，人们可以称“人”是一个“种”，却不可以称“基督徒”或“数学家”是一个“种”。但是，要注意的是，这里绝没有说不可能存在人的不同“品类”或逻辑意义上的“种”的意思。不同的人种和性情、两种性别、甚至不同的年龄也可能是这里所说的“品类”意义上类的区别。只是随着生理学的进步，不同人种、性别等等之间真实存在的区别可能都是按照自然律从“少数主要区别”（即可以准确确定并说明其他区别的区别）得出的结果。如果是这样，那么人种、性别等等这些就不是品类的区别，而仅仅是像基督徒、犹太教徒、穆斯林和异教徒之间的一种区别。许多类常常以这种方式被误认为是“品类”。如果最终无法以“少数主要区别”来说明其他一些区别，那么高加索人、蒙古人、尼格罗人等等就确实是人的不同“品类”了，而且是被逻辑学家而不是博物学家赋予了作为“种”的资格。正如所注意到的那样，“种”这个词在逻辑学和博物学中是在不同的意谓上被使用的。博物学家通常并不说有机存在物具有不同的“种”，即使假定它们来源于同一个祖先。不过，对逻辑学者来说，如果黑人和白人的差别不可胜数并且不可归因于任何共同的原因，那么他们就是不同的“种”，而不管他们是否来源于共同的祖先。但如果他们的差异全都可以追溯到气候和习惯或者可以追溯到身体构造上的一种或几种特殊的差异，那么，在逻辑学者看来，他们就没有什么特别的不同。当一个个体所属于的最低的或最近的品类已被确定时，该品类所共有的那些特性必然包含该个体可归入其中的其他每一个真实品类的全部共有特性。如，苏格拉底最近的品类为“人”，“动物”或“生物”作为真实的品类也包括苏格拉底，但既然“动物”或“生物”同样也包括“人”，所以动物所共有的那些特性构成了“人”这个子类的共同特性的一部分。而如果有任何一个包括苏格拉底却不包括“人”的类，那么这个类不是一个真实的品类。如“扁鼻子的”（flat-nosed）是一个包括苏格拉底但不包括所有人的类。要决定它是否是个真实的品类，必须问这个问题：所有扁鼻子的动物除了隐含在“扁鼻子”中的任何东西之外还有什么不同于所有动物的那些共同特性的共同特性吗？如果有，那么就可以从“人”这个类中分离出另一个类——“扁鼻子的人”，按照定义，其将是一个“品类”。但如果是这样，“人”就不再是苏格拉底最近的品类了。因而，最近的品类的特征包含一个个体所属于的其他所有品类的特征。这样，按照“属”和“种”这两个词的通常词义，其他每一个可相对一个个体而被谓述的品类对于该个体最近的品类而言都具有“属”的地位，也即是说，它是一个更大的类，包含个体最近的品类及更多的品类。至此，每一个是真实品类的类（即通过不定多种彼此不可推出的特征而与其他所有类区别开来的类）或者是一个“属”或者是一个“种”。一个不可划分为其他品类的品类不可能是一个“属”，因为它其下没有“种”，它本身只是一个“种”，既与其下的个体有关也与其上的“属”有关。而每一个可划分为真实品类的品类（就像动物可划分为哺乳动物、鸟、鱼等等或者鸟可划分为多种不同种类的鸟）则是其下所有东西的一个“属”，也是将其包括在其中的所有“属”的一个“种”。①在讨论了“属”“种”和“品类”之后，穆勒接下来继续讨论了“差异性”“固有性”和“偶然性”这三个类名称。

先来看“差异性”，这个词与“属”“种”这两个词有关，其意谓那种将一个已知的种与同一个属的其他种区别开来的属性。当然，人们可能会继续问，其意谓哪些区别性的属性，因为每一个品类都可以通过无限多种属性而不只是某一种属性与其他品类区别开来。如人是动物这个属的一个种，“理性的”或“理性”通常被逻辑学者指定为差异性。无疑，这一属性可以达到区分的目的，但也有人说，人是会烹调食物的动物，是唯一会加工食物的动物，通过另一种属性，人这个种与同一个属的其他种也可以被区别开来。“会烹调食物”或“会加工食物”这一属性可以同样被用作一种差异性吗？亚里士多德派逻辑学者会给出否定的回答，因为他们规定的“差异性”必须像“属”和“种”一样，是对象的本质（essence）。无疑，这里的“本质”是一种能够使事物成为其所是的东西。但当进一步来审视这一问题时，似乎没有人能够最终查明究竟是什么使事物成了其所是的东西，而逻辑学者也只好让自己暂时满足于是什么使事物成了其所被称呼的东西。就“人”这个类所共有的无数已知和未知的特性而言，其名称所涵谓的仅仅是其中非常小的一部分。然而，这一小部分因为其更为突出和重要，于是就被逻辑学者们称为种的“本质”，而就最低的种而言，逻辑学者也断定这些特性是个体的本质。正因如此，“人”这个名称所涵谓的“理性”被接受为是“人”这个类的差异性，而不被“人”这个名称所涵谓的“会烹调食物”或“会加工食物”这种独特性则被归入偶然特性一类。因而，“差异性”“固有性”和“偶然性”之间的区分并不是基于事物本质的区分，而是基于事物名称涵谓的区分。从“属”包括“种”这一事实中或者说从“属”比“种”指谓得更多或可谓述更多的个体这一事实中，可以得出“种”比“属”涵谓得更多。“种”必须涵谓一些别的东西，否则它就会包括全部的“属”了。“动物”指谓由“人”所指谓的所有个体并且更多，因而，“人”必须涵谓“动

① MILL J S. A System of Logic [M]. London: Longmans, Green, And Co., 1886: 79 - 81.

物”所涵谓的所有属性，否则就可能有人不是动物，而且“人”必须比“动物”涵谓更多的东西，否则所有的动物就都是人了。多出来的这种涵谓就是差异性或特殊差异，换句话说，差异性就是必须添加给属的涵谓以使种的涵谓完整的那种东西。如“人”这个词，除了其与“动物”所共同涵谓的东西之外，还涵谓理性以及至少某种外形上的近似性。因而，被归入“动物”这个属的“人”的差异性就是“理性”和“外形近似性”。亚里士多德派学者可能会说，单单“理性”就够了，用不着“外形近似性”。但如果他们坚持这一点，他们就不得不称“慧骃”① 为人。无疑，亚里士多德派逻辑学者满足于找出尽可能少的能够将一个种与其他种区分开来的差异性，并不想去考虑能够达到这一目的的更多的差异性。这里，为了避免“差异性”这一观念太过狭隘，有必要指出，一个种即使在指称相同的属时，也并不总是凸显相同的差异性，而是根据支配特定分类的原理和目的凸显不同的差异性。如，一个博物学家考察各种不同的动物，期待它们的分类符合一种等级次序，带着这种认识，这位博物学家发现可将动物划分为温血动物和冷血动物，或者用肺呼吸的动物和用鳃呼吸的动物，或者食肉动物和食草动物或杂食动物，或者用脚的扁平部分走路的动物和用脚的尖端部分走路的动物。在进行这种划分时，这位博物学家创造出了与所做划分同样多的、并非是个体动物被习惯而自发地所归入的新的类。显然，这种划分有无限多种。如果博物学家从一个已知的属中划分出一个种，如从“动物”这个属中划分出“人”这个种，且带着这样一种意识即在运用“人”这个名称时受其引导的那种独特性应是理性，那么理性就是“人”这个种的差异性。而如果博物学家为了研究的便利，当从“动物”这个属中划分出“人”这个种时，带着这样一种意识即“人”和动物其他种之间的区别是具有“上下颚各有四颗门齿、单生的犬齿和直立的姿势”，那么显然，当这样来使用“人”这个词时，这个词不再涵谓理性，而是涵谓其他三种特性。因而，可以提出如下一条原理：无论何处有一个属和一个从该属中通过指定某种差异性而划分出来的种，这个种的名称必须是涵谓的，必须涵谓那种差异性，但这种涵谓可以是特殊的，即不

① 见英国作家斯威夫特（Jonathan Swift，1667 年—1745 年）的《格列佛游记》第四卷，其中慧骃是一种具有马的外形的理性动物。

包含在那个名称通常使用的意谓中，而是当其被用作专门术语时专门赋予它的。“人”这个词在通常的使用中涵谓“理性”和某种“外形”，并不涵谓“牙齿的数目或特征”，但在林耐的分类中它却涵谓“门齿和犬齿的数目”，而并不涵谓“理性”和任何特殊的“外形”。因而，“人”这个词有两种不同的意思，但通常并不认为是歧义，只是在两种情况中碰巧指谓相同的个体对象罢了。但可以设想其中有明显歧义的一种情况：假如发现了某种新的动物类型，具有林耐所说的三种人类特征，但没有理性，也没有人的外形。按照通常的用语，这些动物不会被称为人，但在博物学中，它们肯定仍被那些坚持林耐分类的人称为“人”。如此一来，问题就出现了：是应当继续在两种含义上来使用这一名称，还是应当放弃那种分类，同时放弃这一名称的那种专门含义？一些从别的方面看非涵谓的语词可以以刚刚提到的这种方式获得一种特殊的或专门的涵谓。如“白”这个词像人们常常所说的那样不涵谓任何东西，仅仅指谓对应于某种感觉的那种属性。但如果人们对颜色进行分类并且想要证明或甚至只是指出在这种分门别类中指定给“白”的那个特殊位置是正确的，那么人们可以将其定义为“所有单色光混合而成的颜色”。这一事实尽管没有隐含在“白”这个词通常具有的意思中，而仅仅是随后的科学研究所认识到的，但在特殊的文章著作中却是其意义的一部分并且成了这个“种”的差异性。因而，种的差异性可以被定义为：这个种的名称涵谓的一部分，不管其是通常意义上的还是特殊或专门意义上的，其将这个种与在特殊情况下人们将该种归入其中的那个属的所有其他种区别开来。①在讨论了“属”“种”和“差异性”的问题之后，穆勒继续讨论了其他两个宾词之间以及它们和头三个宾词之间的区别。

亚里士多德派逻辑学者认为，“属”和“差异性”是对象的本质，由“属”所意谓的那些特性和由“差异性”所意谓的那些特性构成了指谓“种”的名称涵谓的一部分。而“固有性”和“偶然性”并不构成本质的一部分，其仅仅是相对“种”而被偶然谓述的东西。在这个意义上，“固有性”也是一种“偶然性”。不过，“固有性”虽然表面上是被偶然谓述的，但实际

① MILL J S. A System of Logic [M]. London: Longmans, Green, And Co., 1886: 81 - 85.

上却是被必然谓述的，其意谓一种并非是本质的一部分而是来自本质或作为本质后果的属性，因而其不可分离地附着在“种”之上。相反，“偶然性”与本质没有任何关联，可以变化不定，而“种”保持不变。如果一个“种”能够没有其固有性而存在，那么它一定能够没有固有性作为其必然后果的那种东西而存在，因而没有本质，没有使其成为一个“种”的东西。但是一种“偶然性”，无论在实际经验中是可与“种”相分离还是不可与“种”相分离，都可以被认为是分离的，因为偶然性与“种”的必要特性没有任何关联。因而，种的“固有性”可以被定义为：属于“种”中所有个体的任何一种属性，以及虽然不被这个种名所涵谓然而却是作为由该名称所涵谓的某种属性的必然结果的任何一种属性。由于一种属性可以以两种方式作为另一种属性的必然结果或由另一种属性推导而来，所以有两类“固有性”：一是作为从前提得出的结论，二是作为由原因得出的结果。例如，“对边相等”这一属性并不是“平行四边形”这个词所涵谓的一种属性，而是可以从“平行四边形”所涵谓的那些属性即“对边为平行直线”并且“有四条边”推导出来。因而，“对边相等”这一属性是平行四边形这个类的一种固有性，属于从所涵谓的属性通过推演（demonstration）的方式推导出来的第一类固有性。而“能够理解语言”这种属性是“人”这个种的一种固有性，但其并不被“人”这个词所涵谓，而是从“人”这个词所涵谓的一种属性即“理性”通过因果关系（causation）的方式推导出来的第二类固有性。可以说，不管“固有性”是由推演得出的还是由因果关系得出的，其都是必然得出的。再来看“偶然性”，“偶然性”包括这样一些属性，它们既不是一个东西的名称含义中所包含的属性也不是与这些属性具有任何必然联系的属性，而是剩下的那些属性。它们通常被划分为可分离的（separable）和不可分离（Inseparable）的偶然性。不可分离的偶然性是这样一些偶然性，虽然人们知道它们和构成“种”的属性之间没有关联，因而知道它们的缺失不会使名称变得不可运用并使“种”成为不同的“种”，然而事实上其从来没有缺失过。也可以简单地说，不可分离的偶然性对“种”来说是普遍的特性，但却不是必要的特性。例如，“黑”是乌鸦的一种属性，一般而言，也是一种普遍的属性。但如果人们发现了一种白色的鸟，除了颜色之外，其他方面都与乌鸦极为相近，人们通常不会说“这些不是乌鸦”，而是会说“这些是白乌鸦”。因而，乌鸦并不涵谓“黑”，也不能从其所涵谓的任何属性中推论出“黑”，人们似乎没有理由认为白乌鸦这种动物不能存在。然而，既然人们只知道有黑乌鸦存在，所以，就当前的知识状况而言，“黑”虽然被归为偶然性，但却是乌鸦这个种不可分离的偶然性。可分离的偶然性是那些事实上可以发现其时常为种所缺失的偶然性，其不仅不是必要的，甚至不是普遍的。它们并不属于种的每一个个体，而是仅仅属于某一些个体，而即使属于所有的个体，也不会一直都属于。如，“欧洲人的肤色”是人这个种可分离的偶然性之一，因为它并不是全体人类的一种属性。从逻辑的意义上说，“出生”也是人这个种的一种可分离的偶然性，因为尽管是所有人的一种属性，却仅仅是在一种特定时间的属性。那些甚至在同一个个体中都不固定的属性就更不用说了，如“热的”或“冷的”、“坐着”或“走着”，都必须归类为可分离的偶然性。①这样，穆勒就完成了对五种类名称的讨论，同时从普遍语言的角度或者说从普遍名称或命名的角度对分类本质进行了思考。

二、分类与归纳

穆勒在其《逻辑体系》的第四卷《论从属于归纳的活动》中，从不同于名称或命名的角度继续对分类进行了思考。如上一节所说，存在着一种与赋予事物普遍名称这一事实不可分割的事物的分类。每一个涵谓一种属性的名称都因其涵谓一种属性而将所有的东西划分成了两类：具有这种属性的东西和不具有这种属性的东西、可以由该名称来表达的东西和不可以由该名称来表达的东西。如此所做的划分不只是对那些实际存在或被认为存在的东西的划分，也是对所有以后可能会被发现甚至只能被想象的东西的划分。穆勒认为，对于这种分类，已没有什么更多可说的，但是对作为一种单独心灵活动的那种分类却仍需讨论。在头一种分类中，对象的分门别类仅仅是由于将已知的名称用于另外的目的即简单地表明对象的某些性质而引起的附带效应。而在第二种分类中，分门别类本身就是目的，而命名则从属于并自觉顺应于分门别类这种更为重要的活动，而不是支配这种活动。这样一种分类是一种

① MILL J S. A System of Logic［M］. London：Longmans，Green，And Co.，1886：85－86.

将人们心灵中的对象观念进行可能的最佳安排的设计，旨在使那些观念以一种能够让人们最好地掌握已有知识并让人们最好地获取未知知识的方式来彼此勾连。与这些目的相关的分类问题一般包括两个方面：一、这种分类的对象是什么；二、如何进行分类以便最有助于弄清楚并记住那些对象的规律。这样一种分类不同于那种含义更为宽泛的分类，其只与真实的自然对象有关，与所有人为想象的对象无关，而且必须包括一切真实的自然对象。这样一来，除非有对整个大自然的划分，否则人们无法恰当地构造出任何一个类。因为在确定一个对象应归入的类时，如果不考虑所有存在的各种各样的对象或至少与该对象具有任意亲和度的所有对象，人们就无法确定这个对象究竟可以最为方便地归入哪一类。就植物或动物而言，如果不是将一个植物或动物的类作为所有植物或动物系统安排的一部分，它就无法被合理地构造出来。而若是不首先在自然的一般划分中确定植物或动物的确切位置，那样一种系统安排也不可能被恰当地做出来。①正因如此，穆勒接下来提出了一种自然分类（Natural Classification）的理论。

在穆勒看来，只要人们愿意，任何对象的属性都可以被当作对那些对象进行分类或在思想上进行归类的基础。在人们的最初尝试中，可能会为了分类的目的挑选那些简单的、容易表达的、不用先经过思考一看之下就可理解的属性。如德杜内佛（Joseph Pitton de Tournefort，1656 年—1708 年）对植物的分类以花冠的形状和分裂为基础，而通常被称作林耐命名法的分类则主要以雄蕊和雌蕊的数目为基础。但这里所讨论的分类目的并不在于要尽量轻而易举即可确定任一个体属于哪一类。林耐分类的目的在于让人们同时想到所有那些具有相同数目雄蕊和雌蕊的植物种类，但这几乎没有什么用处，因为对于那些具有一定数目雄蕊和雌蕊的植物来说人们很少要断定它们共有什么东西。要是五雄蕊纲和单雌蕊目植物任何其他属性都一样，那么就那些共同属性是确定的而言，在一个共同的称呼下来思考并谈论那些植物将会有助于人们记住那些共同属性，并会让人们去小心留意那些尚不知道的共同属性。但既然事实并非如此，所以林耐的分类所为之服务的唯一目的是让人们更好

① MILL J S. A System of Logic［M］. London：Longmans，Green，And Co.，1886：465－466.

地记住每一个植物种类雄蕊和雌蕊的准确数目。现在，由于这一属性无关紧要，所以严格准确地记住这些数目并没有太大意义。当对象被归入这样一些类别的时候，即对这些类别可以提出许多普遍命题，并且这些命题比起针对那些将同样对象归入其中的其他类别所提出的命题更为重要的时候，科学分类的目的就得到了最好的实现。因而，对象据其得以分类的那些属性，应当是那些作为其他属性的原因或者作为其他属性确切标记的属性。原因往往被优先考虑，因为其既是最确切、最直接的标志，本身又是人们习惯多去关注的属性。但由于作为一个类的主要特性的原因的属性基本上不再适合作为这个类的特性，所以一般而言，人们不是选择原因，而是选择原因造成的一些较为显著的结果来给对象进行分类。如此形成的分类正是科学的或哲学的分类，常常被称作“自然的分类或归类”，与“人工的或人为的分类或归类”形成对比。通过把在一般方面最为相似的对象放在一起，“自然分类”这一用语在分类所形成的类别中似乎尤为适用于那些符合人类心灵自发倾向的分类，其与那些按照随意挑选的某种情形的相同来给事物进行归类的人工分类系统不同，那些人工分类系统常常将没有表现出相似性的对象归入同一类别，却又将最具有相似性的对象归入差别很大的类别。让任意一种分类具有科学分类特征的最有效的方式之一就是让它成为这里所说的一种自然分类，因为其科学特征的检验正是该类别中所有对象所共有的、可被断定的那些属性的数量和重要性。但是，说一种分类是自然的分类却并不是该分类具有科学分类特征的一个必要条件，因为事物最显而易见的属性与其他非显而易见的属性相比也许并不更重要。在这样的情况中，尽可能广泛地了解对象的属性对于给对象进行一种好的分类来说无疑是必要的。对象的分类应依据那些不仅指明数量最多而且也指明最为重要的独特性的属性。这里“重要的”意思与所考虑的特殊目的有关。于是，同样的对象可以有几种不同的分类。每一门科学或学问都根据其认识范围和实际目的而必须要加以说明的那些属性来提出关于事物的分类。农人不会像植物学家那样将植物分成双子叶的和单子叶的，而是会分成有用的和没用的。地质学家不会像动物学家那样将化石分为与有生命物种的那些科相应的科，而是会分为古生代的、中生代的和第三纪的，煤层上的和煤层下的等。鲸按照人们所考虑的目的不同而或是鱼或不是鱼。“要是我们正在谈论这种动物的内在组织结构和生理机能，我们绝不能称它们为鱼；因为在这些方面它们与鱼大相径庭：它们有温血并像陆上的四足动物那样孕产、哺乳其幼仔。但这并不妨碍我们谈论鲸鱼（*whale fishery*）并在一切与这种叫法相关的场合称这些动物为鱼，因为所出现的这些关系依赖于这种动物生活在水中并且以一种与抓捕其他鱼相似的方式被抓捕。说提及鱼的人类法律不适用于鲸的辩解会立刻遭到有才智的法官的反驳。"①这些不同的分类对于它们自身特殊的知识或应用范围而言都是得当的。但当人们不是为了任何特殊的实用目的而是为了扩展对对象全部属性和关系的认识时，就必须将那些在事物的相同和不同方面作用最大的、赋予了一个类最为突出的个体性的属性和关系视为最重要的性质。在这一原理上所形成的类可以以一种显著的方式被称为自然的分类。②但自然分类是通过"范型"（Type）给定的还是通过定义（Definition）给定的呢？先来看看惠威尔的回答。

自然的分类是通过范型所给定的，不是通过定义所给定的。（这一认识解释了）我们在对那些分类的描述中所常常发现的、对任何一个不认为这些描述假定了任何与植物学家的任意选择相比更深的关系基础的人来说肯定显得非常奇怪和前后冲突的不确定性和不准确性。如在蔷薇科中，我们被告知胚珠罕有直立的、柱头通常是单个的。有人可能会问，这样一些含糊的解释能有什么用呢？对此的回答是：它们并不是为了区分那些种而是为了描述这个科而被写进来的，该科的胚珠和柱头的全部关系通过这种一般的陈述得以更好地被认识。对于常常出现的每一种分类的反常现象（the Anomalies）可做类似的评说，林德利（John Lindley，1799 年—1805 年）先生在其《植物学的自然系统导论》一书中使'反常现象'成了每一科中的一个条目。例如，蔷薇科植物的部分特征是它们有交错互生的托叶而且胚乳消失了；但在该科的属之一 Lowea 属中，托叶是缺失的，而在另一个 Neillia 属中却存在着胚乳。这就意味着，正如我们已经看到的那样，人为的特征（或像林德利先生所称的特征简述）是不完美的。其尽管非常接近但仍未与自然的分类完全

① 这段话为穆勒所引，原文见 WHEWELL W. Novum Organon Renovatum［M］. London：John W. Baker and Son，West Strand，1858：286－287.

② MILL J S. A System of Logic［M］. London：Longmans，Green，And Co.，1886：466－468.

相应称，因而在某些情形中这种人为的特征要服从于对自然亲缘关系的一般权衡。

这样一些看法——关于由无法用语词来表达的特征所决定的类的看法、关于其陈述的并非是一切情况下而是通常情况下所发生事情的命题的看法、关于包括在一个类中但却超出了这个类的定义的各个事项的看法——可能会令读者感到惊讶。它们与许多既有的、有关定义的使用和科学命题的性质的看法如此相左，以至于对许多人来说它们可能显得非常不合逻辑而且没有道理（unphilosophical）。但得出这样一种判断的倾向很大程度上来自于这一点，即数学和数学物理科学很大程度上决定了人们对科学真理的一般性质和形式的看法，而博物学还尚未有时间和机会对理论化思考（philosophising）的流行习惯施加其适当的影响。有关博物学的分类和定义的明显不确定性和不一致性在远远更高的程度上出现在除了数学理论思考之外的一切别的理论思考之中，而博物学中可据以得到近似精确的区别和普遍真理的那些方式也许值得我们注意，因为它们使寻求所有各类真理的那些最佳方式得以显明。

尽管在对象的自然分类中定义不再能够具有像规定性原理那样的用处，但类并不因此就变得模糊不定。类是稳定不变的，而不是精确限定的；其被给予，而不是被圈定；其并非由外在的界线所确定，而是由内在的核心所确定，不是由其严格排斥的东西所确定，而是由其主要包括的东西所确定，是由样例（example）所确定，而不是由律则（precept）所确定。简而言之，我们用范型而不是定义来做我们的引导。

范型是类的样例，如同属的种，被认为显著地拥有类的特征。所有那些与其他任何种比起来与这个范型—种具有更为密切亲缘关系的种构成一个属并依这个属来安排整理，它们在不同的方向和程度上偏离于这个属。这样，一个属可能由若干非常接近于范型的种所构成，而要求范型在其中占有一个位置则是显然的，同时可能还包括其他一些远远游离于这一聚焦点之外、但与它们和其他任何聚焦点间的关联相比显然与这一聚焦点有更多关联的种。而即使会有一些其地位待定的、似乎可同样受制于两个一般范型的种，也很容易看出，这与两座分开的小山间的平地上散落的树木妨碍我们清晰明确地谈论两座小山上各自不同的树林比起来，并不会更多地损害一般分类的真实性。

于是，每个属即每个科的范型—属的范型—种都是以一种显著而突出的方式拥有该属的一切特征和特性的种。蔷薇科的范型有交错互生的托叶、缺少胚乳、有非直立的胚珠、有单个的柱头，除了这些将其与其类中的例外和变异区别开来的特性之外，蔷薇科的范型还具有那些使其在其类中得以突出的特性。蔷薇科的范型是那些清晰拥有多种主要属性的对象之一；因而，尽管我们不能就任何一个属说它一定是该科的范型或就任何一个种说它一定是该属的范型，但我们不会为之去全力寻求。范型必须与其类中的大部分其他对象由诸多亲缘关系所关联，其必须在群体的中心附近，而不是一个游离者。①

就这几段话来看，穆勒认为，惠威尔非常清晰有力地表明了自然分类的一条原则。而这一原则究竟是什么、其界限是什么、惠威尔以什么方式似乎越过了这些界限，这些都会在落实了另一条似乎更为基本的自然分类的原则之后显现出来。②接下来，穆勒转向了对“品类”这种自然类别的进一步讨论。

自然中存在品类的区别（distinctions of Kind）已是一个普遍事实。这种区别不在于既定数目的确定特性以及由这些特性而来的结果，而是广泛涉及整个自然、涉及显著有别的事物的属性。人们对一个品类特性的了解从来都不是完整的，总是期待在两类事物间的区别不属于品类的区别之处能够发现它们相同的特性，而当两类事物间的区别属于品类的区别时能够发现它们不同的特性。对于一个品类的所有认识必须通过对该品类自身的观察和实验来得到，在这方面，仅仅靠推测和推论起不到更大的作用。既然一个真实品类的共有特性以及可以对该品类做出的普遍断言有无穷多，而且既然自然分类的第一原则是构成每个类的对象应有最大数目的共有特性，所以这一原则规定了每一个这样的分类都要认清并接纳业已存在于对象当中的品类的所有区别。忽视这一点极有可能会导致用有较少共有属性的类来代替有较多共有属性的类，从而破坏自然的分类方法（Natural Method of Classification）。因此，

---

① 这几段话为穆勒所引，原文见 WHEWELL W. History of Scientific Ideas [M]. vol. 2. London：John W. Baker and Son，West Strand，1858：120 - 122.

② MILL J S. A System of Logic [M]. London：Longmans，Green，And Co.，1886：470.

不管各种各样实际存在的品类区别是否被分类者所感受到，一切自然的分类都因对其自身专有目的的纯粹追求而使自身顺应于当时已被弄清楚的品类的区别。就自然的分类基于真实的品类而言，其分门别类肯定不是约定络成的，并不是博物学家的随意选择。但由此就说这些类别是由“范型”所决定的而不是由“特征”所决定的也并不正确。由“范型”所决定一定会失去应有的品类，好像只是随意选择一组特征。它们由“特征”所决定，而这些特征并不是随意的。于是，这里的问题就成了：如何找到一些指向众多不确定特征的确定特征？品类正是此间存在的不可逾越之障碍，而人们不得不寻求可以决定一个对象究竟位于障碍哪一边的那些“确定特征”。能够最好地做到这一点的那些特征会被挑选出来。这样，就可以按照那些特征而不是按照与范型的相似来区分对象。人们并不是用与一个毛茛范型具有令人满意的相似度的所有植物来构成草地毛茛（*Ranunculus acris*）这个种，而是用那些具有被挑选出来作为“确定特征”的植物来构成草地毛茛这个种，通过这些特征人们可以认识一种可能的共同来源，而这些特征的枚举就是这个种的定义。但是，接下来会出现这样一个问题：既然每个品类都必须在类中有个位置，那么在自然分类中每个类也都必须是品类吗？对此的回答是否定的。各不相同的品类虽然很多，但还没有多到足以构成整个分类。就植物而言，只有很少植物的属或科可以被确定地称为“品类”。导管植物和细胞植物、双子叶或外生植物和单子叶或内生植物的巨大差别也许是品类的差别，而蔷薇科与悬钩子属或者伞形科与毛茛属除了植物学上所指定的那些特征之外，在其他许多方面似乎并无不同，因而似乎不具有品类的差别。尽管由数量有限的特性所划定，但属和科也许是最为自然的，只要那些特性是重要的并且与属或科之外的任何东西相比，包含在属或科中的对象彼此之间更为相似。这样，在认识并定义了最低的种之后，下一步就是将那些最低的种安排到更大的类别中，即在任何可能之处都让这些类别对应于品类。对此，正确的做法是：围绕着某些挑选出来的品类形成类别，其中每一个品类都用作其类别的范型。但尽管类别经由范型而形成，却并不能认为类别形成时是由范型所决定的，也不能认为在判定一个种是否属于一个类别时要参考范型而不参考特征，也不能认为特征“不能由语词来表达”。①这一主张与惠威尔博士本人有关分类基本原理的声明即“普遍性断言是可能的”② 明显是不一致的。如果整个类并不具有任何共同的特征，那么有关它的普遍性断言怎么可能呢？而事实就是：在每一个属或科的形成中都明确参考了某些特征，该属或科主要由共同具有所有那些特征的种所构成。作为一种补充，加入其中的还有其他一些通常数量上不多、接近于具有所有那些被挑选出来的特征的种，其中有些不是缺少这种特征，就是缺少那种特征，而即使它们在其余的特征上彼此几乎完全相同，它们也并不在同等的程度上与其他任何一个类别相似。人们有关类的观念仍然要以特征为基础。一个类可以被定义为这样一种东西，其具有一组特征或者其中的对象彼此之间与其他对象相比在这组特征上更为相似。这种相似本身并不像简单感觉和基本事实之间的相似那样是不可分析的。即使是较低程度的相似也是由具有共同特征而产生的。说某个属与其他属相比其与蔷薇属更为相似，是因为与其他属相比，它具有更多蔷薇属的特征，而通过特征的枚举来表现相似的性质和程度不会存在任何困难。总有一些特征为类中的所有对象所共有，还常常有另外一些特征，类中的某些对象不具有。但不具有一种特征的对象并非也不具有另外一种特征。因而，类的构成就是拥有所有普遍的并且大部分都允许有例外的特征。如果一株植物有直立的胚珠、分裂的柱头并且有胚乳而没有托叶，那么它可能不会被归类到蔷薇科中。但要是它只缺少蔷薇科植物特征中的一种甚至一种以上的特征，考虑到其已知属性与该类总的特征几近相同，也不会因此就将它排除在蔷薇科之外。因而，自然的类别不仅和任何人工的类别一样由特征所决定，而且它们也是在对特征的思考中并且凭借特征来构成的。但所思考的特征并不是那些仅仅由包含在该类别中的全体对象所严格共有的特征，而是在全体对象的大多数中所发现的全部特征。因此，人们有关类的观念或人们心中能够代表类的形象就是完全具有全部那些特征的样本的观念或形象。很自然，最大程度上拥有全部那些特征的样本最适合以一种显著的方式来清晰地展示那些

① WHEWELL W. History of Scientific Ideas［M］. vol. 2. London：John W. Baker and Son, West Strand，1858：121.

② WHEWELL W. History of Scientific Ideas［M］. vol. 2. London：John W. Baker and Son, West Strand，1858：100.

特征是什么。正是通过在心理上参照这一标准来解说类的定义而不是来代替类的定义，人们通常才能顺利地决定一个个体或一个种是否属于一个类。①在穆勒看来，以上似乎才是惠威尔“范型”学说中所包含的全部真理，而为了使自然分类的理论更加完整，对于适用于自然分类的“系统性专门术语”（nomenclature）的那些原则有必要再多说几句。②

科学中的系统性专门术语是品类名称的体系。这些名称像别的类名称一样是由对该类独特特征的枚举来定义的。名称所能具有的超越定义的唯一价值就是通过其构成方式尽可能多地传递信息，以便让一个了解具体对象的人可以接受对象名称所能给予的一切帮助，而让不了解具体对象的人通过仅仅被告知对象的名称就可获得有关具体对象的尽可能多的知识。在这种意义上，有两种给品类命名的方式或者说将名称赋予品类的方式。最佳的却不太实用的方式是：名称可以由其构成来指明其意在涵谓的那些特性。当然，一个品类的名称并不涵谓该品类的所有特性，因为这些特性几乎不可穷尽，其所涵谓的只是那些足以将该品类区别出来的特性，它们是其余一切特性的标志。现在，几乎没有一种甚至两种或三种特性可以符合这一设想。将常见的雏菊与其他植物种类区别开来需要说明许多特征。在使用不是太过麻烦的情况下，一个名称只能通过其词源或构成方式指明数量很少的特征。因而，一种理想或完美的系统性专门术语当前大概只能限于其中有某种接近于理想完美的系统性专门术语的初等化学学科。化学所熟悉的那些物质，不论是基本的还是化合的，都是品类，将它们中的每一个与其他品类区别开来的特性不可胜数，但在化合物中（简单物还没有多到需要一种系统性专门术语的地步）存在一种特性即化学构成，其本身足以将该品类区别开来并且可以作为该化合物其他所有特性的标志。因而，需要做的是，将每一个化合物的名称在初次认识到该化合物的构成时就以某种统一的方式由在该化合物中简单物的名称构造出来。这方面，法国化学家们似乎做得更好。但是，在为了充分指明品类而必须要考虑的那些特征数量过多而不能都由名称来引申意指的地方，以及在没有任何一个特征具有压倒性优势以至于将其挑选出来加以指明

① MILL J S. A System of Logic［M］. London：Longmans，Green，And Co.，1886：470－473.

② MILL J S. A System of Logic［M］. London：Longmans，Green，And Co.，1886：473.

被证明是正当的地方，人们可以利用一种辅助性方法，即尽管不能指明品类的独特特性，但通过将品类是其中一个种的那个最近的自然类别名称结合到品类的名称当中，人们可以指明与品类最为邻近的自然类。植物学和动物学的二元命名法就建立在这一方法之上。在这一命名法中，每一个种的名称都由其属的名称或者紧接于其上的自然类别的名称和一个添加上去用来区分这个特殊的种的词构成。这种复合名称的后一部分有时取自所要命名的种不同于属中其他种的某种独特性，如 Viola *palustris*（湿地堇菜）、Artemisia *vulgaris*（寻常艾草）；有时取自具有历史性质的某种情形，如 Narcissus *poeticus*（诗人的水仙）、Exacum *Candollii*（甘道尔藻百年，因其第一个发现者德甘道尔而得名）；有时添加上去的那个词属于纯粹的约定，如 Thlaspi *bursa-pastoris*（荠菜）、Ranunculus *thora*（索拉毛茛），其几乎没有什么意义。而通过将更高一级的属的名称添加上去，人们就可以对表达品类的所有独特特征的不可能性做出能够做出的最佳补偿。而如果即使是那些共有特征也是数量众多或几乎毫无关联以至于需要对同一方法做进一步的扩展，那么可以采用一种三元命名法，即不仅采用属的名称，而且采用科的名称。矿物学的命名法就是这样做的。不过，二元命名法在植物学和动物学中已经足够用了，在系统性专门术语的构造中，这种方法迄今为止也只在这两门学科中得到了成功的运用。此外，在将最大数量的独立意义赋予种的名称中，这一方法也符合大量精简名称的使用并避免其他方法给记忆增加令人不可忍受的负担这个更深一层的目的。当种的名称数量变得极为巨大时，某种对它们进行收集或运用的可能的技巧就变得绝对必要了。①这里，穆勒引用惠威尔的话对此提供了佐证：“如，在林耐时代已知的植物种类是一万种，而现在可能是 60000 种。为每一个这样的种都提出一个不同的名称并使用它们纯属白费心力。将对象划分到一个分类的从属系统中使我们能够引入一种并不需要如此众多的名称的系统性专门术语。每一个属都有其名称，而通过将某种亚类名词添加给属的名称就可以来表示种。以这样一种方式，林耐发现，大约 1700 个普遍名称加上一定数量

① MILL J S. A System of Logic [M]. London: Longmans, Green, And Co., 1886: 473－475.

的专有名称足以用来精确地表示他那个时代已知的所有植物种类。”①

三、分类的序列

穆勒认为，一种自然分类理论除了上述仅仅与自然类别的形成有关的科学分类的原理之外，还有不太重要的另一部分需要做一番系统的考察，这就是将自然类别安排整理到一个自然序列（natural series）之中。分类作为探究自然的一个工具，其目的就在于让人们同时思考这样一些对象，即具有最大数量的重要共同特性并因而在归纳过程中常常要将其结合在一起来考虑的对象。人们有关对象的观念就这样形成了最有助于成功进行一般归纳研究的次序。但当目的是要促进某种特殊的归纳研究时，则需要更多的东西。要对那一目的有帮助，分类必须将那些对象放到一起，对它们同时进行思考最有可能弄明白那个特殊的问题。当那个问题是有关某种现象或某组现象的定律时，所讨论的那种现象或那组现象必须被挑选出来作为分类的基础。旨在促进对一种特殊现象进行研究的分类的必备条件首先是将不管以何种形式或在何种程度上表现出那种现象的事物的所有品类都放到一个类里面；其次，按照品类表现那种现象的程度由表现那种现象最多的品类开始到表现那种现象最少的品类结束来将所有那些品类安排整理到一个序列中。由于这种分类的一个主要例子来自比较解剖学和生理学，所以也就以这两门学科为例来进行说明。②接下来，穆勒就举例对此进行了更为详细的说明。

在人们对动物生命现象有了尽可能清晰的认识之后，有关动物生命法则研究的第一步就是将所有不管以何种样式、不管在何种程度上表现出这种现象的存在物的已知品类建成一个大类即动物的类。由于在这些品类中有些在很高的程度上表现出了动物生命的一般现象，而有些在几乎不足以察觉的很低的程度上表现出了动物生命的一般现象，所以，接下来必须将这些品类按照其表现出的动物生命现象的程度不同依次对其进行安排整理，即由“人”开始至最不完美的各种“植物形动物”结束。这也就是说，应当将要对其进行归纳总结的那些事例放到隐含了共变法（Method of Concomitant Variations）

① WHEWELL W. History of Scientific Ideas［M］. vol. 2. London：John W. Baker and Son, West Strand，1858：133.

② MILL J S. A System of Logic［M］. London：Longmans，Green，And Co.，1886：475.

的那种次序中。这种方法在我们有限多种通过人为实验将通常黏合在一起的情形分离开来的方法中，常常是确保得到一个正确结论的唯一可以求助的方法。这种方法的原理是：一起增加或减少并且一起消失的事实或者是原因和结果或者是一个共同原因的结果，当已确定这一关系确实存在于这些变化之间时，事实本身之间的关联就可以或者作为一个自然定律或者作为具体情况下的一个经验定律而被确定下来。显然，要运用这种方法必须先要形成上面所描述的那样一个分类序列。将一组对象按照它们表现某个所要研究的事实的程度大小将它们安排整理到一个序列中，这一点会被非常自然地想到，无须再作更多的说明。但有这样一些情况，其中为了特殊目的的安排整理成了同样对象为了一般目的的决定性分类原则。例如，在关于生命存在物的问题中，一类动物和另一类动物之间的差异可以合理地被认为仅仅是动物生命这种普遍现象的变动，其或者产生于这种现象在不同动物身上所表现出来的程度差异，或者产生于因每种动物的本质而异的偶然原因的结果和那些一直在对结果发挥着主要影响的生命普遍法则所造成的结果的混合。实际情况就是：除了从属于对动物生命的普遍法则所进行的重大探究之外，没有任何有关动物的其他归纳探究能够成功地进行，而最适合于那一目的的动物分类也最适合于动物科学的一切其他目的。①在说明了自然序列的安排整理应按照现象不同程度的表现来进行后，穆勒接着解释了为什么在这么做时其中隐含了范型—种的假定。

要建立这样一种分类甚至在建立后要理解它，就需要在更为细微的程度上和更为模糊的形式上来识别一种现象与其发展到最为完美阶段时的相似之处，即将仅仅在程度上不同和实际上因程度不同而造成的特性上不同的一切现象彼此等同起来。为了识别这种等同，或者说为了识别性质上的这种准确相似，范型—种的假定是必不可少的。人们必须将包含在一个类中的那些品类当中的、在最高程度上表现了构成该类的那些特性的某个品类视为是该类的范型，而将其他各种各样的品类说成是该范型的退化，或说成是因具有较低程度的特性而对该范型的偏离。因为每一种现象在其最大程度存在的地方

① MILL J S. A System of Logic［M］. London：Longmans，Green，And Co.，1886：475－476.

才能得到最好的研究。正是在那里，有赖于这种现象或者有赖于与这种现象同样原因的那些结果才会最大限度的存在。于是，正是在那里也只有在那里，现象的那些结果或现象与结果一起可以完全为人们所认识，以至于在直接研究变得困难甚至不可能的情况下，人们可以识别很小程度上的那些现象和结果甚至其单纯的基本原理。更不用说较高程度上的现象总是伴随着在较小程度上根本不出现的结果或附带情形了（那些结果或附带情形以任何可感知数量的出现都需要更为有力的原因）。例如，在“人”——其中动物现象和有机体生命现象都在最高程度上存在着的物种——这个例子中，许多从属现象在人作为生命体存在的过程中得以展现自身，而这在各种低等动物那里是看不到的。虽然如此，对这些特性的了解还是非常有助于发现人和那些低等动物所共有的一般生命现象的状况和法则。它们甚至被正确地认为是动物界自身的特性，因为它们显然源自动物界的一般法则。①在上述认识的基础上，穆勒开始思考分类序列的划分应如何来决定的问题。

现在要考虑的是这种序列的内在分布怎样才是最为得当的，即以什么样的方式划分为目、科和属才最恰当。划分的主要原则当然必须是自然的亲缘关系，所得到的类必须是自然类别。但自然归类的原则必须在服从自然序列的原则中被运用，即自然类别绝不是将本应在普遍等级中占据不同位置的东西放在同一类别中来构成的。对此必须要注意的是，首要的划分绝不是不加区别地基于所有的区别之上，而是基于对应主要现象程度变化的那些区别之上的。动物界的序列应在主要现象的程度变化开始伴随着动物各种特性的明显变化之处被分拆成各个部分。例如，在哺乳动物这个类终止之处、在鱼与昆虫、昆虫与软体动物等分离之处，那些相伴随的明显变化就发生了。一旦如此，那些主要的自然类别就会仅仅通过关联衔接而不是重新分布来构成序列，其中每一个都对应着序列等级的一个确定部分。如果可能的话，每个科都应这样来进行再划分以便其中的两部分在普遍等级中虽然彼此相邻但一个处在较高的位置上一个处在较低的位置上。而只有在不可能这样做的时候，才允许将尚待进行的再划分基于与主要现象没有明确关联的特征之上。在主要

① MILL J S. A System of Logic［M］. London：Longmans，Green，And Co.，1886：476－477.

现象的重要性远远超出分类可以基于其上的其他一切特性的地方，就像在有关生命存在的情况中那样，任何与最终既定规则的重大偏离一般都可以由自然分类的第一原理即按照最重要的特征形成类别的原理来加以防范。自动物的组织构造和生理机能成功地得到研究以来，对动物进行科学分类的一切尝试都是带着一定程度上对自然序列的本能认识提出的，而且与最为自然地基于那样一个序列所进行的分类相合之处多于相异之处。只是这种相合常常无法确定，几种分类中哪一种与主要现象的真正强度最为相合仍然常常是一个讨论的话题。就像居维叶，既然在动物标准等级的几乎每一层次都可发现食肉动物和食草动物或食果动物，所以其因过多地参照食物即仅仅与有机体生命直接相关的一种情形来提出他的自然类别，而没有引向对于动物生命法则的研究目的来说最为得当的分类安排，理应受到批评。德布兰维尔（Henri de Blainville，1777 年—1850 年）的分类，因其通过对主要类别的单纯排序来表征动物本性从最完美到最不完美的依次退化，似乎避开了居维叶的分类缺陷。①在讨论了自然类别的内在分布如何才是得当的之后，穆勒继续解释了怎样才算是科学分类最完美的范型以及其中的分类原则在其他方面中的可应用性。

对自然领域任意较大一部分所做的与在先原则相符的分类迄今为止只在动物的例子中被发现是较为行之有效的。即使在植物的情况中，自然的分类整理还尚未超出对自然类别的构造，而博物学家们已经发现，不可能将这些类别构成一个序列，使得其中各项对应着植物生命或有机生命现象中的真实渐变。这种层级的差异可以被追溯到导管植物和包括地衣、藻类以及其他比更高层级植物的构成更简单、更基本、因而更临近于纯粹无机界的东西的细胞植物间的差异。但当由此再上升得高一点，就会发现不同植物所具有的构造和生命特性在程度上并没有任何太大的差别。确实，双子叶植物比单子叶植物具有更为复杂的结构和多少更为完美的构造，有些双子叶植物科（如菊科）其构造远远比其他双子叶植物科的构造更为复杂。但这些差异并不是标志性特征的差异，不要指望其对植物生命与生长的条件和规律能够做出任何特别的说明。要是它们做出了，那么就不得不像动物的分类一样参照所预示

① MILL J S. A System of Logic［M］. London：Longmans，Green，And Co.，1886：477－478.

的等级或序列来进行植物的分类了。尽管有机界的科学分类迄今为止只为合理分类的正确原则提供了不管是有关类别形成还是有关序列形成的唯一一个完整的例示，但那些原则对于为了艺术或商业的目的而对对象进行的分类就像对于为了科学的目的而对对象进行的分类一样是得当而适用的。例如，对于法律汇编的恰当分类有赖于与博物学中的分类同样的科学条件。对于那样一种重要的功能来说，不会有比对自然分类原则的研究更好的预备性学科了。法律汇编的伟大权威边沁（Jeremy Bentham，1748 年—1832 年）完全意识到了这一点，其早期的《政府片论》，作为在其领域内无可匹敌的一系列作品的导论，包含着对自然分类意义的清晰恰当的看法，而这几乎不可能发生在早于林耐和德儒西埃（Bernard de Jussieu，1699 年—1777 年）生活时期的任何一个人身上。①

以上三节对分类问题的讨论可以说是详尽地铺陈了穆勒的分类理论。当然，之所以这么事无巨细、不惧冗长，一方面是为了下面对定义问题的讨论打基础，而另一方面，也是更为重要的方面则是为了后面讨论穆勒的“哲学语言”思想做铺垫。在那里，可以看到，理想的“哲学语言”的建立是以理想的“科学语言”为基础的，而“科学语言”的建立则无疑又以自然的分类为基础。下面还是先来看看穆勒对名称定义问题的讨论。

第三节　定义理论

与柏拉图一样，亚里士多德也清楚地认识到，自然分类会带来精确的定义。这些精确的定义不仅仅作为目的本身对亚里士多德是重要的，还因为其中有些定义就是演绎科学的第一原理，而定义的正确性无疑是演绎科学结论正确性的必要保证。②自亚里士多德以来对自然和精确之间这种关联的重视也

① MILL J S. A System of Logic [M]. London: Longmans, Green, And Co., 1886: 478 - 479.

② DESLAURIERS M. Aristotle on Definition [M]. Leiden: Brill, 2007: 43.

是穆勒将定义问题放到分类问题之后讨论的原因，而通常讨论定义问题首先需要解释一番何为定义，穆勒也没有例外。

一、定义与名称

在穆勒看来，定义就是宣告一个词的意思的命题。而“一个词的意思”或者指的是这个词日常词义中所包含的意义，或者是说话者或书写者为了论说的特殊目的意在添加给这个词的意义。于是，语词的定义成了阐明其意义的命题，没有意义的语词是不可定义的。因而，专名不可定义，因为专名只是加诸个体之上的一个标记，不具有意义正是它的特性，当然也就无法表明其意义。就像可以更方便地用手指来指明那样，人们可以用语言来指明那个特殊的标记已经加诸或意在加诸什么样的个体之上。说“约翰·汤姆逊”是“汤姆逊将军的儿子”并不是“约翰·汤姆逊”的定义，因为该名称没有表达这一点。说他是“那个正在穿过街道的人”也不是“约翰·汤姆逊”的定义。这些命题都可以使由这个名称来称呼的那个人为人所知，而且也可以更为直截了当地用手指着他来让其为人所知。只是这些并不被认为是定义。就涵谓名称而言，意义即涵谓。涵谓名称的定义即是表明其涵谓的命题，可以直接或间接的方式给出。直接的方式是具有这种形式的命题：“‘＊＊＊’（所要定义的词，如‘人’）是涵谓如此这般属性的一个名称”或者“是当其相对任何一个东西而被谓述时意味着那个东西具有如此这般属性的一个名称”；也可以是这样的：人是一切具有如此这般属性的东西，或者人是一切具有形体、结构、生命、理性和某些独特外在形态的东西。这种定义形式最准确、最没有歧义，但是并不够简洁，而且对于日常的谈论来说也太过学究气了。表明一个名称涵谓的更为常见的方式是相对该名称来谓述另一个或另一些其意义已知且涵谓相同属性的名称。可以这样来做，通过相对所要定义的那个名称来谓述另一个与其完全同义的涵谓名称，如“人是有人的特点的存在”（Man is a human being）①；也可以通过谓述两个或多个其涵谓构成所要定义的那个名称的全部涵谓的涵谓名称。在后面这种情况中，定义可以用

---

① 这里将“Man is a human being”翻译为“人是有人的特点的存在”实在是勉强。穆勒举的这个例子显然相当于通常所说的“杜鹃即布谷”或“芙蓉即荷花”之类。

有多少种属性就有多少个涵谓名称来合成，其中每种属性都有一个不同的名称所涵谓，如“人”是有形体的、有结构的、有生命的、有理性的、有如此这般外形的存在。或者也可以采用一次性涵谓几种属性的名称，如“人”是有理性的、有如此这般外形的“动物”。按照对名称的这种看法，一个名称的定义是所有能够对作为其主词的该名称所提出的本质命题的总和。所有其真隐含在该名称中的命题、所有那些仅仅听到该名称就让人明了的命题，如果无须借助于其他任何命题就可以从该名称中引申出来，就将它们都包含在定义中。因而，孔迪拉克（Etienne B. de Condillac，1714 年—1780 年）和其他学者断言定义即分析（analysis）并非没有道理，因为将任何一个复杂的整体分解为其构成要素正是分析的意义，当用两个或多个分开来涵谓与整个一组属性相同的属性的词代替一个单独涵谓整个一组属性的词时，就是在分析。①在对定义即分析的观点表示了认同之后，穆勒进一步表明了每一个意义可分析的名称都是可定义的。

如果定义即分析，那么自然会出现这样一个问题，即仅仅涵谓单独一种属性的名称该如何来定义呢？例如，只涵谓“白”（whiteness）的“白的”（white）这一名称，只涵谓“具有理性”（possession of reason）的“理性的”（rational）这一名称。似乎这些名称的意义只能用两种方式来表明：一、用同义词，如果能够找到的话；二、用已经指出的那种直接方式，如“‘白的’是一个涵谓‘白’这种属性的名称”。不过，可以看看对名称意义的这种分析即将意义分解为若干部分是否可以再进一步。现在就拿“理性的”这个词来说，显然可以对其意义做出比包含在“理性的即具有理性这种属性”这一命题中的更多的解释，因为这里“理性”（reason）这种属性本身也可以被定义。于是，现在有必要来看看属性的定义或者说属性的名称即抽象名称的定义。考虑到那些属性的名称是涵谓名称并且表达属性的属性，它们的定义没有任何困难，即像定义其他涵谓名称一样通过表明它们的涵谓来定义它们，如“缺点”（fault）这个词可以被定义为：“导致不幸或有害的一种性质。”有时候，所要定义的属性不是一种属性而是几种属性的结合，这种情况下就

① MILL J S. A System of Logic [M]. London: Longmans, Green, And Co., 1886: 86-87.

把分开考虑的所有那些属性的名称放在一起，从而得到属于所有那些放在一起的属性的名称的定义，这也是与相应的具体名称的定义完全对应的一种定义。由于一个具体名称可通过枚举其所涵谓属性来定义，并且由于一个具体名称所涵谓的属性构成了相应的抽象名称的全部意义，所以同一个枚举可用于两个名称的定义。例如，如果“人”（a human being）的定义是“有形体的、有生命的、有理性的、有如此这般外形的存在”，那么“人性”（humanity）的定义就是形体存在、动物生命，加上理性和如此这般的外形。另一方面，当抽象名称并不表达一种复合的属性而只是表达一种单独的属性时，由于每一种属性都以某种事实或现象为基础且只从那种事实或现象获得意义，所以要给属性下定义，就必须求助于作为属性基础的事实或现象。现在，属性的基础可能是一种由许多共存或相继的不同成分构成的、具有任意复杂度的现象。为了获得属性的定义，必须将这种现象分解为这些成分。例如，“雄辩”（eloquence）是只有单独一种属性的名称，但这种属性是以具有一种复杂性质的外在结果为基础的，这些外在结果源自人们将该属性归之于某人的那个人的行为表现。通过将这种具有因果关系的现象分解为两部分即原因和结果，人们获得了“雄辩”的定义，即通过言语或文字影响人们的感受的力量。因而，一个名称，不管是具体的还是抽象的，只要能够将构成该名称意义的那种属性或那组属性分解为各种不同的成分，其就可以被定义。具体来说，如果构成该名称意义的是一组属性，就通过枚举这些属性来定义；如果是单独一种属性，就通过分解作为该属性基础的那种事实或现象来定义，而即使在那种事实或现象仅仅是人们的一种简单感受或意识状态因而不可分解时，只要那种简单感受或意识状态有名称，那个不管是具体的还是抽象的名称仍可以被定义。如“白”可以被定义为：激起“白的”感觉的那种特性或力量。“白的对象”可以被定义为：激起“白的”感觉的对象。仅有的因为其意义不可分解而不可定义的名称是那些有关简单感受本身的名称。其有点像专名，但实际上并不像专名那样是不含意义的（unmeaning）。如“白的感觉”（sensation of white）这个词意谓的是如此称呼的这种感觉与以前有过的并且用该名称来称呼的那些感觉相似。但由于除了人们想要定义的那个词或与其完全同义的某个同样需要定义的别的词之外，人们没有其他任何非得借助它们才能回想起先前那些感觉的词，所以语词无法揭示这一类名称的意谓，而只能直接诉诸人们对其说话的那个人的个人体验。①在阐述了自认为是一种正确的定义观念之后，穆勒转向了对一些与之不同的定义观念的批评。

二、完备定义与不完备定义

现在继续来考察一些哲学家的意见和一些流行的在定义这一问题上的看法，它们多多少少都与上述观念相冲突。上一节已经表明，只有宣告了名称包含在其意谓中的全部事实的定义才是名称的恰当定义。但对大多数人来说，不需要定义中包含那么多内容，只要定义对于名称的正确使用能够给予恰当的指导从而避免使用的习惯和约定不一致就行了。因而，对他们来说，任何足以引向名称指谓之物的东西都可以作为名称的定义，虽然其并不包含名称所涵谓的全部东西，有时甚至不包含名称所涵谓的任何东西。这样，就出现了两种不完备的或不科学的定义：本质的但不完备的定义（Essential but incomplete Definitions）和偶然的定义（Accidental Definitions）或描述语（Descriptions）。前者指的是，一个涵谓名称仅仅由其涵谓的一部分来定义；后者指的是，一个涵谓名称由某种根本不构成其涵谓的东西来定义。下面是第一类不完备定义的一个例子：人是理性的动物。这个命题不可能是"人"这个词的一个完备的定义，因为坚持这一定义就会不得不称《格列佛游记》中具有马的外形的理性动物"慧骃"为人，但由于并不存在"慧骃"，所以这一不完备的定义足以将当前由"人"所指谓的对象与其他对象区别开来。虽然"人"这个词仅仅由其所涵谓的属性当中的某一些而不是全部属性来定义，但具有所列举出来的属性的对象也具有那些被省略的属性，如此一来，这个词所涵盖的谓述的范围和该词与其用法相一致的使用完全可以像由一个完备的定义所表明的那样由一个不完备的定义来表明。只是那些定义总是易于被自然界中新对象的发现推翻。这类定义正是逻辑学家在制定这一规则即"种的定义应当是属加一种种差（per genus et differentiam）"时心中所想到的。"种差"（differentia）很少用来指构成种的所有那些差异性，而是仅仅用来指差异性中的某一种。一个完备的定义应当是"属加全部的种差"（per genus

---

① MILL J S. A System of Logic［M］. London：Longmans，Green，And Co.，1886：87－88.

et differentias)，而不是“属加一种种差”。“种差”应当与高一级的属的名称一起，不仅仅包括将所要定义的那个种与同一个属的其他种区别开来的某种属性，还包括隐含在这个种的名称中的所有其他属性。不过，断言所有的定义都必须并且都可以由属和种差来构成是站不住脚的，因为任一分类中那个最高的属（summum genus）不可能以这种方式来定义。而现在，可以看到，除了有关基本感受的那些名称之外，所有的名称都能够在最严格的意义上被定义，即通过用语词表明最终构成每一个语词涵谓的那个事实或现象的组成成分来定义。①在初步区分了完备定义和不完备定义之后，穆勒继续将完备定义和描述语作了区分。

尽管许多逻辑学者常常将第一类不完备的定义——即仅仅用一个涵谓名称的部分涵谓来定义该名称，但这部分涵谓已足以正确地标明该名称指谓的边界——视为是一种完备的定义，但他们却也坚持让其中所采用的属性确确实实是名称涵谓的一部分，因为规则是说定义必须从类的“本质”（essence）中得出。而如果定义不管在什么程度上由并不被名称所涵谓的属性构成，那么自然就违背了规则。因而，第二类不完美的定义，即其中类的名称由名称的任意偶然性即不包括在名称涵谓中的属性所定义，已经被逻辑学家称之为“描述语”而从真正的定义行列中排除出去了。不过，这类不完美的定义与第一类一样源于同样的原因，即愿意接受任何能够将由名称所指谓的东西与其他东西区别开来并因而在谓述中不偏离名称既有用法的东西作为定义，而不管其是否包含在名称的涵谓中。通过表明为整个类所共有且所特有的任意属性或属性组合这一意愿即可实现。虽然所表明的那些属性与人们在认识或提出那个类的时候所想到属性并无关联，但却有必要让如此形成的“定义”与所定义的名称能够相互转换，即具有完全共同的外延。换句话说，所定义的名称可相对其而被谓述的东西，名称的“定义”也可相对其而被谓述；所定义的名称不可相对其而被谓述的东西，名称的“定义”也不可相对其而被谓述。依据这一标准，如下都是“人”的正确定义：人是天生有两只手（只有人这一物种符合这一描述，别的动物都不符合）的哺乳动物；人是会给自己加工食物的动物；人是没有羽毛的双足动物。另外，纯粹的描述语也可以

① MILL J S. A System of Logic［M］. London：Longmans，Green，And Co.，1886：89.

因言说者或书写者的特殊意图而被提升到真正定义的层次。例如，为了一门特殊学问的目的，或者为了更方便地表述一个学者的特殊学说，在不改变某个普遍名称的指谓的情况下，可以给予它一种不同于其一般涵谓的特殊涵谓。在这样做时，由构成那种特殊涵谓的属性而来的名称的定义尽管一般而言是一个纯粹偶然的定义或描述语，但在特殊情形下、对于特殊的目的而言却可以成为一个完备的、真正的定义。“人是有两只手的哺乳动物”就是这样一种情况，其被视为是居维叶对动物界分类当中的物种之一“人”的科学定义。就这种情况而言，虽然说表明了在特殊情况下由名称专门来传达的那种意义，但不能说表明那一名称的意义就是这一定义的目的。这一定义的目的不是要说明一个名称，而是要说明一种分类。居维叶指派给“人”的那种特殊意义（虽然没有改变这个名称的指谓却也完全不同于其通常的意义）对于按照某一原则来给动物进行分类的计划来说是偶然的。因为虽然按照“人”这个词通常的涵谓来给它下的定义符合该定义的其他每一个目的，但却没有指出在那种特殊分类中该物种应当占据的位置，所以居维叶给予了这个词一种特殊的涵谓，这样他就能够用那类属性——即出于便利的考虑他对大自然的划分建立于其上的那类属性——来定义这个词了。科学的定义，无论是科学术语的定义还是在科学的含义上使用的日常术语的定义，其主要目的就是用作科学分类的界标。既然任意一门科学中的分类都会随着科学知识的增长而不断变动，所以科学中的定义也会不断变化。“酸”这个词就是一个明显的例子。随着实验发现的进步，与酸同类的物质一直在成倍增加，结果自然是这个词所涵谓的属性在不断减少并且越来越少。最初的时候，它涵谓这样一些属性：与碱结合形成被称为盐的中性物质，由碱基和氧复合而成，对味觉、触觉有腐蚀性，流动性等。当盐酸被分解为氯和氢时，第二种属性即“由碱基和氧复合而成”就被从“酸”的涵谓中排除了出去。当硅酸也被包含在“酸”中时，腐蚀性和流动性也被排除出了“酸”的特征之外。现在，与碱化合形成中性物质及其中所蕴含的电化学特性是构成“酸”这个化学术语确定涵谓的仅有的差异性。对科学术语的定义适用的东西当然对一门科学本身的定义也适用，因而一门科学的定义肯定也是暂时的和不断改进的。按照通常对知识扩充或变动的看法，任何知识的扩充或变动都可能导致包含在一门科学中的那些特殊内容产生较大或较小范围的变化。而一旦这门科学的内容构成有如此变动，可能就容易出现这种情况，即会发现一些新的特征更适合于作为差异性来定义这门科学。同样，一种特殊的或专门的定义为了实现其目的必须要能够对它所出自其中的那种人为的分类加以说明。亚里士多德派逻辑学者似乎已经认识到了对事物的日常分类——即将事物划分为品类并表明每一品类与其他品类的相对位置是上一级、同一级还是下一级——加以说明也是一般日常定义的应有功能。这一认识可以解释为什么自亚里士多德以来逻辑学者们一直遵循所有的定义都必须是“属加一种种差”的规定。现在，用语词来阐释或显明一种品类的区别已经被证明是不可能的，因为一个品类的意义说的就是：将其区分出来的那些特性并非是彼此之间可相互推出的，因而不可能用语词甚至言外之意将其显现出来，而只能将其全部列举出来。但是由于人们不可能知道品类的全部特性，所以若将此视为定义的目的之一显然是徒劳无益的。而如果只是要求一个品类的定义应当指明有别的什么样的品类包含它或者有别的什么样的品类被它所包含，那么任何能够说明那些名称的涵谓的定义都可以做到这一点，因为每一个类的名称都肯定涵谓了该类足够多的特性以便来确定这个类的边界。因而，如果定义充分说明了涵谓，那么它就完全可以是一个合乎要求的定义。①

与穆勒一样，拜恩也认为完备的定义要穷尽名称的意义，是名称所涵谓的所有特性的总和。但是，拜恩认为一个普遍名称的意义并不是一个类所包含的所有共同特性，而是所有那些不可相互转化的基本特性。例如，“氧”“金”“人”的属性的应当分别是它们最基本的、不可推论出来的属性，这也是完备的定义。一种独立的、不可从其他特性推论出来的特性，即使先前不为人所知，然而只要一被发现，就应当成为名称意义的一部分被包含在定义中。当被告知钻石——一种透明的、发光的、坚硬的、价格昂贵的物质——是由碳组成的并且是可燃的时，人们必须把这些追加的特性与其他特性放到相同的层次上，并被“钻石”这一名称所涵谓。如此一来，“钻石是由碳组成的”“钻石是可燃的”这些命题就成了纯粹的字义命题。甚至拜恩认为，如果必死性不能被表明是动物机体基本规律的一个结果，那么必死性就被

① MILL J S. A System of Logic [M]. London: Longmans, Green, And Co., 1886: 89-92.

“人”所涵谓，“人是必死的”就成了一个纯粹的字义命题。①拜恩对定义的这种看法受到了穆勒的批评。

穆勒认为，拜恩对于定义的这种看法混淆了或者至少弄乱了与这种定义所做出的区分相比更为重要的一种区分。将命题划分为实在的和字义的唯一原因是为了将传达事实信息的命题与不传达事实信息的命题区分开来。对于任何一个断定某个对象具有一种特定属性的命题来说，当用一个已经意谓了该属性的名称来指称该对象时，显然没有给已经理解了该名称的人增加任何新的信息。当这样说的时候，似乎隐含着这样一个意思，即“一个名称的意谓”就是指在该名称的日常用法中附着于该名称的意谓。但是，通常大概没有人会说，一个词的日常意思中附着了那些不通过对自然特殊门类的专门研究就根本不可能知道的事实，也不会说因为有些人知道了这些事实，所以对这些事实做出的断定就是没有传达任何信息的命题。除了特殊的科学的涵谓之外，一个名称意指或涵谓的仅仅是在普通人心中作为一种标记的那些特性，而且就任何附加的特性而言，不管其多么一贯地伴随着那些特性，一个不具有这些附加特性的东西仍有可能由那个名称来称呼。如“反刍的”和“偶蹄的”这两种特性总是被发现同时出现而它们之间又找不到任何关联，但“反刍的”并不意指“偶蹄的”，而要是发现一种动物是反刍的，却有不分开的蹄部，通常其仍会被称为是反刍的。②

在充分讨论了完备定义和不完备定义之后，穆勒接下来对“事物定义”（definitions of Things）和“名称定义”（definitions of Names）进行了分析和讨论。

三、事物定义与名称定义

在充分讨论了两种不完备的、流行的定义方式以及它们在什么方面不同于完备的或哲学的定义方式之后，接下来，穆勒计划考察一种曾经广为流传但在真理的追求中却是造成许多含糊认识的古代学说。按照这种学说的看法，定义有两种类型，即“名称定义”和“事物定义”，前者旨在解释名称的意义，后者旨在解释事物的性质，后者相对前者更为重要。

---

① BAIN A. Logic［M］. vol. 1. 2nd ed. London：Longmans，Green，Reader，& Dyer，1873：71－73.

② MILL J S. A System of Logic［M］. London：Longmans，Green，And Co.，1886：92.

穆勒认为，除了唯名论者之外，古代哲学家及其追随者都坚持这一看法，虽然由于现代形而上学的风气直至最近一个时期总的来看都是唯名论的风气，“事物定义”这一观念已经式微，但其偶尔仍会以令人意想不到的方式在逻辑学中的某个地方造成混乱。沃特利大主教的《逻辑要义》这一著作就是这么一个地方。针对这一著作，穆勒认为，他发表于1828年1月《威斯敏斯特评论》上的有关这一著作的评论仍可代表他当前的看法。①

唯名定义和唯实定义之间、语词定义和事物定义之间的这种区分尽管与大多数亚里士多德派逻辑学者的想法相符，但在我们看来，这种区分不可能被坚持。我们的认识是，没有任何定义意在“解释和揭示事物的性质”。那些认为存在着“事物定义”的学者没有一个成功地发现了任何判据——一个事物的定义能够借此与其他有关该事物的任意命题区别开来的判据，这一点正是对我们的看法的某种确证。他们说，定义揭示了事物的性质。但没有一个定义能够揭示事物的全部性质；每一个断定了事物的任意一种性质的命题都揭示了事物的部分性质。真实的情况我们认为是这样的：所有的定义都是名称的定义并且仅仅是名称的定义。在一些定义中，很显然，除了解释语词的意思之外并没有别的什么意图，而在另外一些定义中，则除了解释语词的意思之外，还意在隐含存在着与语词对应的事物。在任意给定的情况中，是否隐含这一点无法由纯粹的表达形式来得知。“人马是一种有着人的上半身和马的下半身的动物”和“三角形是一种用直线围成的有三个边的图形”是形式上完全相似的表达，只是前者并不隐含真实存在着与“人马”这个词对应的任何东西，而后者则隐含存在着与“三角形”对应的某种东西。通过在两种定义中用“意指”（means）这个词来代替“是”（is）这个词可以看出这一点。在头一种表达中，“人马意指一种动物”云云，其含义保持不变；而在第二种表达中，“三角形意指……”云云，其意思会有所变化，因为从一个仅仅表达我们意在采用一个特殊指号（sign）的方式的命题中，显然不可能推出任何几何学的真理。

因而，有一些通常被看作是定义的表达，其本身包含了比对词项意义的纯粹解释更多的东西。但称这样一种表达是一类特殊的定义并不妥当，其与其他类型的定义的区别就在于，这类定义并不是定义，而是定义再加上某种

① MILL J S. A System of Logic［M］. London：Longmans，Green，And Co.，1886：92－93.

东西。上面给出的三角形的定义显然不是包含一个而是包含两个可完全区分开来的命题。其中一个是“存在一种由三条直线围成的图形”，另一个是“这一图形被称为三角形”。前一命题根本不是一个定义，后一命题只是一个名称定义（nominal definition）或者说只是对一个词项的使用的解释。前一命题可为真为假，因而可以作为一系列推理的基础，而后一命题既不真也不假，其唯一具有的特征是与语言的日常使用相符或不相符。①

于是，在“名称定义”和被错误称呼的“事物定义”之间存在着一种确确实实的区别，但正是后者与名称的意义一道隐秘地断定了事实内容（a matter of fact）。这种隐秘的断定并不是一种定义，而是一种假定。定义是一种纯粹的同一性命题，只给出有关语言使用的信息，从中不可能得出任何对事实造成影响的结论。另一方面，所伴随的那种假定则断定了可以得出各种有意义的结果的事实，断定了具有定义中所陈述的那种属性组合的事物（Things）实际或可能存在，而这一旦是真的，则完全可以成为构造科学真理的整个结构的基础。这里要反复说的是，推翻了实在论（Realism）的哲学家并没有消除实在论的后果，而是在他们自己的哲学中长期保留了只有作为实在论体系的一部分才能具有合理意义的众多命题。自亚里士多德以来也可能自更早的时期以来，“几何学由定义推演而来”作为一个明显的事实一直传承下来。这在定义被认为是“揭示事物性质的”命题的情况下完全说得通。但霍布斯接下来极力反对“定义在于揭示事物的性质而不在于陈述名称的意义”这一看法，只是与其前辈一样，霍布斯同样鲜明地断定数学甚至一切科学的原理（ὰρχὶ，principia）或初始前提都是定义。而这就造成了一个奇特的悖论性的说法，即科学真理的体系甚至人们通过推理所得到的任何真理都是从人类对于语词含义的任意约定推演而来的。为了拯救定义是科学知识的前提这一学说的信誉，有时要附加上这样一条限制：它们应当以与自然现象相符的方式被提出来，也即是说，它们应当将与实际对象相配这样的意思赋予所要定义的词项。但这仅仅是为了在旧语言所表达的观念发生较大的转变时

① MILL J S. Whately's Elements of Logic [M] //ROBSON J M. and STILLINGER J. Collected Works of John Stuart Mill [M]. vol. 11. Toronto: University of Toronto Press, 1978: 28-29.

不必很快就放弃旧语言而做的努力。从名称的意义中，有可能推出物理的事实，只要名称有与之对应的存在物。但如果这样一条附加限制是必要的，那么那个推论实际上是从二者中的哪一个得出来的呢？是从与名称对应的、具有许多特性的东西的存在中？还是从意指那些特性的名称的存在中？例如，考虑欧几里得（Euclid，公元前 325 元—公元前 265 年）《几何原本》中作为前提规定下来的任意一个定义，比如圆的定义。通过分析，这一定义由两个命题组成：一个是对于事实的假设，另一个是真正的定义。前者为“可以存在一个由一条线上所有的点围成的图形，这些点离由这条线所包围的一个点具有同等的距离”，后者为“任何一个具有这种特性的图形被称为圆”。看看据说依赖于这一定义的一个推演（demonstration），并注意这一推演实际上诉诸那两个命题中的哪一个。“以 A 为圆心，画出圆 BCD。”这里有一个假定，即“可以”画出一个由上述定义所表达的图形，这正是包含在那个定义中的对事实的假设或隐含假定，而这个图形是否被称为圆则完全无关紧要。如果这样说：“经由 B 点，画一条回到其自身的线，这条线上的每一点都离 A 点有同等的距离”，那么除了简洁性之外，在其他所有方面也都可达到同样的目的。这样一来，圆的定义就被消除了，变得不再需要，但隐含在其中的那个对事实的假定则并非不再需要，没有那个假定推演就不可能出现。现在圆画好了，可以进一步得出这一结论：“既然 BCD 是一个圆，半径 BA 应等于半径 CA。”BA 等于 CA，不是因为 BCD 是一个圆，而是因为 BCD 是一个有着相等半径的图形。假定那个有圆心 A 和半径 BA 的图形可能存在的正当理由正是那个定义中对事实的假设。不管是基于直觉接受这些假设还是基于证明接受这些假设，它们都是定理所依赖的前提，而当这些假设得以保留时，即使将欧几里得《几何原本》中的每一个定义和其中所定义的每一个专门术语都抛到一边，几何真理的确定性也不会有任何差异。①穆勒对于“定义”的这种认识无疑反映了其“事实胜于语言”的思想，似乎可以解释数学和自然科学中许多实质相同的真理为什么可以在许多不同的语言文化中被发现并被表达出来。这一思想似乎进一步构成或强化了对唯名论（Nominalism）和约定论（Conventionism）及其各种变体进行批评的基础。但毋庸置疑，“事

---

① MILL J S. A System of Logic [M]. London: Longmans, Green, And Co., 1886: 94-95.

实”虽然胜于“语言”，但没有语言也不可能有定义，而且用什么样的语言来表达事实才算理想和完美，穆勒在其对“哲学语言”或“理想语言”的讨论中也做了很深入的思考。

针对定义所做的上述分析似乎完全是一种自明的东西，对其进行如此细致的讨论显得有些多余，但穆勒认为，当一种似乎很明显的区别被混淆的时候并且是被许多高明之士所混淆的时候，为了将来不再犯这样的错误，多说一点总比少说一点要更好。因而，这里继续指出由这一假定——即“定义”本身是任意推理的前提——而来的一种荒唐后果，希望能够引起人们对定义问题的更多关注。要是这一对立的假定成立，人们很可能会从真的前提出发，经过正确的论证，得出假的结论。现在，假定一非实体的定义或者说没有任何实体与之对应的名称的定义为前提。如，龙是喷火的蛇。作为定义的这一命题无疑是正确的，其定义了“龙”是什么或意指什么，但显然并不存在这么一个对象。由这一定义，可以拓展出如下这一三段论：龙是喷火的东西；龙是蛇；所以，有蛇喷火。这是第三格 AAI 式一个平常的三段论。①如果其中两个前提为真而结论却为假，这无疑是很荒唐的。结论为假而三段论正确，前提不可能为真。但作为“定义”的前提应当是真的。因而，被视为是“定义”的前提不可能是真正的前提。真正的前提必须是：龙是喷火的真实存在的东西；龙是真实存在的蛇。这些前提无疑是假的，如此一来，结论的假也就不显得那么荒唐了。如果要断定在排除对真实存在的默认时从表面上相同的前提可得出什么样的结论，那么可以用“意指”（means）来代替命题中的“是”（is）。这样，就可得如下三段论：“龙”是一个词，意指喷火的东西；“龙”是一个词，意指蛇；所以，某个意指蛇的词也意指喷火的东西。这个三段论的结论（包括其前提）是真的并且是能够从定义本身（即与语词的意义相关的命题）中得出来的唯一结论。还可以把这一三段论转化为另一种形式，即可以假定其中项既不指事物也不指名称，而是指观念。这样，就有如下三段论：龙的观念是喷火的东西的观念；龙的观念是蛇的观念；所以，存在蛇的观念，其也是喷火的东西的观念。这里，结论是真的，前提也是真的，但前提并不是“定义”，而是断定一个存在于心灵中的观念包含某

① 若该三段论有效，则需中项即“龙”存在。显然，该三段论不满足这一条件。

些理想元素的命题。结论的真来自所谓“龙的观念”这一心理现象的存在，因而仍是来自对事实的隐含假定。①针对穆勒的以上论述，有一种意见认为，在这一三段论的第一种形式中，即在“龙是喷火的东西；龙是蛇；所以，有蛇喷火”中，结论与前提有同样多的真，或者说前提并不比结论有更多的真。如果‘蛇’这一普遍名称既包括真实的也包括想象的蛇，那么结论中就没有错误，如果不是这样，那么小前提中就有错误。对此，穆勒辩护说，就让我们在“蛇”这一名称包括想象的蛇这一假设下来试着展开这一三段论。我们会发现，现在有必要改变谓词，因为不可能断定一个想象的动物喷火，在相对它来谓述那样一个事实时，我们无疑含蓄地断定它是真实的不是想象的。改变后的结论必须是这样的：“有蛇喷火或被想象为喷火。”而前提必须是：龙被想象为喷火；龙是（真实的或想象的）蛇；从中无疑可推出：存在被想象为喷火的蛇。但这里的大前提不是“定义”，也不是“定义”的一部分。再来看另一种主张，即如果“蛇”这个词只表示真实的蛇，那么就作为事实的陈述而言小前提“龙是蛇”是假的，但就作为龙的“定义”的一部分而言它并不是假的。而既然两个或一个前提必须是假的（因为结论是假的），所以这里真正的前提不可能是为真的“定义”，而只能是为假的事实陈述。②显然，穆勒对“定义”本身可作为任意推理前提的批评继续强调了“定义”的两层含义，即一方面表明了名称的意义，另一方面假定了与名称对应的事物的存在。前者属于“语言”层次，是可变的甚至是任意的，似乎可以在任何情况下都被视为是“真”的；后者属于“事实”层次，是不变的和稳定的，其“真”“假”由具体事实来决定。

在上述三段论中，当结论是有关观念的命题时，其所依赖的假定也许纯粹就是观念存在的假定。但当结论是有关事物（Thing）的命题时，包含在作为前提出现的定义中的假定则是：与定义相符的事物存在，而不只是与定义相符的观念存在。对“真实存在”的这种假定传递的正是在人们声称定义任何一个已知是真实存在的对象的名称时心中所产生的印象。按照这种说法，这样一种假定并不必然隐含在“龙”的定义中，却无疑包含在“圆”的

---

① MILL J S. A System of Logic［M］. London：Longmans，Green，And Co.，1886：95－96.

② MILL J S. A System of Logic［M］. London：Longmans，Green，And Co.，1886：96.

定义中。对于这样一种认识，即演绎真理来自“定义”而不是来自隐含在定义中的“假定”，穆勒认为，一直存在着支持这一认识的一种情况，即甚至在演绎确定性超出其他所有科学的那些科学中，其“假定”也并不总是正确的。说一个所有其半径完全相等的“圆”存在或者可以被描绘出来并不正确。这种精确性仅仅是理想中的，在自然中找不到，更不用说可以通过技艺来实现了。由于人们很难设想确定为真的结论能够出自不完全确定为真的前提，而只能设想“假定”有多真其所支持的结论才能有多真，所以，一些学者认为，至少就演绎科学而言，定义中应当可以找到比相应对象“真实存在”的隐含假定更为确定的某种东西。当他们提出，定义并不是有关语词的纯粹意义的陈述和分析，也不是有关事物性质的陈述和分析，而是有关观念的陈述和分析时，他们自认为找到了这种东西。例如，他们认为，“圆是一个由一条线围成的平面图形，这条线上所有的点离这条线所包围的其中一个点具有同等的距离”这一命题并不是在说任何真实的圆都有这种特性，因为对真实的圆来说，这一点并不完全为真，而是在说人们设想圆有这种特性，也即是说人们的“圆”的抽象观念是一个其半径完全相等的图形的观念。与此相应，他们说，数学的内容及其他每一种演绎科学的内容并非是真实存在的东西，而是心灵的抽象。一条几何学上的线是一条没有宽度的线，这样的线并不在自然中存在，仅仅是心灵通过其对自然的经验所想到的一种观念。他们说，几何学上的线的定义正是这种心灵中的线的定义，而不是任何实际的线的定义。正因为仅仅是心灵中的线而不是存在于自然中的线，所以几何学的定理才精确为真。不过，即使承认有关演绎真理的性质的这一看法是正确的，得自定义的结论也并不总是从“定义”本身得出的，而是从隐含的假定得出的。确实，自然中没有与“线”的定义相应的对象，并且“线”的几何特性并不对自然中的任何线成立，而只对“线”的观念成立，但是，定义仍然假定了那样一种观念的“真实存在”，即假定心灵能够形成或者说已经形成了没有宽度、没有其他任何可感知特性的“线”的观念。而实际情况可能是这样的：心灵并不能形成任何那样一种观念，其无法设想没有宽度的长度，而只能在对对象的沉思中，不考虑对象的其他可感知性质，一心专注于对象的长度，由此来决定单就长度而言可以断定对象具有什么样的特性。如果是这样，包含在“线”的几何定义中的假定就是真实的存在，其并非是没有宽度的长度的存在，而纯粹就是“长度”的存在，即长的对象的存在。这足以支持几何学的所有真理，因为一条几何学上的“线”的每一种特性实际上都是具有“长度”的所有物理对象的特性。甚至在这一问题上被认为是错误的学说也留下了这一结论，即人们的推理是以在定义中所假定的“真实存在”为基础的，而不是以完全不受事实影响的“定义”本身为基础的。①无疑，在穆勒这里，名称定义的基础永远在对事物的认识之中，而如何定义一个名称必然涉及对该名称所指谓的那些事物性质的深入思考。

在柏拉图的《对话录》中，对“什么是修辞”的追问构成了《高尔吉亚》的主题，对“什么是正义”的追问构成了《理想国》的主题。同样，人们也在追问“什么是真理”“什么是德性”等，这些追问构成了哲学的主题。把这种艰苦而崇高的追问说成不过是弄清楚名称的约定意义显然是个错误，这些追问与其说是要确定名称的意义“是什么”，不如说是要确定名称的意义“应当是什么”。就像其他专门术语（terminology）的问题一样，对这些追问的解答需要人们深入思考的不只是名称的特性，还包括所命名的事物的特性，后者甚至比前者还要重要。虽然每一个具体的普遍名称的意义就在其所涵谓的属性当中，但对象的命名常常在属性的考虑之先，就像在所有的语言当中抽象名称大部分是与之相应的具体名称的复合词或派生词那样。而涵谓名称通常出现在专名之后也可佐证这一点。实际上，在一些简单的情况中，首先使用某个名称的人心中会有一种清晰明确的该名称的涵谓，并会意向明确地用该名称来传达这种涵谓。第一个使用“白的”（white）这一名称的人，在将其用于雪或别的任何对象时，清楚地知道他意在断定什么样的属性，并对这种属性有一种非常清楚的认识。但是，在分类所基于的那些相似与差异并非清晰可见且不易确定的地方，尤其是在那些相似与差异并不在任何一种性质中而是在许多种性质中的地方，那些混合在一起的结果并不容易区分开来，也不容易为每一个都找到其真正的来源。经常出现的情况是：名称在被用于可命名的对象时，运用名称的那些人心里并没有明确的名称涵谓，只有对新对象和他们已习惯于用那一名称来称呼的老对象之间所存在的

① MILL J S. A System of Logic［M］. London: Longmans, Green, And Co., 1886: 97–98.

一般相似性的感受。而这正如人们所看到的那样，是在将名称赋予人们天生的简单基本感受时，哲学家都必须要遵守的规律。但在命名的东西是复合的整体时，哲学家们也不再满足于注意一种一般的相似性，他们会考察那种相似性存在于什么东西中，并且只会将同样的名称赋予在同样的方面彼此相似的东西。因而，哲学家习惯于采用带有确定涵谓的普遍名称。但语言并不是由哲学家来制定的，而是只能由哲学家在较小的程度上来改进。在真正的语言裁决者心里，普遍名称——尤其在它们所指谓的那些类不能放到外在感官前面来鉴别、区分的地方，其涵谓的仅仅是与他们最早、最习惯用那些名称来称呼的东西的一种模糊而笼统的相似性。例如，当普通人用“正义的”或“不正义的”这两个词来谈论一种行动时，用“高贵的”或“粗鄙的”这两个词来谈论一种情感、言谈或举止时，用“政治家”或“吹牛家”来谈论一个政治人物时，他们意在断定其中的对象具有不同的确定属性吗？不是的，他们只是自认为认识到了这些东西和其他一些他们习惯于用那些名称来称呼的东西之间的某种相似性。正是在这个意义上，似乎可以说，语言不是造出来的，而是生出来的。也即是说，名称不是一次性地按照既定的目的强加在一类对象上的，而是先用到一个东西上，然后再通过一系列的转化进一步用到其他的东西上。通过这一过程，一个名称常常通过连续的相似环节从一个东西转移到另一个东西上，直到转移到与被赋予该名称的最初那些东西毫无共同之处的东西上。最终，似乎可以设想这样一种极端的情况，即这一名称指谓一堆混乱的、没有任何共同之处的对象，并且不涵谓任何共同的东西，甚至不涵谓一种模糊的一般的相似性。当一个名称处在这一状态的时候，即通过相对任何一个对象来谓述它实际上都没有断定该对象任何东西的时候，其就不适合再继续用于思想或思想交流了，而只能通过消去其众多指谓中的一部分并将其限于具有某些共同的、可以由该名称所涵谓的属性的对象上来使其变得有用一些。这些方面正是一种“不是造出来的，而是生出来的”语言的不便利、不适用之处。如果要让一条自发形成的语言之路通行顺畅，显然需要经常对其进行一些人为的修补。①当然，这也就意味着“定义”作为

① MILL J S. A System of Logic [M]. London: Longmans, Green, And Co., 1886: 98 - 99.

对自发性语言的一种人为修补，本身就不是一件容易做的事。

这也是为什么对抽象名称的定义常常显得非常困难的原因。“什么是正义”这一问题换种说法就是“当人们称一种行动为正义的时候他们所意在断定的那种属性是什么”，对它的第一种回答是：在这方面并没有完全一致的意见，人们并不意在明确地断定任何属性。然而，人们都相信存在着某种属于他们习惯上称之为“正义”的所有那些行动的共同属性。于是，问题就成了是否存在那样一种属性？而首先要问的就是：人们对他们称为“正义”或“非正义”的那些行动是否有彼此完全一致的看法，从而使得“那些行动具有什么共同的性质”这一追问成为一种可能的追问？如果有，那些行动是否真的具有一种共同的性质？如果具有共同的性质，是什么？就这三个问题而言，第一个是对“用法和约定”的追问，其余两个是对“事实”的质问。如果对第二个问题——即那些行动是否真的具有一种共同的性质，或者说那些行动是否构成一个类——的回答是否定的，那么就有了比其他所有问题更为艰巨的第四个问题，即如何人为地构造一个可以由“正义”这一名称来指谓的类？这里有这么一种说法，即“对语言自发生长的研究对那些要在逻辑上重塑它们的人而言是至关重要的”，这一说法无疑符合实情。对语言大致做出的那些分类，在经由逻辑学家对它们进行润色后（几乎所有的分类都需要这种润色），常常能够很好地适用于逻辑学家的目的。与哲学家的分类相比，它们可以说像一个国家的习惯法，其与分门别类汇编成法典的律法相比，可以说是自发生长起来的，只是前者与后者相比是一个更为不完美的工具。但作为一个虽然是非科学的但确是长期经验积累的结果，它们却包含着在系统性成文法的形成中大量可资利用的材料。同样，由同一个名称的对象构成的类即使只有一种总体的相似性，也足以表明该相似性是不可忽视的，且是长期以来让人印象深刻的一种相似性。甚至当一个名称通过连续的扩展用于并不存在这种为它们所共有的总体相似性的东西上时，在其扩展的每一步仍能发现那样一种相似性。语词意义的这种变迁常常标志着由语词所指谓的那些东西之间的真正联系，这些联系许多学者因为使用不同的语言、具有不同的联想习惯、注意力偏向了个别方面而没有注意到。哲学史上充满了这样的疏忽，没有认识到将某个含混语词表面上根本不同的意义联系到一起的那种隐藏的链环。无论什么时候，如果对任意一个真实对象名称定义的探究不只是纯粹对权威的比较，还包含别的东西，那么人们就隐含地假定了这一点，即必须要为那个名称找一种与其稳定的指谓相容的意义。因而，对定义的探究就是对事物的相似与差异的探究，通常包括如下几个方面：一、是否存在贯通所有事物的相似性；二、如果没有，那样一种普遍的相似性可以通过事物的哪些部分来追索到；三、那些共同属性是什么，即所有事物或部分事物因拥有这些共同属性而使其具有了让它们被分类到一起的相似特征的那些共同属性是什么。一旦这些共同属性得以明确，那些相似对象所共有的那个名称就需要一种清晰明确的涵谓，有了这种清晰明确的涵谓之后，名称就可以得到定义。在赋予一个普遍名称一种清晰的涵谓时，哲学家会努力将那些由该名称通常所指谓的东西所共有的、同时也是实质上最为重要的属性固定下来，即或者直接将其固定下来，或者根据属性所造成的后果的数量、突出性或令人感兴趣的特征将其固定下来。他们会尽可能地挑选那些造成最多令人感兴趣的“固有性”（*propria*）的“差异性”（*differentiae*），因为正是这些属性将那种普遍的特征和样式赋予了一组对象，而那种普遍的特征和样式则决定着那组对象在自然分类中的类别。但是，进一步洞察表面上明显的这些普遍性所依赖的那种更为隐蔽的普遍性常常是最为困难的科学问题之一。而正是由于它是最困难的问题，所以它也常常是最重要的问题。既然这种对一类事物特征起因的探究顺带依赖于“什么是一个词的意义”这一问题，所以哲学向人们要求去做的一些最深刻、最有价值的研究常常是以对名称定义的探究作为开端的，而且这些研究本身也常常显现出一种探究名称定义的外观。①这无疑正是穆勒对定义问题如此详加探讨的原因。

在充分讨论了穆勒的名称理论、命题理论、分类理论和定义理论之后，现在可以转向对穆勒的“哲学语言”观或“理想语言”观的讨论了。深入揭示这种语言观的语义特征和语形特征正是本研究的最终目的，而在这一过程中，也可以看出穆勒的这种语言观与其对名称、命题、分类和定义的看法有着怎样的密切关联。

---

① MILL J S. A System of Logic [M]. London: Longmans, Green, And Co., 1886: 99－101.

第五章　穆勒的“哲学语言”观

本章在表明日常语词使用充满了歧义和含混、语词意义在不断流转演变的基础上，讨论了穆勒的“哲学语言”提出的历史和时代背景、这种语言的构成原理和后天特征以及这种语言对现代逻辑的影响和意义。

第一节　概述

有人认为，哲学语言（philosophical language）像“逻辑语言”一样，是从初始原理构造而来的构造性语言，其中蕴涵着对一种绝对完美、超验为真或神秘为真的追求，而不只是满足于实用的目的。所以，“哲学语言”也常常被视为是一种“完美语言”（perfect language）、“理想语言”（ideal language）或“普遍语言”（universal language）。虽然这种“哲学语言”的思想发端可追溯至13世纪甚至更早的时候，但对“哲学语言”的真正关注到17世纪才开始流行起来。这其中的原因是17世纪以来，随着西欧诸国尤其是英国的商业、教育和科学的发展，人们越来越多地认识到了各种日常语言甚至包括当时主要用作学术语言的拉丁语的不完善，如语法结构的不规范、语词意义的不清晰等，而自然科学中各种新发现的出现也让为各学科提出恰当的专业名称体系的要求变得更为迫切。因此，在这个时期的哲学家当中广泛存在着对一种更为精确而严密的、适用于科学领域甚至可取代日常语言的“哲学语言”（philosophical language）的追求。从那时起，西方哲学语境中的“哲学语言”一词逐渐具有了一种可人为构造的甚至可机械使用的含义。20 世纪西方现代逻辑学的发展以及西方哲学发生语言转向后逻辑语言的大行其道或许可视为是西方哲学家持续追求一种理想“哲学语言”的集中反映。不过，考虑到逻辑语言最终走向日常语言的过程，重新关注穆勒于 19 世纪提出的一种理想的“哲学语言”应注重意义与表达相结合的观点也许不仅仅只具有历史的意义，对于现代诸如“普遍质询语言”“普遍知识表征语言”等计算机编程语言或许也具有某种启发意义。

伽普·马特（Jaap Maat，1954 年至今）在《十七世纪的哲学语言：达尔伽诺，威尔金斯，莱布尼兹》一书中认为，从语言观念的历史来看，尽管 17 世纪之前学者们已经对语言展开了深入细致的研究，但醉心于对可代替日常语言的“哲学语言”或“普遍语言”的构造从没有像 17 世纪那么常见；其结果是，在英国、德国、法国等西欧诸国形成了由达尔伽诺（George Dalgarno，1635 年—1682 年）、威尔金斯（John Wilkins，1614 年—1672 年）和莱布尼兹等学者所代表的一次全面的“普遍语言”运动。①约翰·洛克作为这一运动的见证者虽然未像达尔嘎诺、威尔金斯和莱布尼兹等人那样致力于构造一种可代替日常语言的“哲学语言”或“普遍语言”，但明显深受这一运动的影响。在其《人类理解论》一书中，洛克从语言的功用出发阐述了自己对于“哲学语言”的理解。洛克认为，就语言用于人们思想和观念的交流而言，可将其分为“民事的”（civil）和“哲学的”（philosophical）两种。“民事的语言”指的是方便人们在日常社会生活中就日常事务进行沟通和交际的语言；“哲学的语言”指的是用于传达事物的精确概念并在普遍命题中表达确凿无疑的真理的语言，而精确的概念和确凿无疑的真理正是心灵在寻求真正的知识时可以信赖的东西；因而，哲学的语言与民事的语言相比应当是一种精确而严密的语言。②穆勒在其《逻辑体系》一书中有关“哲学语言”的讨论直接继承了洛克有关“哲学语言”的这种认识并对其做了更为全面、深入的阐述。在论及逻辑学研究应由语言分析开始的必要性时，穆勒明确强调

---

① MAAT J. Philosophical Languages in the Seventeenth Century: Dalgarno, Wilkins, Leibniz [M]. Dordrecht: Kluwer Academic Pulishers, 2004: 1.

② LOCKE J. An Essay Concerning Human Understanding [M]. London: William Baynes and Son, Paternoster Row, 1823: 398.

了语言对于思维及哲学研究的重要性：“语言作为思维的主要工具，其本身的不完美或其使用方式的不完美由于易使思维过程混乱而不畅从而会毁坏心灵把握正确结论的所有基础；而对于一个无法通晓各种语词的意义与正确使用的人来说，要想尝试哲学化方法（methods of philosophizing）的研究，就好比有人从来没有学会调整光学仪器的焦距而试图成为一名天文观测者一样。”①在此基础上，穆勒认为，“哲学语言”就是一种完全适合于探究和表达普遍真理的语言，要使这样一种语言适用于其目的，就需要不仅其中的每个词都应完美地表达自身的意义，而且也不应有什么重要的意义没有其中相应的词来表达；因而，“哲学语言”应当包含这样两个必要因素：一是每个名称都应当有一种固定而准确的意义；二是无论何时需要一个名称、无论何处有什么东西需要一个名称来指称，都应当有一个可用于表达的名称。“哲学语言”的这两个必要因素蕴涵了“哲学语言”的两种基本性质，即意义的精确性（precision）或确定性（definiteness）以及表达的完全性（completeness）。②下面首先来看看穆勒有关名称意义确定性的讨论。

由于穆勒认为个体名称即专名和摹状词通常不存在意义是否确定的问题或下定义的问题，所以其对名称意义确定性的讨论完全是围绕普遍名称来进行的。按照“哲学语言”对名称意义确定性的要求，每一个普遍名称都必须有一种明确的意义。而要实现这一要求，就需要回答如下两个问题：一是何谓普遍名称的意义？二是如何确定普遍名称的意义？

在穆勒看来，一个普遍的具体名称的意义就存在于该名称的涵谓（connotation）中，或者说存在于该名称所由之得名并且由该名称所表达的属性中。如“动物”这个名称，被用来称呼所有具有感知属性和自觉运动属性的东西，这个名称并且也只有这个名称涵谓（connotates）所有的那些属性，而那些属性则构成了这个名称的全部意义。至于普遍的抽象名称，由于从词源学的角度看，其通常是派生于相应的具体名称或者说总是在相应的具体名称之后出现，所以抽象名称的意义可被视为是由相应的具体名称所决定的或者说是依赖于相应的具体名称的。如，“白”（whiteness）和“白的”（white）

① MILL J S. A System of Logic [M]. London: Longmans, Green, And Co., 1886: 11.

② MILL J S. A System of Logic [M]. London: Longmans, Green, And Co., 1886: 456, 462.

这两个名称，前者是抽象名称，后者是其相应的具体名称，前者只有指称（denotation）而没有涵谓，即仅仅指称（denotes）“白”这种属性；而后者既有指称又有涵谓，即不仅指称所有白的对象而且涵谓“白”这种属性。由于属性总是对象的属性，所以可以说“白”这一抽象名称的意义是由“白的”这一具体名称所决定的或者说是依赖于“白的”这一具体名称的。由此例也可看出，抽象名称的意义恰是其相应的具体名称的涵谓或者说是具体名称所蕴含的属性。据此，穆勒得出结论说：赋予普遍名称一种确定的意义就是将每一个普遍的具体名称所涵谓的并且由其相应的抽象名称所指称的那些属性牢牢地固定下来。①如此一来，赋予“哲学语言”一种确定意义的问题就完全包含在了赋予每个普遍的具体名称一种确定涵谓的问题之中了。

接下来的问题是：如何确定普遍的具体名称的涵谓？对于这一问题，穆勒认为，如果说它在科学领域中只是一个选择（涵谓）的问题，那么它在日常使用中则是一个寻求（涵谓）的问题，很明显，后一问题比前一问题更难以解决，其中的原因有如下两种：一是人们习惯于用指称各种熟悉对象的普遍名称来指称新的对象，从而无法确定该普遍名称究竟涵谓所指称对象的哪种或哪些共有特性，如当人们碰到一个与沙、土或石仅仅在质地上似乎有些相似的新对象时，就含糊地称其为“沙”“土”或“石”，而不去深究它们还在哪些方面相似以及这种质地以什么方式相似或者在多大程度上相似；二是人们习惯于用普遍名称来对其所指称的各种已知或未知的事物做出普遍断言或形成普遍命题，而每一个这样的命题都谓述了某种在不同准确程度上被认识了的属性，所以有关这些不同属性的观念就以一种普遍名称涵谓这些属性的不确定的方式与普遍名称关联了起来，也即是说，普遍命题以一种不严格的方式构成了普遍名称的涵谓，而一旦将这些普遍名称用于并不存在其所涵谓的属性的新情况中时，就会出现含糊性，如以“文明的”为例，人们用所听到或所读到的、文明人或文明社会所期望的各种事物来谓述这一普遍名称并形成各种普遍命题，结果造成很难准确地说出这个名称究竟涵谓了什么。②基于这种认识，穆勒提出，要确定一个普遍的具体名称的涵谓首先应该

---

① MILL J S. A System of Logic [M]. London: Longmans, Green, And Co., 1886: 437.

② MILL J S. A System of Logic [M]. London: Longmans, Green, And Co., 1886: 437-438.

做出这样的努力，即尽可能地利用那些已知的、与那一名称相关联的各种联系，使得包含那一名称的所有被普遍接受的命题，至少应当在该名称的意义被确定之后与在其意义被确定之前一样为真，而且那一名称不应当具有一种会妨碍在日常使用中明确地指称某些被公认应当指称的对象的涵谓。换句话说，那一名称所具有的确定不变的涵谓不应当与其已有的含糊变动的涵谓完全偏离而是应当尽量一致。其次，当通过严格归纳对那一普遍的具体名称所指称的对象之间的特征和性质进行一番比较之后，就可以来确定这些对象所共有的属性了，进而从这些共有的属性中选择那些为许多别的属性所依赖的属性，或者至少选择那些具有许多其他属性的可靠标志（sure marks）因而可从中推论出其他属性的属性。这样一来，通过对有关语言用法的讨论、对各种事物属性以及这些属性起源的讨论，一个普遍的具体名称的涵谓就可以比较理想地得以确定了。①

针对“哲学语言”的完全性（completeness）即“无论何时需要一个名称、无论何处有什么东西需要一个名称来指称，都应当有一个可用于表达的名称”这一必要因素，穆勒详细讨论了一种完全的（complete）“哲学语言”应当包括的三部分内容：一、对个别观察事实进行准确记录所需要的描述性名称（descriptive terminology）；二、为每一个科学抽象（scientific abstraction）的重要结果命名的名称；三、有关品类（Kinds）的系统性名称（nomenclature）。在穆勒看来，由于人们通常能够直接观察到的东西仅仅是自身的感觉（sensations）或感受（feelings），所以一种完全的“哲学语言”首先应当是：人们每一种可观察的基本感觉或感受在其中都有一个名称的语言。这样一来，各种感觉或感受的组合才能够得到描述；而若是那些感觉或感受的各种不同组合也都有各自不同的名称，那么对于一种语言来说，不仅其表达力可以得到极大的提升，而且其表达的简洁性和清晰性也能够得到极大地改进。对此，穆勒借用了惠威尔对有关描述性名称的讨论以“苹果绿”“法国灰”“锡白”“铜棕”等日常语言中有关颜色的名称以及“羽状半裂的”“羽状全裂的”“羽状深裂的”“羽状分裂的”等林奈所创造的植物学语言中

① MILL J S. A System of Logic [M]. London: Longmans, Green, And Co., 1886: 439.

有关植物叶片的名称来进一步阐明了他的这种看法。①不过，一种“哲学语言”仅仅包含有描述性名称还远远不够。当无论何时人们通过对一组现象的比较，认识到它们具有某种人们先前并未注意到的新的共同事实时，尤其是当这种事实可能会继续产生许多相应的结果或者在其他各类现象中可能还会被发现时，为这个新的事实找一个相称的名称就显得十分必要。对此，穆勒提出：“无疑，在绝大多数这类情况中，可以把几个已在使用的词合在一起来表达相应的意思。但当一个东西不得不常常被谈论时，除了节省时间和空间的理由之外，还有更多以尽可能简洁的方式来谈论它的理由。要是在使用‘圆’这个词的任何地方都用圆的定义来代替它，几何证明就不知道会有多么晦涩了”②。确实，对于人们通过理智活动所获得的大量事实而言，若是没有与其相应的专门名称，而只是把许多别的名称放在一起来表达这些事实，那么人们会由于过多地关注于表达这些事实的语词，从而不易将注意力集中于这些事实本身进而对其进行更为深入的思考。在穆勒看来，如果数学家们不得不说“一个不断增加或不断减少的量总是越来越接近于一个量，以至于其间的差别小于任何一个被指定的量但又绝不会与之相等”，而不是用一个简单的短语“量的极限”来表达上述说法，那么数学家们可能长期都保留不下来那些通过各种不同的量及其极限之间的关系所发现的许多重要数学真理。而如果不说“动量”，只说“速度中速度的单位数与质量中质量的单位数的乘积”，那么由于无法方便、快捷地想到“动量”这一观念本身，因而可能会使得由通过这一复杂观念所把握的许多动力学真理被遗漏掉。同样，用来解释“文明”这个词的意义的一大堆东西都没有这个词本身所建立起来的观念更为生动。③除了用于精确描述所观察到的个体事实的描述性名称和用于精确描述人们通过比较那些事实所发现的、具有意义的任意一种共同特性的名称之外，按照穆勒对一种完全的“哲学语言”的要求，还应当考虑有关“品类”的名称。而何谓一个品类呢？穆勒的解释如下：一个品类指的是那些不是通过一种或几种确定的特性而是通过不计其数种特性来与其他类

① MILL J S. A System of Logic [M]. London: Longmans, Green, And Co., 1886: 456 - 458.

② MILL J S. A System of Logic [M]. London: Longmans, Green, And Co., 1886: 458.

③ MILL J S. A System of Logic [M]. London: Longmans, Green, And Co., 1886: 459.

(classes) 区别开来的一个类。简单地说，“品类”就是可以作为“属”或“种”的类。如“马”这个类是一个品类，因为与人们据以识别为是一匹马的那些特性相符的东西也与许多人们知道或不知道的其他特性相符。“动物”也是一个品类，因为没有任何一个有关“动物”这一名称的定义能够穷尽所有动物共有的那些特性或者能够提供可从中推出其余特性的前提。但是，不能给出其他独立特性存在证据的特性组合并不构成“品类”。因此，“白马”不是一个品类，因为除了所有的马共有的那些性质以及任何可能是“白”那种特殊颜色的原因或结果的东西之外，与“白”相符的马可能在任何别的性质上并不相符。①实际上，也可以简单地说，因为“白马”与“黑马”“黄马”一样，不是可作为“种”的类，所以不是一个“品类”。按照穆勒对品类的解释，显然每个品类都应当有自己的名称，而且考虑到品类有不同的层级，如有机体、植物、动物、兽、禽、鱼、马、狗等，有关品类的名称似乎应该是一种名称体系。正因如此，穆勒提出了一种完全的“哲学语言”应当满足的第三个条件：不仅必须有描述性名称，还必须有系统性名称。而对于描述性名称和系统性名称的区别，穆勒也举例进行了说明。如，“线状叶”“披针形叶”“阔椭圆形或椭圆形叶”“锯齿状或钝齿状叶”等名称属于植物学的描述性名称，而“香堇菜”(*Viola Odorate*)、“乌乐树”(*Ulex Europaeus*) 等名称则属于植物学的系统性名称。拉瓦锡 (Antonie Lavoiser, 1743 年—1749 年) 和德莫沃 (Guyton de Morveau, 1737 年—1816 年) 在化学语言中所完成的改革在于引入了新的系统性名称，而不是描述性名称。对此，穆勒进一步评论说，在化学和植物学这两个科学部门中，不仅已知的每一个品类都有一个指派给它们的名称，而且当一个新的品类被发现时，按照既定的命名原则会立即赋予其一个名称。而在其他科学部门中，这种系统性名称当前还没有被完整地建立起来，这或者是因为还没有足够多的品类以至于需要建立一种系统性名称，如像几何学中那样；或者是因为还没有为建立一种系统性名称提出一种恰当的命名原则，如像矿物学中那样，而其中缺乏一种科学建立的系统性名称正是阻碍该门科学进步的主要原因。②显然，这也正是

---

① MILL J S. A System of Logic [M]. London: Longmans, Green, And Co., 1886: 460.

② MILL J S. A System of Logic [M]. London: Longmans, Green, And Co., 1886: 460.

穆勒在其《逻辑体系》中对“哲学语言”进行深入思考的部分原因。在对“哲学语言”的两种基本性质进行了充分讨论之后，穆勒认为，“哲学语言”既然是一种精确而严密的、适合于探究和表达普遍真理的语言，那么一种可按照机械原理来构造的并且适合于机械使用的语言即“数学符号语言”就值得特别关注。①

穆勒对数学符号语言的讨论是从解释“何谓机械地使用一种语言?”开始的。穆勒认为，“机械地使用一种语言”的最彻底或最极端的情况是：当这种语言被使用时除了使人意识到与先已制定的技术规则相一致的某些看得见或听得见的、纯属约定的记号（marks）本身之外，不会使人意识到任何有关这些记号的意义或这些记号所指称的东西。这种极端的情况仅仅出现在人类心灵所创造的算术数符（figures）和代数符号（symbols）中，这种数学符号语言的完美就在于其完全适合于一种纯粹机械的使用。而既然这些算符（counters）可以像机械装置那样工作，它们就具有了机械装置应有的性质，即它们是紧凑的（compact），适合于彼此紧密结合以至于几乎每一次用它们所进行的运算都可以一目了然。正是由于数学符号语言具有这些美妙的特点，所以那些热衷于寻求“普遍语言”的哲学家们很自然地将这种语言视为是“哲学语言”的一种理想类型，并且坚持认为，一般的名称或指号（signs）在多大程度上适合于思考的目的，就要看它们在多大程度上具有紧凑性（compactness）、整体的非意义性（unmeaning）和不用去想它们表示什么就能够被用作算符的能力。没有什么能让人类心灵避开在符号上进行的种种机械运算，如等式的两边平方、用相同或等值的符号乘除等式的两边，等等。确实，每一种这样的运算都对应着一个三段论（syllogism），都代表着一步并非与符号相关而是与符号所指的东西相关的（三段论式）推理（ratiocination）。但是，提出一种可以确保得出（三段论）推理结论的技术形式（technical form）即除了符号本身不用考虑其他任何东西的形式完全是可行的。确实，对于每一个正确的（三段论）推理而言，只要其中的每一个项都无歧义，那么仅仅从表达形式上看它们就是无可争议的。对此，穆勒认为，这会让一些学者认识到：如果所有的名称都能够被明智地构造并被小心地定

① MILL J S. A System of Logic［M］. London：Longmans，Green，And Co.，1886：462.

义以至于不允许有任何歧义出现，那么这种语言上的改进就不仅会给予每一门演绎科学的结论与数学的结论同样的确定性，而且其中的所有推理就像代数中的情况一样都可以被还原为一种技术形式的应用，并且仅仅通过一番机械的过程之后这些推理的无可争议性就能够得到合理的认同。不过，对于一种纯形式的数学符号语言可导致科学加速进步的乐观看法，穆勒表示了异议，认为通过那种方式不可能有助于达到这一目的，这一观念还对字符的影响形成了部分夸大的评价，这在很大程度上妨碍了对理智活动真正规律的正确理解。对于这一异议，穆勒主要从如下两个方面进行了解释。首先，无须意识到其任何意义就能用其来进行推理的一个字符集最多只在人们的演绎活动中是适用的，即使对于演绎活动也只适用于非常有限的一部分。例如，尽管在有关数的推理中，像“等于同一物的东西彼此相等”“相等东西的和或差相等”这样一些一般原理及其各种推论的每一种可能的应用都可以还原为一种技术规则或演算规则，但要是符号所表示的东西不只是数，还表示直线或曲线之类的东西，那么如果不将有关线的问题转换为有关数的问题或者将其还原为相应的方程，要想得到无须考虑那些线的特殊性质的、非意义的字符就是不可能的。对于归纳活动而言，由于整个归纳活动的关键就在于对那些现象与之相合或不相合的殊相（the particulars）的感知，所以人们无时无刻都不能没有一种清晰的有关现象的心理图像，也即是说，人们时刻都需要注意到现象的内容或指称这些现象的字符的意义。其次，几何和代数是仅有的其命题无条件为真的科学，而其他所有科学的普遍命题都只是假设性为真，即假设没有出现相反原因干扰的情况下为真。因而，从已被承认的自然定律推出的结论不管其推理形式多么正确也只具有假设确定性。既然在推理的每一步都必须保证没有什么其他自然定律去替换作为推理前提的那些定律或者与那些定律搅和在一起，那么仅仅通过查看那些字符如何能够做到这一点呢？据此，穆勒认为，尽管被视为一种“哲学语言”的数学符号语言在常常采用这种语言的那些学科上即其中的那些研究可被还原为数之间的一种确定关系的学科上是非常完美的，但是由于在所有非数学的学科上进行的推理都是具体的或者说是包裹在情境中的，所以使数学符号语言表现出完美的那些特性远远不能使这种语言成为“哲学语言”的一种理想模型。①

由上述讨论可以看出，穆勒虽然认为当学科的性质允许人们的推理过程得以毫无危险地机械进行时，其语言应当尽可能地按照机械原理来构造，使之成为一种非意义的、可机械使用的语言，但是在所有非数学的学科中，人们不应当使这些学科的语言都成为与数学符号语言类似的东西，而是应当设法尽量彰显与这些语言中的语词或符号相关联的意义，唯有如此，这些学科才能具备自身应有的功能。按照穆勒的这种认识，作为一种精确而严密的、适合于探究和表达普遍真理的语言，“哲学语言”还应有如下特点，即语词自身的形式或表达应当结合尽可能多的意义，并且借助于派生和类比使所有由语词所指称的东西都能被生动地意识到。针对“哲学语言”的这种特点，穆勒对几种欧洲语言进行了一番简单的比较：那些在基本母语的基础上形成其复合用语和派生用语的语言（如德语）比那些在一种外来的或死亡的语言基础上形成其复合用语和派生用语的语言（如英语、法语和意大利语）具有更大的优势；而最具优势的当属那些按照与所要表达的观念之间的关系相对应的固定类比来形成其复合用语和派生用语的语言，当代欧洲语言中德语尤其如此，但即使如此也还是比不上希腊语，希腊语中派生词与原生词意义之间的关系都能通过其形成方式清楚地展现出来。② 通过对几种自然语言的比较，穆勒希望能够从日常使用的自然语言中开发出一种理想的“哲学语言”来，即通过将“哲学语言”植根于自然语言，使“哲学语言”成为一种能完美融合意义与表达的“普遍语言”或“理想语言”。对此，穆勒进一步提出了自己的理由：通过人为构造语词的方式来明确其所指称的现象或其意义终究无法达到人们所期望的目的，因为无论语词起初构造的多么完美，总是会像硬币一样由于从一个人的手里转到另一个人的手里而带有磨损的痕迹，将其复原的唯一可能的方式就是尽量去熟悉或思考语词所指称的那些现象，即实实在在地生活于那些现象中。③穆勒的这种认识让人很自然地想到 20 世纪

① MILL J S. A System of Logic [M]. London: Longmans, Green, And Co., 1886: 462 – 465.

② MILL J S. A System of Logic [M]. London: Longmans, Green, And Co., 1886: 464 – 465.

③ MILL J S. A System of Logic [M]. London: Longmans, Green, And Co., 1886: 465.

西方哲学发生语言转向后从逻辑语言走向日常语言的过程。如果像王浩（1921—1995）在其《超越分析哲学》一书中对逻辑语言所做的评论那样，说其过于关注形式上的精确性而忽视了这种精确性为之服务的内容上的重要性，从而造成了局部的精确和全局的模糊，以至于对逻辑语言的追求给哲学事业所造成的危害实大于其所带来的助益①，那么不能不说，在对“哲学语言”的认识上，穆勒与许多后世的学者们相比似乎显得更为清醒。当然，也有学者认为，穆勒所设想的“哲学语言”实际上只是在逻辑所要求的程度上对日常语言的一种改进，并非是一种真正人为构造意义上的、理想的“哲学语言”。与威尔金斯和莱布尼兹等人视“哲学语言”为一种“真正文字”或“普遍文字”甚至具有一种演算形式相比，穆勒所谓的“哲学语言”只是日常语言的一种有限重构和扩充，不可能达到可进行演算的精确而严密的程度。②事实确实如此，但这正是穆勒认为“哲学语言”不应完全脱离日常语言从而不去追求一种完全非意义的、可进行机械操作的“符号语言”的自然表现。

第二节　语词的歧义

人类语言中一种很有趣的现象是，不管哪一种语言，其语词很少是单义的。一个词一个意思、一个意思一个词的情况或许永远都只是一种美好的理想。即使是所谓的“专名”似乎也没有那么“专”，大量重复的人名可以表明这一点，普遍名称就更不用说了，“金钱”“教会”是如此，“逻辑”“理论”“科学”“权利”等也莫不如此。造成这种现象的原因好像在于在语言使用的便利和精确之间，人们常常宁愿选择前者。禁止这种自由模糊的使用无疑会带来极大的不便和危害，而滥用这种自由模糊无疑也会造成因语词歧

① WANG H. Beyond Analytic Philosophy：Doing Justice to What We Know [M]. Cambridge：The MIT Press，1986：35.

② JONG W R. The Semantics of John Stuart Mill [M]. Dordrecht：D. Reidel Publishing Company，1982：178－179.

义导致的思想认识的错误，最终带来更大的不便和危害。所以，在便利和精确之间找到一种平衡就成了一些学者在寻求“哲学语言”“科学语言”甚至“普遍语言”“完美语言”“理想语言”的过程中旨在达到的一个目标。穆勒就是这些学者中的一个，其对一种理想的“哲学语言”的设想充分体现了这两个方面。这里先以“芝诺悖论”（Zeno's paradox）为例来看看语词歧义对思想认识可能造成的影响。

从哲学史上看，芝诺悖论的解答大致有三种类型：一是“语言解答”，如亚里士多德和穆勒的解答；二是“数学解答”，如德摩根（Augutus De Morgan，1806 年—1871 年）和罗素的解答；三是“形而上学解答”，如黑格尔（Georg W. F. Hegel，1770 年—1831 年）和柏格森（Henry Bergson，1859 年—1941 年）的解答。其中“语言解答”是一种历史悠久且最为朴素的解答，而且这一解答与“数学解答”之间的争论还涉及 20 世纪 60 年代西方哲学有关日常语言是否需要改革的争论。

亚里士多德在其《物理学》中提出，时间、距离以及任何连续的东西通常被称为“无穷的”实际上包含了两种意思：一是划分（divisibility）的无穷，二是延展（extrimeties）的无穷。其针对芝诺悖论提出的“潜无穷”（potential infinite）和“实无穷”（actual infinite）的区别也正是这两种涵义的区别。①从这个意义上说，亚里士多德对芝诺悖论的解答属于指出芝诺的论证中包含了语词歧义的“语言解答”。自亚里士多德之后至今，不少学者在讨论“无穷的”这一概念时坚持“无穷可划分”与“无穷”的区别即可划分出无穷多个部分的东西与其自身是无穷的不是一回事并将这种区别视为是对芝诺悖论的解答。由于这类解答均认为芝诺悖论是借语词歧义而进行的一种不相干结论的诡辩、一个证明了与其假装要证明的命题并不相同的命题的论证，所以，这类解答均可被视为是对芝诺悖论的“语言解答”。不过，由于“无穷”这一概念与“无穷小”“无穷大”“极限”“级数”这些数学概念有着内在的关联，所以芝诺悖论从一开始就注定与数学有着密不可分的联系，而找出芝诺悖论的“数学解答”也就成了一件自然而然的事。19 世纪末，随

① ARISTOTLE，Physica［M］//ROSS W D. The Works of Aristotle［C］. vol. 2. Oxford：The Clarendon Press，1930：233a（23－29），263a（29－30），263b（1－10）.

着格奥尔格·康托尔（Georg Cantor，1845 年—1918 年）集合论和连续统理论的提出，芝诺悖论被认为找到了完美的“数学解答”，如罗素在其《神秘主义与逻辑》一书中就认为：“每个时代最杰出的才智之士都在徒劳地企图回答伊利亚的芝诺提出的那些明显不可回答的问题，最终康托尔找到了答案并为理智开创了一个一直混沌不堪、晦暗不明的广阔新领域。”①对于康托尔的解答，罗素进一步评论说：“对于那些熟悉数学的人来说，这种解答如此清晰以至于没有再留下一丝一毫的可疑之处。”②按照罗素的上述看法，康托尔对芝诺悖论的“数学解答”似乎是唯一正确、深刻和彻底的解答，而别的任何解答包括“语言解答”似乎都算不上是什么真正的解答。

自罗素之后，许多学者继续致力于对芝诺悖论的“数学解答”，时至今日，肇始于数学直觉主义者外尔（Hermann Weyl，1885 年—1955 年）在讨论芝诺悖论时所提出的一个无穷机器即在有穷时间内可执行无穷多次任务的机器是否存在的问题仍在被许多学者讨论。相比之下，芝诺悖论的“语言解答”似乎被许多学者认为只是对芝诺悖论自身的一种重新表述和解释，因其未能把握问题的“关键所在”或“要害之处”，所以根本算不上是一种解答。不过，正如萨尔蒙（Wesley C. Salmon，1925 年—2001 年）在其主编的《芝诺悖论》一书的导言中所说：“记住芝诺悖论是有关物理变化、物理运动和物理重复（plurality）的论证尤为重要。它们可以说是应用数学的悖论，没有任何纯粹数学的理论能够完全解决它们。尽管要解决这些悖论有必要给出有关连续统、收敛无穷级数的和、函数和导数等数学概念逻辑上一致的说明，但这样做还远远不够，还必须要表明这些数学概念如何能用于描述物理现象以及如何给出所需要的相关定义，而这些正是语义问题。”③由此看来，即使是“数学解答”，由于涉及“描述物理现象”“给出所需要的相关定义”这些“语义问题”，似乎仍与“语言解答”即指出芝诺悖论中存在的语词歧义和混淆有着不可完全分割的关系。

---

① RUSSELL B. Mysticism and Logic［M］. London：George Allen & Unwin LTD，1949：64.

② RUSSELL B. Mysticism and Logic［M］. London：George Allen & Unwin LTD，1949：81.

③ SALMON W C. Zeno’s Paradoxes［M］. Indianapolis：Hackett Publishing Company，2001：33.

自亚里士多德之后至19世纪，恩皮里克（Sextus Empiricus，约160年—210年）、奥古斯丁（St. Augustine，354年—430年）、阿奎那（Thomas Aquinas，1225年－1274年）、司各脱、霍布斯、洛克、康德、穆勒等人都直接或间接地提出了芝诺悖论的"语言解答"，这些解答基本上都沿袭了亚里士多德的解答，即"无穷的"有两种涵义，"无穷"和"无穷可划分"不是一回事，其中就这类"语言解答"的全面程度和详细程度来看，穆勒的解答都可以说是这类解答中的一个典型代表。在《威廉·哈密尔顿爵士的哲学考察》一书中，穆勒详细讨论了芝诺悖论中的"阿基里斯"和"飞矢"悖论。穆勒首先讨论了"阿基里斯"悖论，该悖论大意是说：假设阿基里斯比乌龟跑得快一百倍，但要是乌龟有先跑的优势，阿基里斯将永远追不上乌龟；因为假如二者起初隔了一千米远，当阿基里斯跑完这一千米时，乌龟会向前跑十米，当阿基里斯又跑完这十米时，乌龟又会向前跑十分之一米，就这样永远下去，阿基里斯将永远追不上乌龟。穆勒认为，芝诺的这一悖论假定了穿过"无穷可划分的"空间需要"无穷的"时间，但"无穷可划分的"空间并不意味着"无穷的"空间，仅意味着"有穷"空间的无穷可划分，而穿过有穷的空间只需要有穷的时间；另一方面，这一悖论仅仅表明了穿过"无穷可划分的"空间需要"无穷可划分的"时间而不是"无穷的"时间，因为"无穷可划分的"时间本身可以是"有穷的"，实际上，无论多么短的有穷时间都是"无穷可划分的"；因而，阿基里斯会在极短的时间内追上乌龟。①除了上述在《威廉·哈密尔顿爵士的哲学考察》一书中对"阿基里斯"悖论的讨论之外，在其《逻辑体系》一书中，穆勒对"阿基里斯"悖论也做了简单讨论。穆勒认为，结论中的"永远"(forever）即"阿基里斯将永远追不上乌龟"中的"永远"的意思是指能设想的任意长时间，而前提中的"永远"即"就这样永远下去"中的"永远"的意思并不是指任意长时间，而是指时间任意多次的再划分，因而，芝诺这一悖论所表明的仅仅是穿过"有穷的"空间需要"无穷可划分的"时间而不是"无穷的"时间。②穆勒显然认为"阿基里斯"悖论不过是歪曲了"无穷"和"无穷可划分"这两个语词的意

① MILL J S. An Examination of Sir William Hamilton's Philosophy [M]. London: Longman, Robert & Green, 1865: 474.

② MILL J S. A System of Logic [M]. London: Longmans, Green, And Co., 1886: 535.

思，纯粹属于语词混淆和不相干结论的谬误。无疑，穆勒这里对“无穷”与“无穷可划分”的区分完全是沿袭了亚里士多德对此二者的区分。接下来，穆勒讨论了“飞矢”悖论。这一悖论的大意是说：如果一个物体运动，那么它肯定，或者在它所在的位置上运动，或者在它所不在的位置上运动，但在这两种情况下运动都是不可能的，所以，飞矢不可能运动。在穆勒看来，即使这一悖论无法反驳，也并不表明我们的运动观念中有任何矛盾；我们不是想象一个或者在它所在的位置上运动，或者在它所不在的位置上运动的物体，而是想象一个从它所在的位置到它所不在的位置的物体，换句话说，我们想象一个先后出现在一个位置和另一个位置上的物体；这样，在这一时刻的一个位置和下一时刻的另一个位置之间就不会有什么观念上的矛盾。至于这一悖论的错误，穆勒认为，没必要说运动应当在一个位置上，因为运动不是对象而是变化，说位置的变化应当或者在旧位置上或者在新位置上是用词上的矛盾。而对于“位置”这个词，穆勒认为其实际上存在两种涵义：一种指可划分的空间部分，另一种指不可划分的最小空间部分；如果是前者，如房间、街道等，那么在这一意义上说每个运动都在一个位置上即在一个有限的空间部分内则是正确的，而且在这一意义上，由于物体确实在它所在的位置上运动，所以“飞矢”悖论就消失了；但要是我们把“位置”理解为不可划分的最小空间部分，运动必须在一个位置上显然就是错误的，因为运动只能是去往这样一个位置或来自这样一个位置。①由以上论述可以看出，穆勒对“飞矢”悖论的解答是一种标准的“语言解答”，即指出了其中所存在的语词歧义和混淆以及不相干结论的谬误。

20 世纪日常语言学派的一个代表人物赖尔曾以芝诺悖论中的“阿基里斯”悖论为例从日常语言的角度对其进行了一番分析。在赖尔看来，正是因为我们学会了用“部分”“整体”“分散”“集中”“加加”“减减”等这些相互交叠的概念来进行抽象的思考，我们才能够算出阿基里斯何时能赶上乌龟并会对阿基里斯永远追不上乌龟这一论证感到困惑。②赖尔这里显然认为，许多概念的使用一方面在解决问题另一方面也在造成问题，原因就在于这些

---

① MILL J S. An Examination of Sir William Hamilton’s Philosophy [M]. London: Longman, Robert & Green, 1865: 474-475.

② RYLE G. Dilemmas [M]. Cambridge: Cambridge University Press, 1964: 48.

概念是“相互交叠的”，也即是说这些概念在不同的使用中常常会出现歧义和混淆。为了说明这一点，赖尔首先对“所有”或“全部”（all）这个词进行了分析，认为应当区分作为“总和”（total）的“全部”和作为“任意一个”或“任意一次”（any）的“全部”。在分析了“全部”这个词的两种涵义之后，赖尔指出“阿基里斯永远追不上乌龟”中的“永远不”（never）一词也存在着两种涵义，其中一种涵义指的是，比赛开始后，阿基里斯要经年累月地进行无望的追赶，比赛会永久地进行下去；但这种涵义与我们谈论算术时说1/2、1/4、1/8、1/16……这样一种二分永远不会终止中的“永远不”的涵义完全不同；二者的唯一关联是，如果一台电脑试图将上述二分继续进行下去直到找到一个不可再二分的数，那么它会发现这一目标将永远不可能实现，它需要永久地运行下去。①赖尔这里对“永远不”一词的涵义的区分与穆勒对“永远”一词的涵义的区分显然异曲同工，其对“永远不”和“永远划分不完”的区分无疑也是亚里士多德对“无穷”和“无穷可划分”的区分的一个变体。在指出“阿基里斯永远追不上乌龟”中的“永远不”一词存在着两种涵义的基础上，赖尔对“阿基里斯”悖论做了如下评论：“我们以一种腔调来谈论比赛，又以另一种腔调来谈论算术，而在谈论比赛的算术时，我们不得不混合这两种腔调，这样，我们很容易就会发觉我们正在用一张嘴巴同时谈论两件事情。”②

不仅仅是像穆勒和赖尔这样的非数学家给出了芝诺悖论的“语言解答”，即使是数学家也有倾向于芝诺悖论的“语言解答”的，古德斯坦（Reuben L. Goodstein，1912年—1985年）就是一个例子。在其《数学哲学散论》一书中，古德斯坦阐述了自己对于“阿基里斯”悖论的理解。在他看来，几个世纪以来，数学家们都误解了这一悖论，认为这一悖论不过表明了芝诺对于无穷级数也可以有有穷总和这一事实的无知，而实际上这一悖论的问题在于：芝诺非要将一个本无意义的活动即完成一个无穷序列的活动说成是有意义的。③古德斯坦认为，在“阿基里斯”悖论中，“芝诺混淆了为路线上任意

---

① RYLE G. Dilemmas [M]. Cambridge: Cambridge University Press, 1964: 50-51.

② RYLE G. Dilemmas [M]. Cambridge: Cambridge University Press, 1964: 52.

③ GOODSTEIN R L. Essays in the Philosophy of Mathematics [M]. Leichester: Leichester University Press, 1965: 21-22.

一个二分点命名的可能性和为所有二分点命名的可能性。就像如果我在 0 和 1 之间划一条线段，那么在 0 和 1 之间就有无穷多个我可以命名的分数，在这一意义上，我可以说穿过了其间的无穷多个点。但可以为其间的任意一点命名和可以为所有的点命名却是两回事。无论我怎样命名，总会剩下没被命名的分数，但即使我们不能命名所有的分数，难道我们就没有穿过从 0 到 1 之间所有的点吗?”①古德斯坦这里对“为所有二分点命名”和“为任意一个二分点命名”的区分无疑是又一种形式的“无穷”和“无穷可划分”之间的区分，这一区分显然表明古德斯坦认为“阿基里斯”悖论的实质仍在于语词的歧义和混淆。或许在古德斯坦看来，不仅“阿基里斯”悖论是在将“本无意义的活动”“说成是有意义的”，芝诺悖论的其他几种情形也同样是如此，而语言意义的混乱正是造成芝诺悖论的根本原因。

20 世纪 60 年代，在西方哲学有关日常语言是否需要改革的争论中，芝诺悖论常常被争论双方用作论证各自观点的一个例证，由此导致了芝诺悖论的“语言解答”和“数学解答”之间长期的争论。在其《为什么日常语言需要改革》一文中，麦克斯韦（Grover Maxwell，1918—不详）和费戈（Herbert Feigl，1902 年—1988 年）论证说，科学和哲学的研究需要一种对日常语言进行合理重构的“非日常语言”。在论证中，二人就芝诺悖论的解答做了如下评论：“我们知道许多在日常语言的框架内解决这些悖论的尝试，但我们不认为这些尝试是成功的，其中有些似乎犯了‘不相干结论的谬误’。正因如此，在我们看来，尽管这些悖论是以日常语言提出的，它们却可以用非日常语言来解决。我们的意见是，即使某些日常语言的解决尝试是成功的，非日常语言的解决也会更彻底、更完全、更优雅和更简单。”②麦克斯韦和费戈这里所说的“非日常语言”基本上指的是数学语言和科学语言，二人显然认为只有科学性的“数学解答”才能称得上是对芝诺悖论的真正解答或最终解答。针对麦克斯韦和费戈的这一认识，特内普（Eugene TeHennepe，生平不详）在其《语言改革和哲学专横主义》一文中提出了如下不同的意见：第

---

① GOODSTEIN R L. Essays in the Philosophy of Mathematics［M］. Leichester：Leichester University Press，1965：22.

② MAXWELL G. and FEIGL H. Why Ordinary Language Needs Reforming［J］. The Journal of Philosophy，1961（58），18：488 – 498. 492.

一，芝诺悖论不仅是以日常语言提出的，而且其唯一真正的解答也是基于对“无穷”这个词的分析上的“语言解答”；第二，这种分析和解答并不是哲学的新近发明，而是有悠久的历史传统；第三，存在别的一些有人愿意将其称作“解答”的对于芝诺悖论的理解和思考；第四，只要不持一种哲学专横主义的态度，也即是说，不将一些哲学方法、学说或结论毫无批判地从一个哲学领域移植到另一个哲学领域甚至完全应用于整个哲学领域，这些思考或“解答”就不会导致冲突。①显然，特内普在坚持“语言解答”是芝诺悖论唯一真正解答的同时，也承认可以从数学的方面对芝诺悖论进行理解和思考，但他反对将这种理解和思考看作是对芝诺悖论的“解答”，更不用说是一种“更彻底、更完全、更优雅和更简单”的解答了。为此，特内普首先对求无穷收敛级数的和这种“数学解答”进行了批评。特内普认为，不论这种方法多么巧妙、计算多么精确，它都不是对芝诺悖论的解答，因为芝诺悖论的关键之处就在于无穷收敛级数不同于其相加后得到的和，不断接近目标并不等于达到了目标。而对求助于康托尔集合论的这种“数学解答”，特内普则批评说，一旦熟悉了康托尔的无穷概念并习惯于用有关无穷的那些概念来说话，就可能会忘记其中涉及对一些概念重新做出的巧妙定义。当这种新语言带着无穷集、无穷级数的和、可序数无穷这些在数学语境中通常可恰当谈论的概念被毫无批判地移植到日常语言中时，混乱和矛盾就出现了。在批评了以上两种“数学解答”并对亚里士多德、洛克和康德有关“无穷”概念的讨论进行了一番分析之后，特内普指出，坚信芝诺悖论的“数学解答”不仅是一种解答而且是一种最优的解答，实际上是对科学和科学语言的崇拜，是一种哲学专横主义的表现。②

尽管有特内普对“哲学专横主义”的指责，但在对待芝诺悖论的问题上，格伦鲍姆（Adolf Grünbaum，1923 年—2018 年）似乎是一个下决心要将对“科学和科学语言的崇拜”表现到极致的“哲学专横主义者”。在其《现代科学与芝诺悖论》一书中，通过对“将然”（becoming）及其心灵依赖问

① TEHENNEPE E. Language Reform and Philosophical Imperialism: Another Round With Zeno［J］. Analysis, 1963（23）: 43－49. 43.

② TEHENNEPE E. Language Reform and Philosophical Imperialism: Another Round With Zeno［J］. Analysis, 1963（23）: 43－49. 46－48.

题的讨论，格伦鲍姆对时间事实上是怎样的即在现代物理学的基础上时间是怎样的和我们体验到的时间是怎样的，进行了区分并试图以此入手来对芝诺悖论做出“科学解答”或“数学解答”。在结束对“二分法”和“阿基里斯”悖论的讨论后，格伦鲍姆对特内普的“语言解答”提出了如下批评：“我希望尤金·特内普近来的一篇文章能引起注意，它表明日常语言哲学能让芝诺对运动学理论的正当挑战遭受什么样蒙昧主义的贬损。”①格伦鲍姆这里显然给“语言解答”贴上了一个“蒙昧主义”的标签，而他的《现代科学与芝诺悖论》一书的目的就是让这种“蒙昧主义”的“语言解答”声名扫地。对于格伦鲍姆的这种“科学和科学语言崇拜”，许多学者对其进行了批评，约翰·麦基（John R. Mckie，生平不详）就是其中一位。在其《芝诺悖论的可信服性》一文中，麦基对格伦鲍姆颇具现象学色彩的有关芝诺悖论的“数学解答”或“科学解答”进行了批评。麦基认为，格伦鲍姆将运动视为是按时间顺序依次发生的事件序列的认识是错误的，我们对物理过程在时间上展开的体验并不是以这种方式来划分的。我们体验不到一个明显的“紧接在出发事件之后的下一个事件”，也体验不到一个明显的“到达目标之前的倒数第二个事件”。人类意识中的“现在”或“当下”（nows）并不是以这种方式被一次次划分出来的，其顺序并不像心脏的跳动或钟表的走动那样表现出一种依次相随的离散性，它们不是可数的或一个紧接着一个彼此分离的。芝诺悖论让人困惑不已的根源就在于其中存在着概念和语言问题，格伦鲍姆虽然认识到了这些问题，但他轻视了它们的反直观性，一味地试图从我们对时间的理解和体验的差异入手来“科学地”或“数学地”解答这些悖论。②以“阿基里斯”悖论为例，麦基认为，该悖论之所以令人困惑是因为蕴含着这样一个问题，即“结束（end）一个不可结束的（endless）过程如何可能?”而在这一问题中“结束”一词是有歧义的，即其具有两种涵义：一是就穿过不断再划分的无穷空间序列中最后一个空间区间而言，阿基里斯不可能“结束”他的追赶过程，因为根本就不存在“最后一个空间区间”；

① GRÜNBAUM A. Modern Science and Zeno’s Paradoxes [M]. Middletown: Wesleyan University Press, 1967: 108.

② MCKIE J R. The Persuasiveness of Zeno’s Paradoxes [J]. Philosophy and Phenomenological Research, 1987 (47), 4: 631-639. 637-638.

二是就穿过不断再划分的无穷空间序列中每一个空间区间而言，阿基里斯可以“结束”他的追赶过程，因为每一个空间区间都是有穷的。至于这种歧义产生的原因，麦基认为主要在于我们将日常生活中所谓完成或“结束”一项任务、一个过程这种有穷事例中的判据用到了无穷事例中，在有穷事例中，“结束”一词的上述两种涵义是重合的，而在无穷事例中，这两种涵义是不重合的。在上述分析的基础上，麦基得出结论说，芝诺悖论的令人困惑之处正是像“结束不可结束的”“完成不可完成的”“穷尽不可穷尽的”这样一些矛盾的概念和语言问题所造成的，格伦鲍姆想要从感知问题入手来解决这些悖论，但真正的问题还是概念问题。①

由以上争论可以看出，芝诺悖论的“数学解答”虽然显得更具科学性，但其给“语言解答”简单地贴上一个“蒙昧主义”的标签似乎根本不能让坚持“语言解答”的学者所信服。如果如斯特劳森（Peter Strawson，1919 年—2006 年）所说，与非科学论述中使用的概念的有关哲学问题并不能通过制订与科学论述中所使用的更为精确的概念的有关规则来加以解决，否则，最后就不是在解决问题而是在改变问题。②卡尔纳普（Rudolf Carnap，1891 年—1970 年）在论述芝诺悖论的解答时，虽然认为芝诺悖论的解答需要一种能够恰当表述问题，从而可以避免表达和推理矛盾的新语言，但并不认为因此就要排斥或贬低日常语言在芝诺悖论解答中的作用，在他看来，新语言完全可以和日常语言相互补充共同来解答芝诺悖论。③这一折衷主义的认识显然不仅适用于芝诺悖论的解答，而且也适用于有关日常语言是否需要改革的争论。对芝诺悖论“语言解答”的讨论，已足可表明语词的歧义对人们思想认识的巨大影响，也足可表明消除语词歧义的必要性。但正如前文所说，日常语词歧义的不可避免性甚至不可或缺性，让人们只能在便利和精确之间寻求一个平衡点。卡尔纳普所说的新语言和日常语言相互补充也是这个意思。现在就

---

① MCKIE J R. The Persuasiveness of Zeno's Paradoxes [J]. Philosophy and Phenomenological Research，1987 (47)，4：631－639. 638－639.

② STRAWSON P F. Carnap's Views on Constructed Systems versus Natural Language in Analytic Philosophy [A] //SCHILPP P A. The Philosophy of Rudolf Carnap [C]. La Salle：Open Court，1963：503－518. 505.

③ CARNAP R P F. Strawson On Linguistic Naturalism [A] //SCHILPP P A. The Philosophy of Rudolf Carnap [C]. La Salle：Open Court，1963：932－939. 938－939.

来看看这个平衡点另一侧的情况，即对一种“理想语言”或“完美语言”的寻求情况。

第三节 “理想语言”的寻求

彼得·尼笛奇（Peter Nidditch，1928 年—1983 年）在其《数理逻辑的发展》这本薄薄的小册子中简单勾画了西方逻辑史上寻求“理想语言”的几个开创性的重要人物。①莱蒙德·卢尔（Ramond Lull，约 1232 年—约 1315 年）似乎是其中第一个重要的先驱者。在这一历程中，卢尔于 1270 年前后在其《大方法》（*Ars Magna*）一书中迈出了重要的一步。卢尔的信念是：全部的科学知识是由许多基本观念结合而成的，也即是说，知识是简单观念的合成。卢尔的基本观念有 54 个，其中 2/3 涉及宗教领域或涉及有关对错行为的理论。这些基本观念的结合就是会影响科学内容的“大方法”。卢尔仅仅算出了这些观念的合成会有多少种方式，而没有给出规则来判断各种可能的合成知识的价值。他似乎有这样的看法，即没有什么科学知识需要感觉经验来指导或支持，发现大海下面有什么以及对这种发现的检查都可以不用离开陆地来进行，知识的渔船可以安稳地停在海港里而不必带着渔网航行到可能经验的深水中。抱有这种看法的卢尔成了他那个时代思考一种“普遍语言”或“理想语言”的典型代表。

卢尔之后，为普遍科学寻求“普遍语言”的建议仍然常常出现在哲学中，但这样一种语言并没有得到什么发展。直到 17 世纪 60 年代，乔治·达尔伽诺的《指号方法》（*Ars Signorum*）和约翰·威尔金斯的《论走向一种真正的文字和一种哲学语言》出版印行之后，情况才有了新的变化。威尔金斯著作中的基本想法某种程度上照搬了达尔伽诺的思想，不过，威尔金斯与达尔伽诺相比，其著作给人留下了更深的印象，这并非偶然，而是有值得一说

① NIDDITCH P H. The Development of Mathematical Logic [M]. New York: The Free Press of Glencoe, 1962: 14-23.

的理由。对一种需要人为设计的新语言来说，将其中的想法详细地付诸实施比只是给出一个纲要要有价值得多。威尔金斯著作的最后一部分，单独详尽地列出了当时的英语单词以及它们在威尔金斯语言中的意义，单单这一部分就比达尔伽诺的整本著作要厚得多。对一时担任牛津学院的院长、一时担任剑桥学院的院长并在英格兰圣公会有较高地位的威尔金斯来说，做这样的事情似乎并无困难。此外，威尔金斯还有新组建的皇家学会的支持，作为学会秘书处的一名成员，他的书是受命印行且由皇家学会出钱的。相比之下，达尔伽诺只是一个私立学校的教员。

威尔金斯的目的是要有规则地罗列出所有那些可以将符合其自然属性的标记或名称加诸它们所表达的事物或观念之上并对其加以说明，将所有那些事物或观念放进一个可以使它们的自然秩序、它们的彼此依赖方式以及它们的关系清晰明了的框架内，就成了不同科学分支的目的和意图。这里可以看出弗朗西斯·培根的教导对通向科学知识之路的影响，即科学是各类自然事实的发现和排序，不是有关它们的优美理论的构造。在威尔金斯看来，一种用于构成命题和问题的有关自然规则的技艺是必要的，借助于这门技艺可以将较简单的观念组织起来变成流畅的谈话或文字。这类自然规则越少越简单，就越好。对此，威尔金斯提到了如下三个方面：一是语言的规则应是“自然的”；二是不同语词的构造应彼此依赖并处于这样的关系中，即它们与它们作为其“标记或指号”的事物和观念是相互对应的；三是这些名称的构成应按照它们的字母和发音与其他字母和发音的相同或相反来排序，以便这些名称以某种方式与它们作为其指号的事物相一致。此外，威尔金斯像与达尔伽诺一样，都认为一种速记要点仅仅依赖于语词发音的速记系统，对于专门设计的语言来说是必要的。除了让人们想到有可能人为设计一种比自然语言更好的人工语言之外，威尔金斯想让他的语言成为一种有用的科学工具的想法实际上一诞生就死亡了。其中一个原因就是，因为科学的发现以及这些发现所导致的日常知识的变化让人们注意到，威尔金斯对40个主要标题名称下的事物的说明以及在这些标题下通过高低层次的划分来对其他事物所做的分类，即像在分类学中那样试图通过事物间的相同和不同来说明一切事物，是错误的或者说是没有得到证实的。而同样严重的是，作为新知识成果的新观念和各类新事实根本没有被威尔金斯的语言涵盖进去，同时这种语言也让许多已涵盖进去的东西处在晦暗不明的状态之中，如“最高的存在”(the Highest Being) 以及其他作为教会中人的信念一部分的观念。威尔金斯的系统几乎没有什么效力的另一个原因是，语言在科学中提供并确立自然知识的力量被他过分夸大了。要是一种语言能够像所希望的那样用于使观察记录清晰详尽并且能够进行扩充，在谈论各种新的事实和思想时没有因语言设计所造成的不必要的麻烦，那么对自然科学来说如果语言在别的方面没有那么好，如具有不完全有规则的形式，一般来说也没有什么要紧。另一方面，语言——如数学语言，具有简单明了的指号和用于构造像两类数相等或不相等这类命题的规则以及从某些已知的这类命题通过演绎的过程前进到其他一些命题的规则——有着巨大的增加和确立知识的力量。只是这类知识是有关事物之间的可能关系的，而不是关于事实本身的。威尔金斯没有看到，如果一种人为设计的语言要在他所描述的方面起作用，就不得不是一种算术的或代数的语言。不过，他在数学方面并不在行，在这一新的目的上无法取得必要的进展。

笛卡尔似乎是第一个想到将一种算术语言用作普遍语言的人。他在一封 1629 年 11 月 20 日给友人马林·梅森（Marin Mersenne，1588 年—1648 年）的信中说到发明一种语言是可能的：“在所有可能进入我们头脑中的思想之间排个序，就像在数之间存在一种自然秩序那样，而且所有这些无穷多的数的命名可以在一天之内完成……既然这些名称都是不同的词，所以同样可以依法炮制，用所有必要的别的词来谈论进入我们头脑中的所有别的东西……这种语言的发明有赖于真正的哲学，因为除此之外，不可能将人们的所有思想都列举出来并加以排序，更不用说将其彼此分离开来使其变得简单清晰了，而这在我看来，正是获得有根有据的知识的巨大秘密。一旦有人能够很好地说明哪些是人们头脑中的思想得以由其构成的简单观念……就几乎不太可能会出错了。”①笛卡尔没有试图列举出我们所有的简单思想并将其加以排序以便构造推理的算术让人们获得所有确凿无疑的真知识，这一点无疑是明智的。

---

① DESCARTES R. The Philosophical Writings of Descartes [M]. vol. 3. Cambridge: Cambridge University Press, 1991: 10-13.

笛卡尔之后不久，莱布尼兹设计了一种基本上与笛卡尔的想法差不多的普遍语言，只是又朝前推进了几步。在其1666年出版的《论组合术》（*De Arte Combinatoria*）中，莱布尼兹提出了一种观念的数学的思想：由于每一个数都或者在2、3、5、7、11、13……这些只能被1和它本身整除的数当中，或者在由上述那些数相乘得到的数当中（12 = 2 × 2 × 3，35 = 5 × 7），所以所有的观念都是简单观念，而如果它们是复合观念，则可以由简单观念来构成。简单观念是由2、3、5、7、11、13……这些数来标记的，而复合观念则由6（=2 × 3）、10（=2 × 5）、14（=2 × 7）、15（=3 × 5）、21（=3 × 7）、22（=2 × 11）、26（=2 × 13）、30（=2 × 3 × 5）……这些数来标记，表示复合观念的数有赖于构成它们的表示简单观念的数。莱布尼兹在以后谈到他的这一早期著作时，说他在一种内心的驱动下认识到，“人类思想的ABC的发明是必要的，通过将这种ABC的字母放到一起并将由其所构成的语词分解开来，我们就有了发现和检验一切东西的工具”。换句话说，我们可以制订出一种人类思想的字母表，通过对这一字母表中的字母进行比较以及对由它们所构成的语词进行分析，就可以发现一切东西并对其进行判断。①

莱布尼兹深信数学是一门关键的科学。对他来说，数学运算似乎可以广泛地用于判定一切受其支配的问题，“就通过从已知事实的推理来进行判定是可能的而言。因为尽管需要一些经验来作为推理的基础，但一旦有了这些经验，我们就能够从中得到任何人从中得到的东西，而且甚至会发现如果我们的头脑要彻底摆脱掉疑虑还需要什么样的经验……如果我们有一类可恰当地用于谈论我们所有观念的记号，就像在算术中谈论数那样或者像在分析几何中谈论线段那样清晰、准确、详尽，那么我们就能够谈论受推理支配的每一个问题，包括所有那些能够在算术和几何中所谈论的问题。所有有赖于推理的科学研究都可以通过记号的变换并通过一种代数来进行，这样做的结果就是，令人感兴趣的事实的发现会变得直截了当。我们也不需要像现在这样在一些困难的研究上想破脑壳了，而是可以稳稳当当地从已知的材料中获得所有可能的知识。此外，我们可以让每个人都同意我们辛苦得到的任何结

---

① 引文中的那句话自彼得·尼第奇的英文翻译而来，这段话的另一种英文翻译可见LEIBNIZ G. On the General Characteristic [A] //LOEMKER L. Philosophical Papers and Letters [C]. Dordrecht: D. Reidel Publishing Company, 1969: 221 – 228. 222.

果，因为重做这一研究或检验这一研究就像在算术中‘加加减减’那么容易。而如果有人对我的某个命题有怀疑，我会对他说：让我们用数来做做这个问题，只要拿出笔墨，我们很快就会得出答案”①。

尼第奇对此评论说，莱布尼兹的这些话清楚地表明了一种完全自动的“推理语言”的观念。但尽管他常常关注这样一种语言的观念，他对此却做得很少。自1666年莱布尼兹提出这样一种语言观念以后，他一直与这种新的语言系统保持着同样的距离，没有更进一步，他的设想也永远停留在了设想阶段。其中的原因是，莱布尼兹似乎在两个方面犯了错误。第一，他没有将他想要的发明机器运作的范围限制得更窄。从一开始就涵盖一切可以进行推理的东西是没有希望的，他所描绘的那样一种设计的构造像任何科学理论的构造一样，是非常缓慢地成形的，不是像雅典娜从宙斯的脑袋中出来那样一出生就立马成熟了。有必要从最简单的开始，一步一个脚印地向前走，这是获得具有价值的知识的最佳方式，然后再以之为基础不断扩大事实或思想的范围。莱布尼兹如果将他的这种语言的构造限于一两个数学分支上，他会做得更好。第二，莱布尼兹同时想要两个东西。一个东西是推理本身的形式和结构系统，或者说一个逻辑学系统；另一个东西是论证的所有内容都在其中得以排序的系统，或者说一个物理学和哲学系统。要是他坚持只要一个更为直接明了的、让他有机会将旧逻辑的金属炼成新逻辑的黄金的逻辑学系统，他得到的奖励会更大。总之，如果莱布尼兹认识到添加给推理形式的内容也必须是其语言系统的一部分，那么他可能会做得更好些。这么一条道路200年之后才由弗雷格、皮阿诺（Giuseppe Peano，1858年—1932年）、怀特海（Alfred North Whitehead，1861年—1947年）和罗素完全开拓出来。②

“理想语言”“完美语言”“普遍语言”这些观念自莱蒙德·卢尔提出一切学科知识都由54个基本观念构成以来，经过自但丁（Dante Alighieri，约1265年—1321年）至哥德尔（Kurt Gödel，1906年—1978年）等众多领域学

① 引文中的这段话自彼得·尼第奇的英文翻译而来，原文可见GERHARDT C I. Die Philosophischen Schriften von G. W. Leibniz［M］. vol. 7. Hildesheim：Georg Olms Verlagsbuchhandlung，1978：199－200.

② NIDDITCH P H. The Development of Mathematical Logic［M］. New York：The Free Press of Glencoe，1962：21－22.

者的思考和讨论，加上“普遍语言”设计者提出的上百种普遍语言方案的推动，现已成为西方语言学史和语言哲学、数学史和数学哲学、逻辑学史和逻辑哲学研究中的一个重要问题。翁贝托·埃科在其《对完美语言的寻求》一书中通过对“完美语言”的历史考察，勾画出了这样一幅图景，即自《圣经》《创世纪》第 11 章中巴别塔的故事和犹太神秘主义泛符号论（pansemioticism）开始，至 20 世纪各种国际语言如沃拉普克语（Volapük）、世界语（Esperanto）及各种计算机语言（BASIC、Pascal 等）的出现，“普遍语言的幽灵”一直在不同的学术领域中游荡。①就此而言，约翰·穆勒从语义和语形两个方面对一种“哲学语言”或“理想语言”的构造所做的思考理应受到关注。不过，在考察梳理穆勒的“哲学语言”思想之前，有必要先来看一下与其同时代的惠威尔对“科学语言”的讨论。

第四节　惠威尔论“科学语言”

18 世纪的孔狄拉克在其《论人类知识的起源》的结尾处说：“我对于人类心灵的活动、对于语言、对于方法所说的一切都证明了，除了努力让语言更精确之外，科学不可能变得完美。因而也证明了，我们知识的起源和进步完全依赖于我们运用指号（signs）的方式。”②后世有学者对孔狄拉克的这一思想做了如下评论：孔狄拉克似乎将科学视为是“一种良好构造的语言”（a well-made language）。代数学表明了“一种良好构造的语言”的功用主要是作为思想的一种机械辅助手段，动物学则表明了“一种良好构造的语言”的功用主要是作为记录的手段。而一切科学都在某种程度上例证了这一点，即直到一门科学能够发展出它自己的一种专门“行话”，这门科学才能取得更大的进步。可以看到，心理学和政治经济学因这种不足遭受了怎样的损失，

---

① ECO U. The Search for the Perfect Language [M]. Oxford: Blackwell, 1995: 311－312.

② CONDILLAC E. Essay on the Origin of Human Knowledge [M]. Cambridge: Cambridge University Press, 2001: 220.

政治学学者也面临着同样的困顿，他们不得不从大众语言中抓取“法律”“主权”“权利”“自由”这些词，但发现它们充满了歧义。在越新的科学中危险越少。在有机化学中，新名称常常被引入，它们的涵谓从一开始就是精确的。像“三苯甲烷”“乙醛”“甘氨酸”这些词也许没有那么有趣，但至少具有可以清楚地表达其确定意义的优点。①十九世纪的惠威尔对于“科学的完美”无疑与孔狄拉克有着相同的认识。惠威尔认为，由于日常知识一般不只涉及理智，还涉及情感或想象，因而都带有一点模糊性，这就使得用来表达这些知识的日常语言通常也多少有些含糊和歧义。而如果要求知识是完全精确的并且是纯粹智性的，就需要一种同样精确和智性的语言，即排除了情感和想象以及含糊和歧义的语言，使得每个语词都能传达一种固定不变且受到严格限制的意义。这样一种语言结合一些专门术语（Technical Terms）的使用无疑可以成为一种准确表述科学知识的“科学语言”（language of science）。②不过，与孔狄拉克不同的是，惠威尔并没有仅仅停留在这一认识上，而是通过对科学史和观念史的考察，针对“科学语言”提出了一系列规则（maxims），这些规则无疑体现了“科学语言”的精确性。在惠威尔看来，科学史和观念史足以表明，科学发展的每一步都是以专门术语的提出和使用为标志的。通过对古代和现代这两个不同时期科学语言发展的考察，可以为科学术语的提出和使用提供一些指导性规则，其中古代时期是完全为了方便而随意提出专门术语的时期，而现代时期则是带有一定目的、从系统的观点来有意构造专门术语的时期。在古代科学时期，专门术语常常以如下三种不同的方式形成：一是借用日常语词并固定其意义。二是构造包含描述语（description）的术语。三是构造包含理论指向的术语。③

最直接简单地获取专门术语的方式无疑是从日常使用的语词中进行选取并严格固定这些语词的意义，使其适合用来表达科学的真理。惠威尔举例说，几何学中几乎所有基本的专门术语都是以这种方式形成的。如，在希腊

---

① RYLAND F. Logic [M] . London: George Bell and Sons, 1900: 248.

② WHEWELL W. Novum Organon Renovatum [M] . 3rd ed. London: John W. Parker And Son, West Strand, 1858: 257 - 258.

③ WHEWELL W. Novum Organon Renovatum [M] . 3rd ed.. London: John W. Parker And Son, West Strand, 1858. 257 - 258.

人那里，“球体”（sphere，σφαῖρα）、“锥体”（cone，κῶνος）和“柱体”（cylinder，κύλινδρος）这些语词并没有几何学家给予它们的那种精确意思，其除了指明形状之外，还隐含有某种用途，“球体”隐含游戏中所使用的一种手球（hand-ball），“锥体”隐含男孩子们的陀螺或头盔的盔尖，“柱体”则隐含一种滚筒。又如，在力学中，希腊人只赋予了像“权重”（weights，βάρεα）、“力臂”（arms of a lever，μήχεα）、“支点”（fulcrum，ὑπομόχλιον）这些为数不多的语词以科学的精确性，其他语词如“动量”（momentum，ῥοπή）和“力”（force，δύναμις）则直到伽利略（Galileo Galilei，1564 年—1642 年）时期甚至更晚才获得清晰明确的意义。①对于从日常语言中借用而来并由科学工作者转换为专门术语的语词，惠威尔认为其既有优点又有缺点。一方面，这些语词几乎不需要太多的解释就能够被理解并且不用怎么费力就能够被记住；但另一方面，因为它们有日常语言的意义，粗心的读者会不顾对这种意义的专门限制而试图像在日常语言中那样以同样含糊的方式来猜测它们在科学著作中的意义。这样，常常会造成科学术语缺少科学的精确性，而精确性是科学术语的全部价值。②

对于包含描述语的术语，惠威尔认为，这类专门术语常常出现在纯理论科学中，是理论家们有意构造的，其中的描述语或指示语（indication）让专门术语所表达的概念具有了某种独特的性质。如，“平行四边形”（parallelogram）指一个由两对平行线围成的平面图形，“平行六面体”（parallelopiped）指一个由三对平行面围成的立体图形；而“三角形”（triangle，trigon）和“四角形”（quadrangle，tetragon）虽然可能不是数学家所发明的，但“五角形”（pentagon）、“十角形”（decagon）、“十六角形”（heccaedecagon）、“多角形”（polygon）却是数学家所发明的。“四面体”（tetrahedron）、“六面体”（hexahedron）、“十二面体”（dodecahedron）、“十四面体”（tesseracontaocto-hedron）、“多面体”（polyhedron）等也是如此。随着数学家们思考的深入，他们自然就构造出了这些术语。同样，当天文学处于纯理论科学的形态时，

---

① WHEWELL W. Novum Organon Renovatum [M]. 3rd ed. London: John W. Parker And Son, West Strand, 1858: 260.

② WHEWELL W. Novum Organon Renovatum [M]. 3rd ed.. London: John W. Parker And Son, West Strand, 1858: 261.

许多语词也被发明出来用于指谓所引入的概念。如，造成日食和月食（eclipses）的太阳的周年路径被称为“黄道”(ecliptic)；被称为“昼夜平分线”的太阳的周日路径希腊人称之为“equidiurnal”(ἰσημεριν ός)，拉丁天文学家则称之为“equinoctial”，而相应的地球上的圆则被称为“赤道”（equator），“黄道”与“昼夜平分线”相交于“夏至点”或“冬至点”（equinoctial points)。在这类术语的构造中，那些可以通过组合来构造语词的语言具有巨大的优势。这方面希腊语显得尤为突出，这种语言中的大部分古代科学术语一旦其起源得到解释，就很容易被理解和记忆。在现代欧洲语言中，德语也具有巨大的组合能力，使用这种语言的科学工作者能够发明出一些其他欧洲语言不容易效仿的术语。如在晶体学中，将各种不同的晶系区分开来的术语：“zwei-und-zwei-gliedrig”（二二元的，two-and-two-membered)，“ein-und-zwei-gliedrig”（一二元的，one-and-two-membered）等诸如此类的术语。①

惠威尔所说的“包含理论指向的术语”指的是由科学研究者所构造的、其引申义中包含了某种理论观念的术语。惠威尔认为，这类术语并不像“包含描述语的术语”那样纯粹是描述性的，而是参照已被接受为是科学一部分的某种学说或假说来进行描述的术语。如，“纬度”(latitude）和“经度”(longitude）这两个词原义指的是宽度和长度，这里分别用来指地球表面上某个地方离赤道的距离和离本初子午圈的距离，而之所以借用这样两个词是因为古代地理学家认为地球从东向西的延伸比从南向北的延伸要多得多。天文学中这一类的术语更是数不胜数。如，在解释太阳、月亮和行星的不规则运动时，希腊人引入了“本轮”（epicycle)、“均轮”（deferent)、“偏心轮”(eccentric）这些术语，而这正是接受了天体进行圆周运动且圆周运动可以套圆周运动这一假说的结果。力学中的“力”（force）和“惯性”（inertia）这两个词正是从第一运动定律中获得了其精确的意义；“加速力”（accelerating force）和“运动组合”（composition of motion）则涉及第二运动定律；“运动力”（moving force)、“动量”（momentum)、“作用和反作用”（action and reaction）则是隐含了第三运动定律的表达。总之，由于观念甚至深奥复杂的

① WHEWELL W. Novum Organon Renovatum [M]. 3rd ed. London: John W. Parker And Son, West Strand, 1858: 262-263.

观念常常隐含在语词的引申义中，所以科学术语的提出常常包含了已被接受的假说和理论。而这些术语一经提出，则不仅可以轻松地传递信息，还可以稳定地保留并广泛地融合它们所假定的观念。进而，它们能够使理论家轻轻松松地运用这些复杂的概念和科学创新与思想劳动的成果，就好像它们是一次性通过感官得来的令人深信不疑的东西一样。它们是使哲学家在归纳和概括中步步上升的重要工具，有力地促进了知识和真理的进步。①

在现代科学时期，惠威尔认为，除了上述三种古代科学时期专门术语的形成方式之外，还包括三种新的科学术语形成方式：一是系统的分类性专门术语（Systematic Nomenclature）；二是系统的描述性专门术语（Systematic Terminology）；三是表达理论关系的术语的系统变动（Systematic Modification）。②对于“系统的分类性专门术语”，惠威尔以博物学尤其是植物学为例解释说，古代科学时期，并没有试着为植物学的对象发明或选择一种精确而持久的分类性专门术语（Nomenclature），这一疏漏给植物学的后续研究活动造成了极大的困难和时间浪费。直到他那个时代，有些古代学者所提到的一些最为常见的树木仍然无法确定其身份地位，对于分类性专门术语的重要性的无知无疑阻碍了植物学这门科学的发展。从分类科学的历史来看，一种好的分类性专门术语会预设一种好的分类系统，而没有相应的分类性专门术语，分类系统也不可能持久。16 世纪的塞索皮努斯（Andreas Caesalpinus，1519—1603）曾发表了一个对植物进行分门别类的极好的系统，但由于其没有与任何名称系统关联起来，所以从未被广泛接受并很快就湮没无闻了，对植物学的科学分类也因此而被耽误了约一个世纪。③耽误这么久的一个主要原因或许是由于每一种植物结构中有数目众多的细微差异。茎、叶、花、果及其各种附器可能在许多方面都不同，以至于日常语言完全不足以清晰准确地表达它们的相似与差异。因而，植物学不仅需要一种固定的植物名称系统

---

① WHEWELL W. Novum Organon Renovatum [M], 3rd ed. London: John W. Parker And Son, West Strand, 1858: 264 - 268.

② WHEWELL W. Novum Organon Renovatum [M], 3rd ed.. London: John W. Parker And Son, West Strand, 1858: 269.

③ WHEWELL W. Novum Organon Renovatum [M]. 3rd ed.. London: John W. Parker And Son, West Strand, 1858: 271.

（system of names），还需要一种适合于描述其各个部分的短语系统（system of phrases），也即是说，不仅需要一种“分类性专门术语”（Nomenclature），还需要一种“描述性专门术语”（Terminology），而后者事实上是将前者确定下来的一种不可或缺的工具。这样，植物学的一种精确的描述性语言的形成就成了构造这门科学的专门语言的第一步。当然，在其他一些科学中，比如在晶体学中，可能最适合进行描述的语言不是语词（words）的语言，而是符号（symbols）的语言或数学的语言。①对于“表达理论关系的术语的系统变动”，惠威尔以化学语言为例进行了说明。化学语言一贯表现出一种系统性特征，即使在“燃素说”支配下也是如此。非常幸运的是，而当“氧气说”居支配地位时，其支持者凭着勇气和远见对这门科学的术语进行了全新的系统重构。新的分类性专门术语依据一个现今已不在这门科学中使用但却极为方便和有效的原理——通过词尾的变化来指明元素关系的变动——来构造。如，新的化学学派谈论硫酸（sulphuric acid）和亚硫酸（sulphurous acid）、磷酸（phosphoric acid）和亚磷酸（phosphorous acid），谈论碱的硫酸盐（sulphates）和亚硫酸盐（sulphites）、磷酸盐（phosphates）和亚磷酸盐（phosphites），谈论金属的硫化物（sulphurets）、磷化物（phosphurets），等等。一种分类性专门术语就这样产生了，其中物质的名称同时指明该物质的构成和该物质在系统中的地位。当然，这样一种化学语言也有一些不足之处。最突出的一点就是元素组合的关系比通过词尾变化所提供的表达方式要多得多。如，除了硫酸和亚硫酸之外，还有连二硫酸（hyposulphuric acid）和连二亚硫酸（hyposulphurous acid），只是这些名称虽然方便，但其形式上却不再隐含任何确定的关系。此外，还有因理论本身的错误而造成的分类性专门术语的不足。如，在有关氯（chlorine）的新理论建立之前，分别被称为“氯化酸”（muriatic acid）、“氧化氯化酸”（oxymuriatic acid）、“超氧化氯化酸”（hyperoxymuriatic acid）的这几种东西；在有关氯的新理论建立之后，分别被改称为“盐酸”（hydrochloric acid）、“氯”“chlorine”、“氯酸”（chloric acid）这几种东西。总之，基于氧气说的化学分类性专门术语几乎不可能永

① WHEWELL W. Novum Organon Renovatum［M］. 3rd ed. London：John W. Parker And Son，West Strand，1858：271－272.

远保持其最初的形态，由于新事实的搜集和新概括的引入，其不可避免会变得异常而不完美。不过，不管怎样，只要科学术语不是错误的或纯属约定的，而是系统的、与事实呼应的，那么旧的术语就不会完全失去其价值，而是会在新的术语的构造中继续起作用。①

在对古代科学时期和现代科学时期有关科学术语的形成方式进行分别阐述之后，惠威尔对从日常语词中借用而来的专门术语的形成、对新术语的形成（Formation of New Terms）分别提出了一些规则。诚如惠威尔本人所说，这些规则虽不能说在所有情况下都起决定和规范的作用，但似乎可以在学者们拿不定主意的时候起到一定的指导作用。②

针对“从日常语词中借用而来的专门术语的形成”，惠威尔提出了如下5条规则。③

规则1　在提出科学术语时，借用旧语词比发明新语词更为可取。

这里一方面要注意以一种专门的方式来限定所采用的语词的意义，另一方面要注意这类语词是否对于没有小心理解其专门含义的读者易造成误导。在运用这条规则时，还要辅以如下规则。

规则2　当日常语词被借来用作专门术语时，应尽可能恰当地保留其日常用法中的意义和关系。

如，理论家用“efficiency”这个词来表示在一定作用力下机器所能够做的或应当做的功，而工程师则用“duty”这个词来表示机器实际上所做的功，考虑到这一不同，惠威尔建议使用“theoretical efficiency”和“practical efficiency”或者“theoretical duty”和“practical duty”来分别表示这两种不同的量。

规则3　当日常语词被借来用作专门术语时，其意义的可能变动必须被严格固定下来。

---

① WHEWELL W. Novum Organon Renovatum [M]. 3rd ed. London: John W. Parker And Son, West Strand, 1858: 275－277.

② WHEWELL W. Novum Organon Renovatum [M]. 3rd ed. London: John W. Parker And Son, West Strand, 1858: 277.

③ WHEWELL W. Novum Organon Renovatum [M]. 3rd ed. London: John W. Parker And Son, West Strand, 1858: 278－284.

虽然语词意义这种科学上的固定实际上常常是科学进步的一个必然结果，但其应被视为是一个约定的问题（a matter of convention）。如，“动量”（momentum）被约定定义为质量与速度的乘积，如果不这样定义，其在表达运动定律时就没有任何用处。

规则4 当日常语词被借来用作专门术语时，其在运用中必须没有歧义。

如，物体的固态、液态和气态被称为物体的不同形态（forms），但“form”这个词在用于物体时并不只指这三种形态。如果问在雪云（snow-cloud）中水以什么形态存在，是说其以结晶形态存在还是说其以冰、水、汽的形态存在，这一点可能会让人感到困惑。为此，惠威尔提出了“浓度”（consistence）这个词，希望可以来代替“form”这个词。

规则5 如果无法遵从上述后三条规则，那么最好采用新语词而不是旧语词来用作专门术语。

将新语词用作科学术语的主要不便之处就在于很难有效地引入它们。毕竟，在不能通过轻松联系语言的日常用法来帮助记忆的情况下，人们总是不愿麻烦来学习一个全新的语词。而在克服了这一困难之后，新语词自然就比纯粹借用而来的语词要更好，因为前者能够比后者更好地避免含混和歧义。对于采用新语词来用作专门术语的必要性及其中应注意的问题，惠威尔提出了如下3条规则。①

规则6 科学术语的借用和构造必须使其适合于简单清晰地阐明正确的普遍命题。

这条规则可以被视为所有科学术语的基本原则和至高规则，其不仅适用于从日常语言借用而来的语词，也适用于人为发明出来的语词。其可同样适用于数学、化学和各种分类性科学，科学史为此提供了丰富的例证。如，化学中的“燃素”（phlogiston）这个词实际上在将具有同样性质的过程归类到一起时还是很有用的，之所以“氧气”（oxygen）说的分类性专门术语更受到偏爱是因为其能够使化学家表达数量更多的普遍真理。

规则7 在分类性科学（Classificatory Science）中，一种系统的分类性专

---

① WHEWELL W. Novum Organon Renovatum [M]. 3rd ed. London: John W. Parker And Son, West Strand, 1858: 285-290.

门术语（Systematic Nomenclature）是必要的；而对“系统”和“分类性专门术语”来说，其中每一个对于另一个的功用都是必不可少的。

因缺少一种好的分类性专门术语而带来的不便长期以来在植物学、矿物学中都能够被感受到。在博物学中还反复出现这么一种情况，即好的“系统”并没有扎下根来或在博物学家当中造成任何持久的影响，因为它们并没有伴随有相应的“分类性专门术语”，而没有“分类性专门术语”，“系统”就不可能永久融入一般的知识体系当中并成为将来知识进步的工具。反过来，没有“系统”，就不可能用“术语”来表达普遍真理，也不可能找到为什么偏爱采用这些“术语”而不是别的“术语”的任何理由。

当新的语词有助于阐明真理时，可以引入这些语词，但并不能因其本身的工整与对称或别的什么优点而在根本用不着它们的情况下引入这些语词。就像在天文学史上，柏叶（Johann Bayer，1572 年—1625 年）和席勒（Julius Schiller，1580 年—1627 年）用圣经中的人物名字来代替常用的行星的名称一样，这完全没有必要。所以，在采用新术语时应注意：

规则 8　在表达真理时应避免并不真正需要的新的术语和术语变化。

在讨论引入新术语的必要性及其中应注意的问题的基础上，对于新术语的提出，惠威尔提出了如下九条规则。①

规则 9　就理论已得到证明而言，隐含理论观点的术语是可以采纳的。

规则 10　如果术语从系统上来看是好的术语，那么不应因为它们词源上不精确而抛弃它们。

规则 11　一个分类性专门术语系统的基本术语可以从任意情境中借用而来。

规则 12　分类性专门术语的二元命名方法（Binary Method of Nomenclature）即属加种的命名方法是迄今为止分类学中所采用的最方便的方法。

规则 13　林耐针对植物学名称所提出的那些基本准则是谈论命名问题的很好的例子。

如，属名必须在提出种名之前就被固定下来，没有前者，后者就像没有

① WHEWELL W. Novum Organon Renovatum [M]. 3rd ed. London: John W. Parker And Son, West Strand, 1858: 294 - 318.

铃的铃锤。

规则 14 分类学中的数字式命名（numerical names）是很糟糕的，依赖于任何一系列固定不变的次序标记的其他命名方式同样很糟糕。

规则 15 在任何一门分类性科学中，包含两步以上分类的名称只要方便就可以被采用。

规则 16 在提出一种描述性专门术语时，必要的时候可以发明语词，但它们不能为图方便从随意的或任意的情境中借用而来。

“描述性专门术语”是一种用来描述对象的语言，“分类性专门术语”则是一组对象自身的名称。“描述性术语”（descriptive terms）通常从现代或古典语言中具有恰当意义的语词中借用而来。如，林耐引入植物学的全部描述性专门术语都是以拉丁语词的既有用法为基础的，尽管在原有语词的意义不那么精确的情况下，林耐会将它们定义得更为精确。

规则 17 专门术语的意义必须通过约定而不是通过随意指向语词的日常意义而被固定下来。

如，“苹果绿”（apple-green）指的是什么颜色？“苹果”这个词指的是人们熟悉的一种对象，似乎足以表明其所指的那种颜色，但事实并非如此。因为苹果具有许多深浅不同的绿色，只有通过约定才能用“苹果绿”来指一种特殊的色彩。

在上述讨论新术语的规则的基础上，惠威尔又针对专门术语的形式（Form of Technical Terms）提出了 3 条规则。①所谓“专门术语的形式”，惠威尔指的是专门术语语言学上的条件（philological conditions），如，它们可以从何种语言中被借用而来？它们必须通过什么屈折变化的方式而成为复合词？它们的派生词如何形成？等等。

规则 18 专门术语的形式应满足两个主要条件，即它们必须是普遍可理解的，且具有其科学的用法所要求的那些语法关系。

规则 19 在专门术语的组合和屈折变化中，如果可能的话，语言学上的类似（philological analogies）应被保留，但可以根据科学上方便与否来加以

---

① WHEWELL W. Novum Organon Renovatum [M]. 3rd ed. London: John W. Parker And Son, West Strand, 1858: 318 - 345.

变动。

规则20　当科学术语的改动变得必要时，可取的做法是，新术语在形式上应带有对旧术语的某种纪念。

除了上述各条规则之外，惠威尔还根据当时最新科学的进展对科学术语的形成提出了一些新的规则。①

规则21　对其中所包含的每一个种都给出独立名称的类别（Groups）应保持一个大类，这一点极为重要。

规则22　用确定的单独名称来代替描述性短语作为更好的思维工具是可取的。

规则23　在一门发达的科学中，这门科学的语言的历史就是这门科学自身的历史。

规则24　在科学的描述性专门术语中，可能有必要采用字母、数字和代数符号。

规则25　在使用代数符号作为科学语言的一部分时，应避免侵犯代数学上的类似（algebraical analogy），但必要的时候也可以这样做。

规则26　在一门处于转换状态的科学中，任性而孤立的术语的派生是很常见的，虽然并不令人满意。

规则27 在把握科学术语的意义时，科学史是我们的辞典（Dictionary），科学归纳的步骤是我们的定义（Definitions）。

总而言之，惠威尔在对科学史和观念史进行考察和分析的基础上所提出的上述规则足以表明，“科学的完美”与“科学语言的完美”是不可分割的，由于在科学的发展中既没有“康庄大道”（Royal Road）也没有“欢乐大道”（Popular Road），②所以对“科学语言的完美”的追求似乎与对“科学的完美”的追求一样，永远是一个未竟的事业。

惠威尔的“科学语言”理论直接影响了约翰·穆勒对于“哲学语言”的认识。后者提出了“哲学语言”的两个必要因素：一、每一个普遍名称都应

---

① WHEWELL W. Novum Organon Renovatum［M］. 3rd ed. London：John W. Parker And Son，West Strand，1858：346－370.

② WHEWELL W. Novum Organon Renovatum［M］. 3rd ed. London：John W. Parker And Son，West Strand，1858：370.

当有一个固定而准确的意思；二、无论何处需要一个名称、无论何处有什么东西需要一个名称来指称，都应当有这样一个适合于表达的名称。①前一因素被称为“哲学语言”意义的精确性（precision）或确定性（definiteness），在惠威尔的规则3、规则4、规则17、规则27中有相似的要求；后一因素被称为“哲学语言”表达的完全性（completeness），在惠威尔的规则9、规则11、规则14、规则15、规则16、规则21中有相似的要求。下面再从若干方面来较为详细地说明一下惠威尔的“科学语言”对穆勒“哲学语言”的影响。

在讨论“哲学语言”的“完全性”即“无论何时需要一个名称、无论何处有什么东西需要一个名称来指称，都应当有一个可用于表达的名称”这一必要因素时，穆勒详细讨论了一种完全的“哲学语言”应当包含如下三部分内容：第一，应当包含对个别观察事实进行准确记录所需要的“描述性专门术语”；第二，应当包含为每一个科学抽象的重要结果命名的名称；第三，应当包含有关“品类”名称的“分类性专门术语”。在穆勒看来，由于人们通常能够直接观察到的东西仅仅是自身的感觉或感受，所以一种完全的“哲学语言”首先应当是人们每一种可观察的基本感觉或感受在其中都有一个名称的语言，这样一来，各种感觉或感受的组合才能够得到描述；而若是那些感觉或感受的各种不同组合也都有各自不同的名称，那么对于一种语言来说，不仅其表达力可以得到极大的提升，而且其表达的简洁性和清晰性也能够得到极大的改进。“苹果绿”“法国灰”“锡白”“铜棕”以及“羽状半裂的”“羽状全裂的”“羽状深裂的”“羽状分裂的”这些描述性名称可说明他的这种看法。②不过，一种“哲学语言”仅仅包含有描述性名称还远远不够。当无论何时人们通过对一组现象的比较认识到它们具有某种人们先前并未注意到的新的共同事实时，尤其是当这种事实可能会继续产生许多相应的结果或者在其他各类现象中可能还会被发现时，为这个新的事实找一个相称的名称就显得十分必要。这就需要为每一个科学抽象的重要结果来命名。没有“圆”“极限”“动量”这些名称，几何证明会晦涩难解，许多数学真理和动力学真理就难以被记录下来从而会被遗漏丢失。同样，用来解释“文明”这

① MILL J S. A System of Logic［M］. London：Longmans，Green，And Co.，1886：456.

② MILL J S. A System of Logic［M］. London：Longmans，Green，And Co.，1886：456－458.

个词的意义的一大堆东西都没有这个词本身所建立起来的观念更为生动。①穆勒的这一认识无疑是对惠威尔规则22的举例说明。除了用于精确描述的描述性专门术语和作为科学抽象结果的名称之外，按照穆勒对一种完全的“哲学语言”的要求，还应当考虑有关“品类”的名称。对此，穆勒进一步评论说，在当时的化学和植物学这两个科学部门中，不仅已知的每一个品类都有一个指派给它们的名称，而且当一个新的品类被发现时，按照既定的命名原则会立即赋予其一个名称。而在其他科学部门中，这种分类性专门术语当前还没有被完整地建立起来，这或者是因为还没有足够多的品类以至于需要建立一种分类性专门术语，如像几何学中那样；或者是因为还没有为建立一种分类性专门术语提出一种恰当的命名原则，如像矿物学中那样，而其中缺乏一种科学建立的分类性专门术语正是现在阻碍该门科学进步的主要原因。②可以看出，穆勒这里所讨论的“描述性专门术语”和“分类性专门术语”正是惠威尔所讨论的“科学语言”中的两个重要概念。显然，穆勒将惠威尔对“科学语言”的相关思考直接用到了其对“哲学语言”的思考中。

通过对惠威尔的“科学语言”的讨论，尤其是对他所提出的科学术语的形成规则的讨论，以及通过将惠威尔的“科学语言”与穆勒的“哲学语言”加以比较，可以看出，惠威尔的“科学语言”与自17世纪以来甚至13世纪以来西方学者对一种“理想语言”“完美语言”“普遍语言”的追求有着密切的关系。在这个意义上，完全可以将惠威尔的“科学语言”纳入对19世纪英国学者所追求的“哲学语言”的研究之中。考虑到弗雷格曾认为逻辑研究的真正领域就在“科学的工场”（scientific workshops）中③，对惠威尔“科学语言”的考察和比较显然就不只具有科学的意义，还具有逻辑的意义。

---

① MILL J S. A System of Logic［M］. London：Longmans，Green，And Co.，1886：459.
② MILL J S. A System of Logic［M］. London：Longmans，Green，And Co.，1886：460.
③ FREGE G. Boole’s Logical Calculus and the Concept－Script［A］//HERMES H. KAMBARTEL F. and KAULBACH F. Chicago：University of Chicago Press，1979：9－52，33.

第五节　穆勒论“哲学语言”

在上述讨论的基础上，现在再来考察穆勒有关“哲学语言”的论述应该很容易理解其中所提出的观点和看法了。这部分内容重在考察梳理，旨在原原本本、确确实实地弄明白穆勒本人的看法。按照穆勒的讨论顺序这部分内容的展开分为如下三个方面来进行：一、“哲学语言”的第一个必要因素；二、语词意义变化的自然史；三、“哲学语言”的第二个必要因素。现在先来看第一个方面。

一、“哲学语言”的第一个必要因素

穆勒认为，为了可以拥有一种完全适合于研究和表达普遍真理的语言，有两个主要的和几个次要的必要因素必须被考虑。第一个必要因素是：每一个普遍名称都应当有一个固定而准确的意义。当满足了这一条件即当所使用的名称都表现得恰如其分时，就要考虑重要性次之的第二个必要因素：无论何处需要一个名称，无论何处有什么东西需要一个名称来指称，都应有这样一个对于表达很重要的名称。①先来看看穆勒所说的第一个必要因素。

每一个普遍名称都必须有一个确定的意义。一个普遍的涵谓名称的意义就存在于该名称的涵谓中，存在于该名称由之得名的并由该名称所表达的属性中。如，“动物”这个名称，被用来称呼所有具有感知和自发运动属性的东西，这个词涵谓了所有那些属性，而那些属性则构成了这个词的全部意义。要是名称是抽象的，由于其指谓与其相对应的具体名称的涵谓相同，所以它直接指称具体名称所蕴含的属性。这样，赋予普遍名称一种准确的意义就是将每一个具体的普遍名称所涵谓的并由相对应的抽象名称所指谓的属性牢牢地固定下来。既然抽象名称不是先于而是后于具体名称而出现——正如词源学的事实所证明的那样，它们几乎总是派生于具体名称——所以，可以

---

① MILL J S. A System of Logic［M］. London：Longmans，Green，And Co.，1886：436.

视抽象名称的意义是由其具体名称的意义所决定的，是依赖于后者的。于是，赋予普遍语言一种清晰确定的意义问题就成了赋予具体的普遍名称一种准确涵谓的问题。这对于新名称即科学研究者为了科学或技艺的目的所创造的专业术语来说，还不是什么难事。但对于日常使用的名称来说，困难就较大了。其中的问题不在于为名称选择一种方便的涵谓，而在于弄准确并固定住名称已具有的涵谓。通常，人们很少确切地知道他们想要断定什么，也很少确切地知道当把同一个名称用于多个不同的东西上时意在表达什么共同的特性。当他们用名称来表达对象时，他们所表达的似乎只是一种对象之间相似性的模糊感觉。他们将“石头”这一名称用于见过的各种不同对象，当看见一个新的对象时，似乎有点像前者，就称其为“石头”，而不问问它究竟在什么方面像，有什么样的相似方式或相似程度。同样，“文明的”（Civilized）这个词即使在最有教养的人当中，也很难保证他们可以准确地说出这个词究竟涵谓了什么。在所有使用这个词的人的心中仅仅存在着他们有意义地使用了这个词的一种感觉，这种感觉以一种模糊的方式来自他们所听到或读到的、文明人或文明社会应当具有的那些东西。因此，对一般人来说，他们习惯上听到或说出的有关一类东西的命题就以一种不严格的方式构成了这个“类名称”（the class-name）的涵谓。可能正是在具体名称发展的这一阶段，相应的抽象名称得到了使用。在具体名称理所当然应当传达意义这一认识下，或者换句话说，在具体名称所指谓的东西都应有某种共同的属性这一认识下，人们赋予这种共同的属性一个名称。从“文明的”这个具体名称中，人们形成了“文明”（Civilization）这个抽象的名称。但既然大多数人从未以弄准确不同的东西有什么共同属性或是否有共同属性这样一种方式来对由“文明的”这个具体名称所称呼的那些不同的东西进行比较，所以，每个人都要被拉回到他在这个词的使用中已习惯于受其引导的那些东西上，而那些东西只是些因人而异或因时因地而异的、含糊的道听途说。因此，一个声称是一种共同属性之名称的词，如“文明”，很少传达给任何两个人同样的观念。“文明”是如此，许多别的词如“荣誉”“绅士”等也是如此。无须多说，看一个名称是否能被用作一种思考的工具或一种交流思想的方式，准确地确定其所要表达的属性即赋予它一种确定不变的涵谓是绝对必要的。①既然如此，该如何赋予普遍名称确定的涵谓呢?

穆勒认为，要是人们认为由于一个名称当前没有一种确定的涵谓，所以任何一个逻辑学家都可以按照自己的选择赋予它一种涵谓，那就是对逻辑学家应有职责的完全误解。一个实际使用中的名称的意义不是一个要被确定的任意值，而是一个要被寻求的未知量。首先，理想之选是尽可能地利用已经与那一名称相关的联系，而不是强行要求以一种与先前所有习惯相冲突的方式来使用那一名称，尤其不应以要求断绝名称之间那些最有力的联系的方式来这样做，要知道，那些联系都是由名称在命题中通过彼此表述而缓慢自然地产生的。要是一个哲学家给他所使用的语词这样一种意义，如要求称北美印第安人是“文明人”或欧洲人是“野蛮人”，或者说“文明人”以狩猎为生，“野蛮人”以农耕为生，那么他会无法让人们理解他想要传达的意思。因为即使没有别的原因，要完成一场言语的革命谈何容易。实际上，应该做的是，确保包含某一语词的所有那些已被普遍接受的命题在该语词的意义被确定之后与在其意义被确定之前一样为真。因而，在确定一个具体名称的涵谓时，不应当让其具有一种会妨碍它在日常语言中指谓其通常所指谓的那些东西的涵谓，其所具有的涵谓不应当与其已有的含糊变动的涵谓完全偏离，而应当尽量一致。确定一个具体名称的涵谓或相应的抽象名称的指谓就是定义这个名称。当这样做不会导致与任何既有的用法相冲突时，名称就可以依照其既有的用法来定义。这被俗称为不是“定义名称”而是“定义事物”。“定义事物”这一不当表达的意思是指以名称将会指谓那些事物为条件来定义名称。当然，这就假定了事物的特征与特征、性质与性质之间的比较，以便弄清楚事物共有什么样的属性，而为了弄清楚作为明显共有属性之原因的某个不明显的共有属性，还要时常假定一种严格归纳的活动。因为为了将一种涵谓赋予一个名称，且不与该名称指谓某些对象相矛盾，人们不得不从那些对象所共有的各种不同属性中进行选择。因而，确定对象共有什么属性就成了首要的逻辑活动。当尽量这样去做时，这些共有的属性中哪些应被选择

① MILL J S. A System of Logic [M]. London: Longmans, Green, And Co., 1886: 437－438.

出来与名称相关联的问题就出现了。因为如果名称所指谓的类是一个“品类”，那么共有的属性就数不胜数，而即使不是一个品类，共有的属性也常常数量很多。人们的选择首先由于偏好而限于那些习惯上相对那个类而被谓述的属性上。但即使是这样一些属性也常常由于数量过多而无法都包括在定义中，而且那些最为人所熟知的属性，可能并不是最适合将那个类与其他类区分开来的属性。因而，人们应当从那些共有属性中，选择那些已由经验所确定或已由演绎所证明其为许多别的属性所依赖的属性，或者至少选择那些作为共有属性的可靠标志（sure marks）因而可从中推论出其他属性的属性。于是，可以看到，要为一个已在使用的名称提出一个好的定义并不是一个“选择”的问题而是一个“讨论”的问题，而讨论并不只是有关语言的使用的，也是有关事物的属性的，甚至是有关那些属性的起源的。因此，随着对被赋予名称的对象的知识的增加，定义会不断地进行改进，直到一门学科的理论彻底完善了，才有可能提出这门学科的一个完善定义集。但事情的常态往往是，随着科学的进步，这门学科的定义也在不断进步。①

对于定义常常不是语词的问题而是事物的问题，穆勒认为惠威尔的若干评论是剀切中肯的。②惠威尔注意到，在现有科学内容的形成中起到重要作用的许多争论都“采取了定义竞争的形式。例如，对落体定律的研究导致了这一问题，即‘恒力’（uniform force）的恰当定义是它产生了一个与由静止开始的‘距离’成比例的速度还是一个与由静止开始的‘时间’成比例的速度。关于‘活力’（*vis viva*）的争论争的是什么是‘力的度量’的恰当定义。矿物分类中的主要问题是，什么是‘矿物种类’（mineral species）的定义。生理学家通过定义‘组织结构’（organization）或某个类似的词来致力于阐明他们的这门学科”。具有同样性质的有关比热、潜热、化学合成和分解的定义的问题长期处于争论中，一直未有定论。“对我们来说，注意到这些争论从来不是孤立而随意的定义问题——人们似乎常常想要将它们想象成那样——是非常重要的。在所有这些情况中，都隐含地假定了有某个要通过定义来表达并使得定义有意义的命题。于是，有关定义的争论就具有了一种实

---

① MILL J S. A System of Logic［M］. London：Longmans，Green，And Co.，1886：438－439.

② MILL J S. A System of Logic［M］. London：Longmans，Green，And Co.，1886：439.

际的价值，成了一个有关真假的问题。如，在什么是‘恒力’这一问题的讨论中，人们想当然地假定引力是一种恒力。在关于‘活力’的争论中，人们假定在物体的相互作用中活力的整体效应不变。在关于‘物种’（其由源自或可能源自同一亲本的个体所组成）的动物学定义中，人们假定有如此关系的个体比起那些被这一定义排除在外的个体彼此之间更为相似，或许也可以说，如此定义的各个物种之间永远都有一定的差异。不用于表达某个原理的‘组织结构’或别的某个词的定义不会有任何价值。因此，在我们对观念的阐明中，确立一个词语的正确定义也许是有用的一步，但这也是仅当我们考虑了该语词被用于其中的某个命题时才是如此。这样一来，问题实际上就成为：应如何来理解和定义观念才能使命题为真?”“除了当科学与定义的直接使用相关联的时候，通过定义来展现我们的观念对科学从来没有用处。定义‘恒力’的努力是与引力是一种恒力这一主张相结合的；定义‘加速力’的尝试后面直接跟着加速力可以是复合的这一学说；定义‘动量’的过程与得到和失去的动量相等这一原理有关；要是博物学家给不出各不相同的物种的特征，就给不出那个我们所说的‘物种’的定义……定义也许是解释我们的观念的最佳方式，但唯一值得以某种方式来对其加以解释的正是在真理的表达中用到这些观念的机会。当定义被声称是获取知识的有用步骤时，总值得我们问问其用于阐明何种原理。”于是，给予“恒力”这个词准确涵谓的条件被认为是：这个词应继续指谓引力。因而，有关这一定义的讨论就变成了这一问题：在由引力造成的运动中存在一种什么样的恒定性质？通过观察和比较发现，在那些运动中恒定的东西是所达到的速度和所用时间的比，即相同时间内增加相同的速度。因此，恒力被定义为：一种相同时间内增加相同速度的力。在定义“动量”时也是这种情况。“当两个物体相互碰撞时其中一个失去的动量等于另一个得到的动量”是一个已被接受了的说法。这一命题被认为有必要坚持下去不是由于其已被牢固地树立在流行的信念中（在许多别的情况中正是这一点在起作用），因为除了接受过科学教育的人之外从未有任何人听说过这一命题，而是由于感到它包含了一个真理或事实：即使是对该现象的表面观察，也会让人毫不怀疑在从一个物体到另一个物体的传递运动中，存在某种东西恰好就是一个物体所得到的和另一个物体所失去的。“动量”这个词就被发明出来表达这种未知的东西。因而，动量定义的确立包含了这一问题的确立，即当一个物体在运动中碰到另一个物体时失去的与其传递的恰好同样多的那种东西是什么？而当实验表明这种东西是物体的速度与其质量的乘积时，因此出现了“动量”的定义。所以，以下评论是完全正确的。“定义活动是发现活动的一部分……下定义——以便我们的定义具有某些科学价值——所需要的绝不是一小部分用来探明真理的才智……当我们清楚地看到什么应当成为我们的定义时，我们肯定非常清楚地知道了我们要表明的是什么样的真理。与发现一样，定义在我们知识的长进中也是关键的一步。中世纪的逻辑学者们把定义放到知识进步的最后一个阶段，对于这样一种安排，至少科学史以及由科学史生发而来的哲学都确证了他们的思辨性看法。”因为为了最终判定指谓类的名称如何能够得到最佳定义，人们必须知道这个类所共有的所有那些属性以及那些属性当中所有的因果关系或依赖关系。如果最适合被挑选出来作为其他共有属性的标志的属性也是显而易见并且为人所熟悉的，尤其是如果它们在作为类的形成的最初诱因的那种普遍相似性上起了重要的作用，那么定义就是最恰当的。但是用某种并不为人所熟知的属性来定义类常常也是必要的，只要那种属性是那些已知属性的最佳标志。如，德布兰维尔先生将其有关‘生命’的定义建立在连续不断发生在每一个生命体中的分解和重组的过程之上，以至于组成生命体的粒子在任意两个时刻都绝不会一样。这肯定不是生命体最明显的属性中的一种，它可能完全不会被非科学专业的观察者所注意。但权威人士却认为，没有任何别的属性能够如此恰当地对应这一定义所要求的那些条件。① 在借用惠威尔的评论说明了定义为什么不是语词的定义而是事物的定义之后，穆勒继续讨论了逻辑学者应如何对待语词的传递使用。

在规定了试图给予所使用的语词准确涵谓时应遵循的大部分原则之后，穆勒补充说，坚持那些原则并不总是行得通，而即使行得通偶尔也不那么令人满意，因为会频频出现这样的情况，其中有很多条件不容许名称得到准确的定义，但这些条件却与名称的用法是一致的。结果常常导致没有任何一种涵谓能够被赋予一个语词，使得该语词仍能指谓其习惯于所指谓的一切东

① WHEWELL W. Novum Organon Renovatum [M]. 3rd ed. London: John W. Parker And Son, West Strand, 1858: 35－40.

西，或者使得所有包括该语词并且为真的命题仍能为真。与一个词有多种不同的意思但相互之间却没有任何关联这类偶然的歧义不同的是，常常出现一个语词以两种或多种可相互导出却又根本上不同的涵义来使用的情况。只要一个词是含糊的，即只要其涵谓没有弄清楚并且没有明确地固定下来，它就常常易于从一个东西被扩展应用到另一个东西上，直至应用到与其最初所指称的那些东西有极少甚或没有相似性的东西上。①穆勒这里引用了达伽德·斯台华（Dugald Steward，1753 年—1828 年）的两段话来对此做了进一步的解释。

斯台华在其《哲学散论》中说：“假设字母 A、B、C、D、E 指谓一列对象，A 具有某种与 B 相同的性质，B 具有某种与 C 相同的性质，C 具有某种与 D 相同的性质，D 具有某种与 E 相同的性质；但同时找不到一种性质为该列对象中的任何三个对象所共有。难道不能猜想 A 和 B 之间的这种亲和性可以使前者的名称传给后者，并且考虑到将其余对象联系起来的别的亲和性同一个名称可以依次从 B 传给 C，从 C 传给 D 并从 D 传给 E 吗？以这样一种方式，A 和 E 之间可以有一种共同的称呼，尽管这两个对象在本质和属性上相差巨大以至于怎么都想象不出从前者是如何想到后者的。不过，这些传递可能轻易就以渐进的方式完成了，一旦它们被理论家带有好运地机智成功地查明，我们就会立即认识到这一猜想不仅接近事实，而且就是事实；同样，只要我们去考查链条的中间环节，我们就会带着对直觉把握的信心而承认，将拉丁语的介词 *e* 或 *ex* 与英语的实词‘陌生人’（stranger）联系起来的那个众所周知的词源学过程是确实可信的。② ……尽管语词的传递性运用或派生性运用很大一部分情况都依赖于随意任性且莫名其妙的感受或想象，但仍有这样一些情况，它们打开了哲学思考的一个非常有趣的领域。这些情况是这样的，即在别的语言中常常可以发现相对应的语词类似的迁移，当然，其中结果的一致性必须被归诸人类机体构造的主要原理。不过，即使在这样一些

① MILL J S. A System of Logic［M］. London：Longmans，Green，And Co.，1886：441－442.

② 按照斯台华的注解，这一词源学转变过程是 e，ex，extra，extraneus，étranger，stranger。穆勒还举了另外几个例子，如英语的 *uncle* 源自拉丁语的 *avus*，其转变过程是 avus，avunculus，uncle。还有，*pilgrim* 源自 *ager*，其转变过程是 per agrum，peragrinus，peregrinus，pellegrino，pilgrim。

情况中，也绝不是一经考查就总会发现，同一个语词的各种不同运用都源自它们与之相关的对象的共同性质。在大多数情况下，它们都可以被追溯到基于人类相同能力、相同器官和相同状况的观念的一些自然和普遍的联想……按照语言传递基于其上的联想的不同密切程度和力度，可以预计会出现非常不同的结果。在联想牵强随意之处出现的几种意思会保持彼此的不同，而且常常随着时间的流逝在同一个指号（sign）的使用中显现变幻不定的多样性。在联想变得习惯又自然，以至于实际上变得不可分解之处，其所传递的那些意思会结合在一个复杂的观念中，而每一次新的传递都会变成对所讨论的那个语词的一次更为全面的总结概括。"①

穆勒认为，这里要特别注意上段话中最后一句所表达的那个心灵定律，其正是在探明语词意思的传递中常常经历的困惑的来源。对该定律的无知也正是给人类以荣耀的理智中的某些部分陷入困境的隐患。柏拉图对一些最普遍的道德思考用词之定义的探究，被弗朗西斯·培根描述为比在别的古人那里所发现的更接近于一种真正的归纳法，而且称得上是早期比较和抽象过程的完美例子。但由于柏拉图不清楚刚刚提到的那个定律，他常常将这个重要逻辑工具的力量浪费在无法得到结果的探究上，因为他致力于探明其共同属性的那些现象实际上并没有任何共同的属性。在对热的本质的探索中培根也犯了同样的错误，他显然将没有共同属性的多种类型的现象混淆在了"热的"（hot）这一名称之下。当斯台华说到"自经院时代起传至现代的一种偏见即当一个语词允许有多种含义时，这些不同的含义肯定都是同一个属的种，因而肯定包含对这个属语词可以用于其上的每个个体来说某种必然相同的观念"②的时候，他肯定是夸大其词了，因为早在古希腊时期，亚里士多德及其追随者就清楚地知道存在语言歧义这样的东西并乐意对它们进行辨别。但他们从未发觉在这样一些情况中——即在语词意思的传递基于其上的那种联想是如此习惯又自然以至于两种意思在心灵中混合在一起并且一次实际的传递就是一次明显的概括的情况中——也存在语言歧义。于是，他们耗费无尽的心血致力于找出同时适合几种不同意思的定义，如斯台华本人注意

① STEWARD D. Philosophical Essays［M］. Philadelphia：Fry and Kammerer，1811：239－240，247－248.

② STEWARD D. Philosophical Essays［M］. Philadelphia：Fry and Kammerer，1811：237.

到的例子，“‘因果’（causation）这个词，其希腊语对应于英语中的‘原因’（cause）这个词，它的歧义已经向他们表明，在任何有关‘结果’（effect）的情况中来索求属于‘有效的’（efficient）、‘内容’（matter）、‘形式’（form）及‘目的’（end）的那个共同观念都属白费力气。我们在其他哲学家那里碰到的关于‘善的’（good）、‘适当的’（fit）、‘合适的’（becoming）这些观念中的那些无效的普遍性都源自流行称呼用词对学者思考的同样不当的影响”①。就那些经历了多次意义的传递以至于它们用于其上的一切东西所共有的或者不仅所共有而且所特有的属性的每一条踪迹都已经消失的语词而言，“美的”（Beautiful）这个词当属能够很好地说明这种情况的一个例子。当人们谈及美的颜色、美的面庞、美的风景、美的品格和美的诗篇时，其中“美的”这个词是否涵谓同样的属性让人感到极大的怀疑。这个词无疑是因为这些对象之间或者更可能是这些对象所引起的刺激之间的相似性，而从其中一个引申到另外一个。通过这种逐步的引申，最后这个词用在了离那些它起初无疑适用的可见对象很远的东西上。而现在除了“美的”这个词所必然涵谓的“令人愉悦”这种属性之外（因为存在许多从不被称为“美的”令人愉悦的东西所以“令人愉悦”不可能是人们通常旨在用“美的”这个词所表达的全部东西），是否存在从符合这个词的用法上来说可被称为“美的”所有那些东西共有的属性至少是可疑的。如果是这种情况，那么就不可能给予“美的”这个词任何确定的涵谓来使其指谓它通常所指谓的那些对象，而不是任何别的对象。但是，“美的”这个词应当有一种确定的涵谓，因为若是没有，它就不适合用作一个科学的术语，而只会成为虚假类比和错误概括的一个永久的来源。于是，自然会出现这样一种主张：即使存在名称所指谓的一切东西所共有的属性，但将这一属性置于该名称的定义和独有的涵谓中也并不总能令人满意。被称为“美的”各种各样的东西无疑在“令人愉悦”方面彼此相似，但要使“令人愉悦”成为美的定义并因此将“美的”这个词引申到一切令人愉悦的东西上将会彻底丢掉这个词所真正传达的、尽管有些不明确的意义的一部分，而且会丢掉位于人们内心之中、有赖于人们自身的那些东西，结果造成属于这个词先前所指向的、尽管有些模

---

① STEWARD D. Philosophical Essays［M］. Philadelphia：Fry and Kammerer，1811：238.

糊的对象的那些性质被忽视和被遗忘。在这种情况下，最好通过限制而不是扩大这个词的使用来确定这个词的涵谓。而与其从“美的”这个称呼中排除掉一些通常认为这个词可用于其上的东西，不如从其涵谓中删去在这个词最常见、最有趣的应用中一般人可能会习惯性地受其引导的那些性质。因为毫无疑问的是，当人们称任何东西为“美的”时，他们认为他们所正在断定的比其仅仅是“令人愉悦的”要多得多。他们认为他们正在将习惯上对其使用同一名称的别的东西中所发现的类似于令人愉悦的东西归因到一种特殊的“令人愉悦”上。因而，如果确实存在尽管不是一切被称作“美的”东西，但也是主要被称作“美的”东西所共有的任何一种特殊的“令人愉悦”，那么最好是限制“美的”这个词所指谓的对象，而不是留下没有一个词真正涵谓它的那种性质并因而不再注意那种性质的特殊之处。①在讨论了逻辑学家应如何对待语词的传递使用之后，穆勒继续讨论了消去语词的任何一部分习惯性涵谓可能造成的不良后果。

在穆勒看来，上述讨论无疑以例证说明了术语学的一条重要规则，即在试图通过赋予确定的涵谓来矫正一个含糊语词的使用时，人们必须小心不要丢弃（除非经过深思熟虑并且对问题有更为深入的了解）这个语词先前不管以什么方式所具有的任何一部分涵谓。否则语言就会失去其内在的、最宝贵的属性之一，即那种成为古老经验的保存者、成为可能异于当前时代趋势的以前时代的那些思想和观察的生动保有者的属性。语言的这一功能常常被忽视或被低估，对其多些注意显得尤为必要。不要说当一个语词处在一种模糊的、未经分析的、处处给人以相似感的状态之中的时候了，即使当其涵谓已经被准确确定了的时候，在这个语词惯常的使用中也总存在着一种失去其部分涵谓的倾向。有这样一个众所周知的心灵定律，说的是一个本来与一组复杂观念相关联的语词在这个词每次被使用的时候远远没有唤起所有那些观念，其所唤起的只有一种或两种观念，心灵借此通过进一步联想到另一组观念而继续运作，无须等待那组复杂观念剩余部分的引导。这也正是所谓思想“敏锐”的原因。实际上，常见的情况是，当人们在思想活动中使用一个语

① MILL J S. A System of Logic [M]. London: Longmans, Green, And Co., 1886: 441－442.

词时，绝不去等待与该语词意义相应的那一复杂观念的所有部分都呈现在面前，而是通过仅仅由该语词所激起的其他关联，无须在想象中意识到该语词的任何一部分意义的情况下就联想到了一系列新的观念，就像以一种几乎机械的方式来恰当、准确地使用该语词并通过它来进行重要的推理过程。正因如此，一些从极端情况来进行概括的形而上学家已经想象所有的推理都只是一组语词按照一种确定形式的机械使用。人们可以通过先前制定的一般法则或实际准则来讨论并弄清楚城镇或国家最重要的利益，而无须在整个过程中有意识地去想不仅构成了城镇和国家而且是“城镇”和“国家”这两个词清清楚楚所意指的房屋、土地、众多的市场和家庭。如此一来，既然普遍名称以不用让心灵想到其全部意义、只让心灵想到很少的甚至根本想不到任何意义这种方式被使用，所以人们不会觉得奇怪。如此使用的语词在适当的时候出现时不再能够让人想到除了那些与之最直接、最有力地关联起来的或者由生活中的各种事件最直接、最有力地保持下来的观念之外任何别的专属于它们的观念，而除非心灵常常通过有意识地思索它们来保持与它们的关联否则这些别的观念将会彻底消失。语词对那些具有生动想象力、习惯于带着现实世界中事物具有的细节向他们自己具体描述事物的人自然保有更多的意义。对不同于这种类型的心灵来说，防止这种语言讹传的唯一方法就是谓述（predication）。谓述（predicating）一个名称最初涵谓的所有不同属性的习惯可以保持该名称与其涵谓的那些属性之间的关联。但要使之可行，谓词（predicates）本身保有它们与其分别涵谓的那些属性的关联是必要的。因为如果命题的意义本身会死掉的话，命题就不可能让语词的意义鲜活。更为常见的是，对于机械重复、机械保留在记忆中而且其真无疑被认同并被依赖的命题来说，它们并没有让心灵明确地认识到任何意义，而它们最初所表达的事实或自然律也同样被忽视了并且实际上被不管不顾了，就好像从来没有被听说过一样。在那些同时既熟悉又复杂、很大程度上像精神学科和社会学科的学科里，常常谈论的一个问题就是：当对命题所传达的真理给不出任何解释实际上也说不明白什么含义时，有多少重要的命题被习惯性地相信着并被重复地言说着？因此，许多古老经验的箴言虽然很少被质疑但却常常对生活行为没有什么太大的影响，因为它们的意义从来没有被大多数人真正地感受到。同理，在最初信奉时让人觉着充满了意义和真实感的，那么多宗教的、伦理的学说在其意义逐渐失去与惯用表达（formulas）的关联之后，表现出了一种迅速蜕变为无生气的教条的倾向，且任何教育的努力似乎都不足以抵制这种倾向。考虑到不同时代的人类心灵被不同的东西占据着，即在一个时代受其周围环境的影响，其注意力更多地盯在某个东西的一种属性上，而在另一个时代又盯在另一种属性上，所以，在每一个时代，传统知识的某一部分都会从记忆中逐渐消退。而如果“惯用表达”没有作为意义传达可能具有的语词形式而得以保留，那么这部分知识就会处在有可能完全消失的危险中。而当“惯用表达”得以保留，通过对其意义进行历史的追溯，一旦恢复后，这种意义仍然会被人们视为事实或真理。因而，在事关精神的真理或学说（spiritual truths or doctrines）中存在着一种永远的振荡。它们的意义几乎总是处在一种被丢失或者被再发现的过程中。任何关注人类较为重要的信念或观念历史的人都知道，即使是字面上相同的学说，人们也会在不同的时候赋予其多少有些不同甚至完全不同的意义。语词在其最初被接受时涵谓了一种也是由命题所表达的外在事实和内在感受的混合物，在不同的时代总有某些心灵对这些事实和感受有着特殊的敏感，而由这些敏感的心灵得以复活的丢失的意义终究会再次找到进入普遍心灵的办法。不过，这一有益反应的出现可能会受到纯粹逻辑学家的肤浅看法和轻率做法的严重阻碍。时常会出现这样的情况，当某一时期——语词已经丢失了部分含义并且还没有开始恢复这部分含义的时期——快要结束时，一些偏好清晰的观念和准确的思想以及明晰的语言的人就出现了。如果这些人不是那种能够重新发现语词丢失的含义的人，那么他们自然会放弃一个惯用表达而去定义一个与其无关的名称。在这样做时，他们将那个名称在通常传达最少量的意义时所涵谓的东西赋予那个名称并开始按照这种涵谓来整齐划一地使用该名称。以这种方式，那个名称具有了一个远超出它以前的指谓范围，扩展运用到了许多先前拒绝其运用的东西上。而就那个名称先前被用于其中的命题而言，那些按照其丢失的含义为真的命题现在在那个名称的定义下不再为真了。结果，古老的惯用表达被视为是偏见，人们也不再像以前那样即使不理解它们也相信其中的真理了。在这样的情形下，惯用表达中所包含的真理不仅会更为缓慢地被再次发现，而且即使被再次发现，那种更为关心新奇事物的偏见至少在某种程度上也会抵制它们，而不是支持它们。举个例子也许更容易理解。在几乎所有的时代，占据着思考者心灵的问题之一是：什么是德性，或者说什么是有德性的人？在各个不同时期发展起来的有关这一问题的不同理论当中，每一个都像明亮的镜子那样反映了该理论产生于其中的时代的特殊形象。其中有一种理论，按照这种理论，“德性”就在于人们自己今世的或许还有来世的个人利益的正确计算，因为人们通常所倾向选择的有益行动都是对自身利益深思熟虑的结果。这样一来，“德性”实际上所涵谓的就仅仅只是其定义中所规定的东西了。现在，假如这一理论的坚定支持者想方设法按照“德性”这个词的这种定义来前后一致、毫无偏差地使用它，假如他们经过认真的努力成功地从语言中摒弃了“无私”（disinterestedness）这个词，不再使用所有让“众口指责”关联着“自私自利”、“交口称赞”关联着“自我牺牲”那样的表达，也不再使用所有不能让“慷慨大方”或“好心好意”意味着为了获得更大的个人好处而施加恩惠那样的表达，那么，出于观念明晰和思想一致的考虑而废除过去的惯用表达无疑会成为一种巨大的不幸。①

最后，穆勒总结说，柯尔律治（Samuel Coleridge，1772—1834）学派的这一学说——任何有着古老文化的民族的语言都是一个神圣的矿藏，是一切时代的财富，没有任何一个时代有权来改变——显然抵制并限制了上述那类逻辑学者的过分做法。那类逻辑学者更多考虑的是清晰的意义而不是全面的意义，他们认为每个时代都会给从先前时代接受下来的真理添加些东西，而没有看到一个丢失既有真理的相反过程也在一直进行着。语言可以说是先前所有时代集聚起来的经验的存储所，也是以后所有时代的继承物。改变一个词的意义也许是好事，但丢掉其部分既有的意义却是坏事。任何寻求某个词的一种更为正确用法的人，都应熟悉这个词的历史以及在其发展的不同阶段所表达的那些观念的历史。要合格地定义一个名称，有必要知道该名称现在或以往所指谓的那些对象尽可能多的属性，以确保按照所赋予该名称的意义、一个曾经普遍为真的命题不至于变成假命题。②为此，穆勒接下来专辟一章讨论了语词意义变化的自然史问题。

---

① MILL J S. A System of Logic［M］. London：Longmans，Green，And Co.，1886：444－448.

② MILL J S. A System of Logic［M］. London：Longmans，Green，And Co.，1886：448.

二、语词意义变化的自然史

在穆勒看来，通常使用的语词并不只是通过逐渐忽视其所传达的部分观念这种方式慢慢丢失其涵谓的，事实是，那些语词的涵谓永远在变化，这一点从通常使用的语词获得其涵谓的方式中足可预见。一个专为技艺或科学发明出来的专门术语起初具有其发明者所赋予的那种涵谓，但在该专门术语获得明确的定义之前，人们不断谈到的该名称却是从人们习惯性地想到的那些情形中衍生出其涵谓的。在这些情形中，由该名称所指谓的那些东西所共有的属性自然处于优先被考虑的地位，而且一旦语言是通过约定而不是通过习惯与偶然来规定的，"共有的属性"就会具有唯一的地位。不过，除了这些共有属性之外，可能会碰巧发现伴随着该名称的还有其他一些情形，这些情形以和共有属性与该名称相关联的同样有力的方式与该名称相关联，在这些情形不出现的情况下，也不会有该名称出现。如此一来，碰巧被发现的情形就成了该名称涵谓的一部分。这种语词的永久含义对原本偶然情形的不断吸收正是几乎不存在什么严格意义上的同义词的原因，也正是使得语词的词典意义在众口言说之下成为其真实意义极不完美的代表的原因。词典意义以一种粗枝大叶的方式被划定出来，可能包括了起初对于该词的正确采用所必不可少的东西，但随着时间的流逝，固着在语词上的附带关联越来越多，以至于无论谁仅仅靠着词典的指导来试图使用语词，都会对词典中没有说明的细微精妙而千差万别的意义困惑不已，就像一个没有完全掌握所在国语言的外国人在运用该语言进行会话或书写时所表现出来的那样。在这种情况下，一个语词的历史，通过呈现决定其用法的起因或根据，对其运用来说是比任何定义都更好的一种指导，因为定义只能表明其特殊时期的意义，或至多是一串前后相继的意义，而其历史却可以表明那串前后相继的意义的产生所因循的规律。例如，"君子"（gentleman）这个词，对其正确的运用词典没有任何指导，其最初仅仅意指出身于某一阶层的男子。由此出发，其逐渐涵谓了属于那个阶层人士的包括身份地位在内的所有偶然情形。这一考察立刻解释了为什么在世俗对这个词的一种接纳中其意指任何一个不劳而获的人，在另一种接纳中其意指不进行体力劳动的人，而在其更为严肃的含义中，这个词在每个时代都意味着出身受教于上层社会人士的举止行为、性格习惯和外表打扮。除了这种情况之外，还经常出现这样的事：词典意义相同或差别甚微的两个词，一个在一种情形下是可恰当使用的词，另一个在另一种情形下是可恰当使用的词，但却不能表明如此使用它们的习惯当初是怎么形成的。在一个特殊的场合或一个特殊的社会交往圈子里，其中一个语词被使用而另一个不被使用，这种偶然性足以在所使用的那个词和具体情形的某种特殊性之间造成一种极为有力的关联，以至于人们逐渐放弃了那个词在其他情形下的使用，而那种特殊性则成了其含义的一部分。这好比是，习惯的潮水先将那个词冲上一种特殊意义的岸边，而后退去将其留在那里。一个恰当的例子是“忠诚”（loyalty）这个词的含义在英语中所发生的变化。这个词最初在英语中意指集市、公开的交易和对约定的忠实，在这一意义上，其所表达的那种品质是理想的侠义或骑士性格的一部分。当然，现在似乎已无法通过对宫廷语言的历史考察来解释清楚通过何种过程，这个词在英格兰只剩下了对王权忠实这一唯一的意义了，“忠诚的侠士”和“忠诚的臣民”之间差别肯定是巨大的。现在只能猜测这个词在某一时期是宫廷里用来表白忠实于效忠誓言的、最受人喜爱的词，后来，那些希望谈论其他任何低层次的“忠实”的人，或者不再大胆地使用“忠诚”这个高贵的词，或者很方便找到了一个可替代的词。①在举例说明了偶然情形如何进入语词的意义之后，穆勒继续说明了偶然情形有时会成为语词的全部意义的情况。

有时会出现下面这种情况：一种情形起初碰巧进入一个原本与其无关的语词的涵谓并很快完全超越了这个语词的本来意义，不仅成为这个语词的涵谓的一部分而且成为该语词的全部涵谓，如“异教徒”（pagan）这个词。从词源上看，“paganus”最初等同于“乡民”（villager），即部（pagus）或村里的居民。基督教在罗马帝国扩展的一个特殊时期，旧宗教的拥护者和村民或乡民几乎就是同一群人，而城镇居民则早早就皈依了，因为如同所有的时代一样，更多的社会交往活动使城镇居民成为新的观念和风尚最早的接受者，而旧的习俗和偏见则在乡民当中久久盘桓，更不用说那些城镇当时在已接受了基督教的政权的直接影响之下。经由这种偶然的巧合，“paganus”这

① MILL J S. A System of Logic［M］. London：Longmans，Green，And Co.，1886：449－450.

个词就带有了古老神祇崇拜者的观念并开始越来越强烈而稳定地让人想到这一观念，最后以至于不愿想到那个观念的人避开了使用这个词。而当“paganus”逐渐有了“异教”含义的时候，与居住地相关的那种情形很快就在这个词的使用中被遗忘了。由于很少有机会对居住在乡村的异教徒单独断言什么，所以无须有一个单独的词来指谓他们，而“pagan”不仅逐渐用来意指异教徒而且最终只有了这一种意思。大多数人更为熟悉的一个例子是“恶棍”（villain or villein）这个词。这个词在中世纪有一种严格定义的涵谓，是对在不算太沉重的各种封建枷锁下的那些人恰当而合法的称呼。半野蛮的军事贵族阶层对他们的这些依附者的蔑视使得将任何人比作这样一类人都标志着最严重的侮辱，同样的蔑视让他们将各种可憎的品质都归之于这一类人。这些情形结合起来将“罪”与“恶”的观念有力地附加到了“villain”这个词身上，以至于将这一称呼即使用于可合法称呼的人身上都成了一种侮辱。至此之后，“罪”就成了这个词的涵谓的一部分并且很快成了其涵谓的全部。语词的最初意义完全消失的上述情况以及类似的情况提供了一直在语言中发生的双向运动的例子。其中一个是“普遍化”（Generalization），经由这一运动一些语词不断地丢失其部分涵谓，变得意义越来越少，却越来越普遍地被运用；另一个是“特殊化”（Specialization），经由这一运动另外一些甚至同样一些语词不断地接收新的涵谓，通过将它们的使用限制于它们以前可以在其中被恰当使用的场合的某一部分而获得额外的含义。这种双向运动在语言的自然史（人为的改变总应当在某种程度上参照这种自然史）中极具意义，理应对这种双重现象的本质及其存在的原因多做些思考。①

先来看普遍化运动。名称的无知运用所造成的意义变化，或者说名称在一种漫无边际的意义上来运用所造成的意义变化，是语言变化的真正来源。当一个语词因常常在所涵谓的某种性质不存在的情况下被使用而逐渐变得不再能够让人明确地想到那种性质时，甚至那些不会弄错这个词的本来意义的人也更乐意以某种不同的方式来表达那种意义，从而任由最初的那个语词消亡。如，原本指谓土地拥有者的“Squire”这个词，后来可指谓给妇女献殷

① MILL J S. A System of Logic [M]. London: Longmans, Green, And Co., 1886: 450 - 451.

勤的人、骑士的随从等；原本指谓教区的教区长的“Parson”这个词，后来通指牧师；还有原本仅仅指谓画家或雕塑家的“Artist”这个词，后来通指艺术家。这些语词都属这类情况。这些例子清楚地表明了在历史上的某些时期当文字教育中断时语言退化的过程。而现在，人们仍然处在误用和滥用语言的类似危险中。无人知道如何悄悄溜进来的语词的非规范性用法每天都在使英语这种语言失去表达思想的宝贵方式。兹举一例，动词“transpire”先前极富表现力地表达了“经由不为人所注意的渠道而为人所知”的意思，就像经由不可见的细孔发散开来，就像气体逃逸。后来，为了时髦的缘故，这个词开始被纯粹用作“发生”（to happen）的同义词，“发生（transpired）在克里米亚的事件”意指关于战争的事变。其他一些让学者们误用和滥用语词的情况则并非是出于赶时髦，而仅仅是由于缺乏教育。将“aggravating”（加重、恶化）用作“provoking”（激怒）这种非规范性用法已悄然溜进了几乎所有的报纸和众多的书籍中。而当这个词以其本来的含义来使用时，如当刑法方面的学者谈论“加重”（aggravating）和减轻罪行的情形时，他们的意思可能已经被误解了。认为语言的这些讹误没有什么害处是极大的错误。那些正在与“清晰准确地表达”这一困难抗争的人清楚地知道这种困难何其巨大，会发现他们的空间正在被攫取某种曾经用来简洁明快地传达毫无歧义的意思的言语形式并对其本义加以曲解的人不断地压缩。很难想象，过去几年出现的因“only”对于矫情的修辞来说不够华丽而将“alone”这个词用作一个副词这样一种非规范性用法会让一个人的言辞如何含糊不已。当有人说“To which I am not alone bound by honour, but also by law”① 时，他没有意识到他无意中所说的是：“并非只有”（not alone）他受到束缚，还有别人也受到束缚。以前，如果有人说“I am not alone responsible for this”，那么他的意思（也是在正确的英语中唯一的意思）是说：他并非是唯一一个要对此负责的人。而要是他现在再说这句话，听者就会弄不清楚他说的是这种意思还是另外两种意思，即他“不仅要负责”还要做些别的什么，或者说他“不仅要

① 这句话本意是说：“我不仅被荣誉束缚于其上，而且被法律束缚于其上。”但这里因句子中用了“alone”一词而产生了歧义。

对此”负责还要对别的什么负责。显然，让“I will not die alone”① 产生歧义的时代正在来临。“消去”（to eliminate）这一数学和逻辑中的术语正在经历一种类似的毁灭。所有熟悉这个词的固有用法或词源的人都知道，消去一个东西就是将其扔掉，而那些除了觉着它是个外观精致的语词之外对其一无所知的人却完全在一种相反的意义上来使用它，即不是用它来指谓拿开什么东西而是用它来指谓带来什么东西。他们谈论从一大堆细枝末节中来“eliminating”某一事实或某种结果。翻译者的荒唐错误也在造成语言退化的危险。电报抄录员和报纸的驻外记者长期以来一直用“to demand”来翻译法语的“demander”一词，毫不怀疑它的意思就是“to ask”，以至于英国读者们慢慢将“demand”这个英文词与单纯的“ask”关联起来而没有留下一个词来表达固有意义上的“demand”。与此相似，表示英文中的“compromise”（和解）的“transaction”这个法语词被翻译成了英文词“transaction”，而在法国“compromise”这个词近来开始被用来表达“和解”的意思。如果这种情况继续下去，这两个国家就会彼此交换许多习惯表达。不过，与这种因无知的误用而造成的名称普遍化无关的是，在同样的方向上，存在着一种要求全面把握名称意义的倾向，这种倾向来自这一事实，即人们所知道的并且想要谈论的事物的数量要远比表示它们的名称增加得更快。除了在需要构造较多科学专业术语的学科上之外，采用一个全新的名称通常并不容易，因为人们天生更愿意赋予新对象一个至少表明该对象与某种已知的东西相似的名称，而最初用一个全新的名称来表述一个新对象传达不了任何信息。于是，“种”的名称常常就成了“属”的名称，如“盐”（salt）和“油”（oil）。前一个词原本仅指谓纳的氯化物（muriate of soda），后一个词，就像其词源所表明的那样，仅指谓橄榄油（oliver oil）。而现在它们分别指谓与其性质在某些方面相似的更为宽泛多样的一类物质，并且涵谓这类物质所共有的性质而不仅仅是橄榄油和海盐的那些独特性质。被化学家称为“玻璃器皿”和“脂肪酸盐”的“glass”和“soap”两个词情况也是这样。语词在日常使用中变得越

① 英国诗人丁尼生（Alfred Tennyson，1809 年—1892 年）曾以希腊神话中的山林仙子俄诺涅为题作诗一首，描写她和特洛伊王子帕里斯之间的凄美爱情，这句话为其中的一句。其本意是说：“我不会孤独地死去。”这里同样因句子中用了“alone”一词而产生了歧义。

来越普遍化并且越来越缺少表达力的这样一种变化更多地发生在表达复杂的心灵现象和社会现象的语词身上。那些通常谈论或书写他们并不熟悉的精神和社会现象的人是造成语言这一变化的主要责任者。除了善于思考并接受过良好教育的人之外，一般人在这些方面的词汇都明显不足。他们只有为数不多的一些常用词，并用它们来表达完全不同类的现象，因为他们从来没有充分地分析那些语词并将其与完全明确的观念关联起来。例如，孟加拉国的第一批英国征服者将"landed proprietor"（地主）这个称呼随他们一起带入到了一个个人对土地的权利在程度上甚至在性质上都与英国人所认可的极为不同的国家。将这个带着英国人所认可的全部关联的称呼从一个因为没有绝对权利，他们就将其权利全部拿走的人那里应用到一个仅有有限权利他们却给予其绝对权利的人身上，导致该国所有阶层的人潦倒而绝望，继而盗匪蜂起、人心惶惶，造成了虽是出于最好的意愿但却即使是最残暴的野蛮入侵者也没有造成的社会崩溃。①在讨论了因语词的误用和滥用导致语词意义的普遍化运动之后，穆勒接着讨论了语词意义的特殊化运动。

当观念的增长快于名称的增长以至于同样的名称被用于越来越多的场合的时候，一种相反的活动也在展开着。这种活动通过不断地将原本并不包括在名称的意义中但由于某种偶然的原因而与名称的意义关联起来的情形添加为名称的涵谓，从而将名称的使用限制于越来越少的场合。上述"异教徒"（pagan）和"恶棍"（villain）这两个词不仅是语词意义普遍化的例子，而且从另一个方向来看也是出于偶然关联的语词意义特殊化的例子。甚至在关乎科学的系统性专门术语（nomenclature）的历史中，类似的特殊化也频繁出现。在此，穆勒引用了约翰·帕瑞斯（John Paris，1785 年—1856 年）《药物学》中的一段话来说明这种现象。"常常可以见到，用来表达普遍特征的一个词随后成了那些特征在其中尤为突出的一种特殊物质的名称；我们发现，系统性名称中的一些重要反常可以由此得到解释。'Arsenic'（砷）由其派生而来的'*Αρσενίκον*'这个词是一个用于那些具有强烈毒性的天然物质的古老称呼，由于砷的毒性被发现极为强烈，所以这个词尤其用来称呼这一成分

① MILL J S. A System of Logic［M］. London：Longmans，Green，And Co.，1886：451－453.

最常出现于其中的'三硫化二砷'(Orpiment)。同样,'Verbena'(马鞭草,也即'Herbena')这个词原本指谓那些我们从诗人那里了解到的、由于它们用于祭祀仪式而被认为是神圣的香草;但由于在这些仪式上通常只采用马鞭草这一种香草,所以'Verbena'这个词渐渐只指谓这种特殊的香草了,而这种香草也就一直以'Verbena'或'Vervain'的称呼传到了今天;实际上直到最近,因其被挂在脖子上作护身符才享有了其神圣来源所赋予它的可作药物的名声。在'Vitriol'(矾)这个词原本的用法中,其指谓任何带有一定透明(vitrum)度的晶状体,而现在,几乎不必去留心观察就会发现,这个词已被专用于指谓一个特殊的种了;同样,作为普遍名称的'Bark'(树皮)用来表达一个属,而通过将冠词'The'用作前缀这种高明的方式,就得到了'The bark'①;'Opium'(鸦片)这个词也是一样,其最初的含义指任何一种汁液(ὀπὸs,Succus),而现在却只指谓其中的一个种即鸦片的汁液了。还有,'Elaterium'被希波克拉底(Hippocrates,公元前460年—公元前370年)用来指各种不同的内用药,尤指具有一种猛烈和强烈性质的泻药(该词来自意思为agito,moveo,stimulo②的ἐλαύνω这个词),但其却被后来的学者们完全用来指谓自野生喷瓜的汁液中沉淀而来的那种特效物。此外,'Fecula'这个词起初意指由液体自发沉淀而来的任何一种物质(该词来自意思为任一液体的沉淀物或渣滓的'faex'一词);接着,它被用来指通过搅动水中小麦面粉的方式积淀而成的'淀粉'(Starch);最后,它又被用来指一种特殊的植物素,其像淀粉一样,在冷水中不可溶,但在沸水中却完全可溶并形成一种凝胶状溶液。'fecula'这个词的这种不确定的意义在药物化学中造成了许多错误。如,'Elaterium'被说成是'fecula',在这个词的原初含义上,如此称呼是恰当的,因为'Elaterium'是从植物汁液中通过自发沉淀而取得的;但在'fecula'这个词有限的现代含义上,它却传达了一个错误的观念,因为'Elaterium'不是存在于'fecula'中那种有特效的汁素,而是一种独特的、自成一类的、近似汁素的东西,我斗胆给其取名'Elatin'。因为同样的原因,'Extract'(提取物)这个词也包含着许多令人困惑的含糊之

① 指"药用树皮",尤指"金鸡纳(cinchona)树皮"。

② Agito,moveo和stimulo这三个拉丁词都有"搅动""刺激"的意思。

处，它一般情况下用来指通过植物溶液的蒸发而得到的任何一种物质，而特殊情况下用来指一种独特的、具有某些可与其他基本物区别开来的特征的、近似汁素的东西。”①如果人们更多地想到和谈到的是个体或种而不是包含在属中的别的什么东西，那么一个属名称就总是易于被限制用在单个一个种上甚至一个个体上。如，马车夫会把“cattle”（家畜）理解为马；在农场经营者的语言中，“beasts”（畜牲）表示牛；而在一些打猎爱好者那里，“birds”（鸟）仅表示鹧鸪。在这些平常的事例中起作用的语言法则与当基督教从多神教那里采用“*Θεός*”“Deus”和“God”来表达其本身所崇拜的那个单一对象时起作用的法则完全一样。基督教会的几乎所有专业术语都由起初在一种更为普遍的意义上所使用的语词构成：Ecclesia（会众，Assembly）、Bishop（主教，Episcopus，Overseer）、Priest（牧师，Presbyter，Elder）、Deacon（执事，Diaconus，Administrator）、Sacrament（圣餐礼，a vow of allegiance）、E-vangelism（福音，good tidings）；而有些词，如 Minister（牧师），仍在普遍的和有限的含义上被使用。“Physician”（*φυσικός* 或博物学家）在英格兰与“疾病治疗者”同义，因为直到较近的时候开业医师也还是唯一的博物学家。“Clerc”或“clericus”本来指学者，慢慢用来指牧师，因为许多世纪以来牧师是唯一的学者。就某个特殊时期与一个语词偶然关联的情形进入到该词的意义中而言，还可以举出更多的例子。不过，就全部观念而言，最易于在近似（proximity）中关联起来的观念是有关快乐和痛苦的观念，或者说是人们习惯认为是快乐和痛苦来源的那些东西的观念。因而，一个语词最易呈现出的附加涵谓是有关愉悦和痛苦的涵谓：是“渴求”还是“嫌弃”，是“憎恨”“畏惧”“蔑视”，还是“崇拜”“期望”“蔑视”。相应地，几乎没有一个名称，其表达了可唤起带有善恶性质的强烈感情的精神或社会事实，却没有让这些强烈的感情或者至少让对精神或社会事实的“认同”或“谴责”成为其涵谓，以至于在将其与表达了相反感情的其他名称一起使用时导致了悖论的结果甚至用语的矛盾。如此得到的涵谓对主要思想习惯的有害影响，尤其在伦理学和政治学中的有害影响，已经在许多场合显现出来了。其造成了“乞求论题的名称”（question-begging names）这一谬误，而这一谬误则成了

① PARIS J. Pharmacologia［M］. New York：Duyckinck，1825：37－38.

貌似自明的命题最常见的来源之一。无须再多举例来说明语词的日常使用在语词含义中所不断造成的变化了，作为一条实用规则，需要补充的是：不能阻止这些变化的逻辑学者当其受到不可消除的影响时应当高兴地顺应这些变化，而要是需要下定义，就按照一个词的新意义来定义这个词；如果需要并且如果有任何能够将这个词先前的意义保留在哲学的语言中或者日常的使用中的机会，那么就将其作为第二种含义保留下来。逻辑学者不可能构造除科学用语之外的任何语词的意义，它们的意义是由人类集体共同构造的。但逻辑学者可以清楚地确定是什么东西在模糊地将大众的心灵引向对名称的特殊使用；当他们发现这一点时，他们可以用清晰明确和稳定持久的语词来表现这一点，以便人们能够明白他们对其有亲知之前的语词意义并且不会让其随后被遗忘或被误解。①在举例说明了语词意义变化的自然史之后，穆勒继续讨论了“哲学语言”的第二个必要因素。

三、“哲学语言”的第二个必要因素

对于一种适宜于探究真理的语言来说，其每个词都应传达一种确定无误的意义，这是它的第一个必要因素，但它还必须要有另外一些必要因素，其中一些不那么重要，但有一种却极为重要，可以说具有根本的重要性，这一必要因素就是：每一种可能的意义都应有一个名称来表达。因而，穆勒这里所说的“哲学语言”不仅每个词都应完美地表达自身的意义而且也不应有什么重要的意义没有相应的词来表达。对于“哲学语言”的这第二个必要因素穆勒从三个方面进行了说明。

首先，应当有对观察事实进行记录的名称，即这种记录用语应能准确地表明所观察到的是何种事实。换句话说，应当有一种准确的描述性专门术语(Descriptive Terminology)。人们能够直接观察到的东西仅仅是自己的感觉或感受，一种完整的描述性语言应当是每一种基本的感觉或感受在其中都有一个名称的语言。如果构成复合感受的每一种基本感受都有一个名称，那么复合的感受就可以得到描述。而如果不只是基本的感受有各自不同的名称，所

① MILL J S. A System of Logic［M］. London：Longmans，Green，And Co.，1886：453－455.

有复合的感受也都有各自不同的名称，那么描述的简洁性和清晰性就可以得到极大的改进。对此，惠威尔有如下绝妙的论述。

（描述性）专门术语的意义最初只能通过约定来确定，而且只能通过呈现给那些术语所指向的感官来得到理解。通过其名称来认识一种颜色只能由眼睛来教会。没有什么描述能传达给听者我们用苹果绿（apple-green）或法国灰（French-grey）所意指的东西。也许可以设想，“苹果绿”中指称大家都很熟悉的对象的“苹果”这个词足以使人想到所意指的那种颜色。但很容易就可看出，这并不正确，因为苹果具有各种深浅不同的绿，而只有通过约定的选择我们才能使“苹果绿”这个词专指一种特殊的色调。一旦这种专指被确定，语词就与感觉有关而不再与其构成部分有关了；因为这些部分进入复合词只是为了有助于记忆，而不管是像在“苹果绿”中那样让人想到一种自然的关联还是像在“法国灰”中那样让人想到一种随意的关联。为了从这类专业术语中获得应有的便利，它们必须直接与其所属的感知相关联，而不是通过日常语言的含糊用法与之相关联。记忆必须保留住感觉；专业语词必须像最常用的语词一样直接被理解并更清楚地被理解。当我们看到像“锡白”（tin-white）或“铜棕”（pinchbeck-brown）这样的语词时，所指的那种金属颜色应立刻无须思索地浮现在我们的记忆里。

追忆物体较为简单的属性如颜色和形态是极为重要的，这一点对于复合性较高的语词也一样成立。无论什么情况下，这样一个语词都通过约定而被固定了一种特殊的意义，学习者为了使用这个词必须对约定极为熟悉，以便他无须再对这个词本身进行猜想，因为那些猜想总是靠不住的并且常常是错误的。如用于一种花的“蝶形的”（papilionaceous）这个词，就不仅被用来指明与蝴蝶的相似性，而且用来指明产生于具有某种特殊形状和排列的五个花瓣的相似性；而要是这种相似性以一种不同的方式所产生，如只由一个或两个花瓣所产生，而不是由一个“标准的”两“翼”加上一个由多多少少合为一体的两部分构成的“龙骨瓣”所产生，那么这种相似性即使比它在五个花瓣的情况中显得更大，我们也不再有正当的理由说它是“蝶形的”相似性。①

不过，当所命名的东西，是一种简单感觉的组合时，学习者不必为了弄明白那个词的意思而去重新注意那些感觉本身，那个词的意思可以通过别的词来传达给他们。也即是说，那些词可以被定义。但基本感觉或简单感觉的名称却无法被定义，除了使学习者体验到那种感觉或者使学习者回想起以前对那种感觉的体验之外，不存在任何使其意义为人所知的方法。因而，只有外在感官上的印象或者说与外在对象相关联的内在感受才真正使得一种精确的描述性语言成为可能。例如，对于因疾病或特殊生理状态而产生的各种感觉来说，试图命名它们纯属白费力气，因为正如没有人能判断任何两个人的感觉是否相同一样，对任意两个人来说，名称也不可能具有真正的意义共同性。对于纯粹心理的感受，很大程度上也可以这样说。但是，在与外在对象打交道的某些科学中，"哲学语言"的这种性质却体现的相当完美。②这里穆勒继续引用了惠威尔的几段论述。

一种准确而丰富的用于植物学的描述性语言已经巧妙而得体地形成了，而在得到这种语言之前，人们几乎做梦都想不到能得到它。一种植物的各个部分都已得到命名，而每一部分甚至最细微部分的形态都有一大堆专属于它的描述性语词，借此植物学家们就可以准确地、好像每一个细微部分都纤毫毕现地呈现在他们面前一样来传播并获取植物形态和结构方面的知识了。这一局面的形成是林耐改革的重要一部分…… 德甘道尔（Augustin de Candolle, 1778 年—1841 年）说："德杜内佛似乎是第一个真正认识到以这么一种方式——总在相同的含义下来使用一个词并且总用相同的词来表达相同的观念——来确定名称含义的功用的第一人；不过，正是林耐真正创造并确定了这种植物学语言，荣誉应归于他，因为通过这种语言的确定，他使清晰和精确成了一切科学的特点"。

这里不必对植物学的用语做出任何详尽的说明。随着对植物学的研究越来越细致，那些基本的用语就被逐步引入了。例如，花朵被必要地区分为

① WHEWELL W. History of Scientific Ideas [M] . 3rd ed. vol. 2. London: John W. Parker And Son, West Strand, 1858: 110 - 111.

② MILL J S. A System of Logic [M] . London: Longmans, Green, And Co., 1886: 457.

“花萼”、“花冠”、“雄蕊”和“雌蕊”；花冠部分被克鲁姆纳（Columna，生平不详）称为“花瓣”，花萼部分被内克尔（Noël Necker，1730年—1793年）称为“萼片”。有时还发明一些更具普遍性的用语，如“花苞”，用来包括花萼和花冠，而不管其中有一种还是两种；又如“囊果皮”，用来指不管是何种类型的果实、果核、果荚等等包裹籽粒的部分。很容易想象，通过定义和组合，描述性用语会变得数目众多而又各不相同。如植物的叶子可以被称为：羽状半裂的、羽状深裂的、羽状全裂的、羽状分裂的、掌状半裂的、掌状深裂的等等；其中每个词都指出了叶片分裂的方式和程度与其轮廓分裂的不同组合。某些情况下，一些随意的数字关系也会被引入到定义中，例如，当一片叶子被凹口分成两部分时它就被称为“二裂的”；而如果凹口只到达叶子的中部，叶子就是“二半裂”的；如果接近叶子的底部，就是“二深裂的”；如果到达叶子的底部，就是“二全裂的”。又如，如果一种十字花科植物的果荚的长度是其宽度的四倍，那么它就被称为是“长角果”；如果短于这种长度，它就被称为“短角果”。一旦确定了这些名称，那种极为复杂的叶子的形态或一种蕨类植物（威氏膜蕨）的叶子的形态就可由如下这些短语来准确地表达：“羽状硬叶，下单侧羽状半裂反弯羽片，未分开或二半裂线性细裂片，锯齿形小刺。”其他特征象形态一样可被准确地表达出来，如通过一种分类的色度标准来表达颜色…… 魏纳（Abraham Werner，1749年—1817年）极为准确地做到了这一点，他的色度标准仍是博物学家最通用的标准。魏纳还引入了一种涉及矿物学中其他一些重要特征的更为准确的专门术语，如光泽、硬度。而莫斯（Friedrich Mohs，1773年—1839年）通过给出一种有关硬度的数字度量又将此推进了一步，其中云母为1，石膏为2，方解石为3，等等。有些属性，如比重，通过定义可以立即给出一种数字度量；而其他一些属性，如结晶形式，则需要进行大量的数学计算和推理来指出它们的关系和层次。①

惠威尔的以上论述足以表明：“每一种可能的意义都有一个名称”首先意味着有一种精确的描述性专门术语。在此基础上，穆勒接下来讨论了“每

① WHEWELL W. History of Scientific Ideas [M]. 3rd ed. vol. 2. London: John W. Parker And Son, West Strand, 1858: 111-113.

一种可能的意义都有一个名称”其次意味着科学抽象的每一个较为重要的结果都有一个名称。

讨论了描述性专门术语（Descriptive Terminology）或记录对个别事例的观察所必不可少的那种语言之后，在向所观察到的事例的比较即走向归纳的预备步骤前进时，还需要另外一种不同的普遍名称。为了归纳，不管什么时候发现有必要引入某个新的普遍概念时，即无论何时当一组现象的比较导致认识到它们具有先前没有注意到的某种共同事实时，这个新概念或这个新的抽象结果都应当有一个与之相应的名称，尤其是如果其所包含的那种事实是一种可导致许多后果的事实或者是一种在其他各类现象中可能还会被发现的事实，就更应如此。无疑，在绝大多数这类情况中，可以把若干已被使用的语词结合在一起来表达想要表达的意思。但当一个东西频频被谈论时，即使仅仅出于节省时间和空间的考虑，也应当以尽可能简洁的方式来谈论它。要是在使用“圆”这个词的地方，都用“圆”的定义来替换它，几何证明就不知会有多么晦涩了。数学及其应用的本质要求注意力高度集中，而不是广为发散。只要一位数学家发现常常要同时谈论两个同样的东西，那么无论何时它们一起出现，他都会立即造出一个词来表达它们。就像在他的代数运算中他会用单个字母 P、Q 或 S 来代替（$a^m + b^n$）p/q 或者 $a/b + b/c + c/d + \cdots$ 一样。这不单单是为了缩短符号表达式，也是为了通过使心灵能够全神贯注于数量 S 与方程中其他数量之间的关系，不受不必要地去思考组成 S 的各个部分所造成的干扰，来简化运算的纯粹理智部分。不过，除了有助于增加清晰性这一理由之外，还有一个给理智活动中所获得的大量抽象结果赋予简明扼要的名称的理由。通过给这些结果加以命名，人们易于记住这些名称并且易于想到它们的定义，而如果没有专门的名称，只是把许多别的名称放到一起来表达相应的意思，那么这种由日常使用中已用于其他目的的语词构成的名称组合既不易于记忆，也不易于保持。要是人们想把一种特殊的观念组合永远记在心里，就没有什么东西会像其专用的名称那样能牢牢地抓住它。如果数学家们不得不说“一个不断增加或不断减少的量总是越来越接近于一个量，以至于其间的差别小于任何一个所指定的量，但又绝不会与之完全相等”而不是用一个简单的短语“量的极限”来表达上述说法，那么人们可能长期都保留不下来那些通过各种不同的量及其极限之间的关系所发现的大部分重要真理。如果不是说“动量”而是不得不说“速度中速度的单位数目与质量中质量的单位数目的乘积”，那么由于无法方便快捷地想到这一观念本身，以至于现在通过这一复杂观念所把握的许多动力学真理可能都会被遗漏掉。①讨论了“每一种可能的意义都有一个名称”的第二种意思之后，穆勒接下来讨论了它的第三种意思，即“每一种可能的意义都有一个名称”还意味着一种系统性专门术语或者说有关品类（Kinds）一个名称系统。

如前文所述，穆勒这里所说的“品类”或“自然品类”指的是通过数不清的属性而不是通过一两种属性来与别的类区分开来的类。这些类以之为根基的那种属性组合仅仅是无数其他与众不同的属性的一种索引。例如，“马”这个类是一个品类，“动物”是一个品类，但“白马”不是一个品类。根据“人们常常对其做出断言的一切东西都应当有一个名称”这一原则，显然每个品类也都应当有个名称。而且由于组成品类的个体有多得数不过来的共同属性正是“品类”的意思，所以由此得出，“品类”可作为一个对其运用许多谓词的主词。因而，“每一种可能的意义都有一个名称”的第三种意思或者说一种“哲学语言”的第三种构成要素是：每个“品类”都应当有一个名称。换句话说，不仅必须有一种描述性专门术语（terminology），一种有关科学抽象的重要结果的专门术语，还必须有一种系统性专门术语（nomenclature）。“描述性专门术语”和“系统性专门术语”这两个词被绝大多数学者几乎不加区别地加以使用，而惠威尔则是第一个始终如一地给这两个词指派不同意思的学者。他在它们之间所做的那种区分既实际又重要，其做法值得效仿。而在指出从哲学上将它们区分开来的诸多便利之前，对这种区分的糊涂无知已经影响了日常活动中语词的使用。人人都会说由拉瓦锡和居顿—莫沃在化学语言中所完成的改革就在于引入了一种新的系统性专门术语而不是一种新的描述性专门术语。“线状叶”“披针形叶”“阔椭圆形或椭圆形叶”“锯齿状或钝齿状叶”是一些组成植物学部分描述性专门术语的表达，而“香堇菜”（Viola odorata）和“乌乐树”（Ulex Europaeus）这些名称则属于植物学的系统性专门术语。系统性专门术语可以被定义为与一知识分支相关

---

① MILL J S. A System of Logic [M]. London: Longmans, Green, And Co., 1886: 458-459.

的所有品类的名称集，或者更恰当地说，所有最低品类或最低的种（*infimae species*）——即那些实际上不可再划分为“品类”的东西以及那些一般对应于博物学中被简单称为“种”的东西——的名称集。科学中有两个显著的系统性专门术语的例子：由林耐及其后继者所建立的有关植物和动物的专门术语以及18世纪末由法国化学家群体建立的有关化学的专门术语。在这两个科学部门中，不仅已知的每一个种或每一个最低的品类都有一个指定的名称，而且当新的最低品类被发现时，会立即按照一种齐一的原则给它们赋予名称。在其他科学中，这种系统性专门术语目前还没有在任何一个系统上被构造起来，这或者是因为所要命名的种还没有多到需要一种系统性专门术语的地步，如几何学中那样；或者是因为还没有人为那样一个系统提出一种恰当的原则，就像矿物学中那样，其中缺乏一种科学构造的系统性专门术语正是现在阻碍该门科学进步的主要原因。①

有鉴于此，这里有必要谈论一下包含在系统性专门术语中的名称涵谓的独特性质。一个表面上属于系统性专门术语的语词初看之下似乎在这方面不同于其他具体的普遍名称，即其意义并不存在于其涵谓中或其所蕴涵的属性中，而是存在于其指谓中即存在于这个词受命所指称的那类特殊的东西中，因而，不可能用定义的方式来揭示它，而必须用另一种方式来认识它。不过，穆勒认为这样一种看法是错误的。在穆勒看来，属于一种系统性专门术语的语词主要在这方面不同于别的语词，即除了通常的涵谓之外，它们还有一种关乎它们自身的特殊涵谓，即除了涵谓某些属性之外，它们还涵谓“那些属性为一个品类所独有”这一关乎它们自身的特殊涵谓。例如，从构成上看属于化学的系统性专门术语的“铁的过氧化物”这个词，其字面上就表明它是物质的一个特殊品类的名称。而且它像任何一个类名称一样涵谓由该类所共有的那些属性中的若干属性，在这个例子中即是成为一种铁和最大剂量氧的化合物这一属性。这两种东西、成为那样一种化合物的事实以及成为一个品类的事实共同构成了“铁的过氧化物”这一名称的涵谓。因此，当人们说面前的那种物质是铁的过氧化物时，人们首先断定了它是铁和最大剂量氧

① MILL J S. A System of Logic［M］. London：Longmans，Green，And Co.，1886：460－461.

的一种化合物，其次断定了如此化合而成的这种物质是一个特殊品类。现在，任何一个属于系统性专门术语的语词的这第二部分涵谓与其第一部分一样是其意义的必要一部分，而定义一般只表明了第一部分，因而，从表面上看，那些语词的含义似乎无法完全由定义来传达。不过，这种表象是错的。“香堇菜”（Viola odorata）这个名称指谓一个品类，其众多足以使其与众不同的特征在植物学著作中得到了阐明。这些特征的枚举与其他情况中一样肯定可以作为该名称的定义。不过，反对的观点认为，这些特征的枚举不是定义，因为“香堇菜”这个名称并不意指那些特征，它意指那个特殊的植物群落，那些特征仅仅是从大量特征中挑选出来的、用来识别那个植物群落的标志。对此，穆勒的回答是，要是有人发现若干不同的品类被混淆在这一名称之下，就没有人会再将“香堇菜”这一名称应用于整个群落了，而是会将其仅仅应用于其中的一个品类。因此，要紧的不是这个名称会指谓一组特殊的对象，而是它会指谓一个品类并且是一个最低的品类。这个名称的构成表明，无论怎样，它都将指谓一个最低的种，因而也表明，这个名称所涵谓的并且表达在定义中的那些属性仅仅是这样的属性：它们一起被发现时将指明一个品类并且它们仅仅在一个品类中被发现时才会由这个名称所涵谓。用于将一个品类与其他所有品类区分开来的那组特征加上蕴涵在系统性专门术语每一个语词构成中的那种特殊涵谓构成了这个语词的全部意义。说那组特征可以改变、可以用另一组更适于达到区分目的的特征来替换但这个仍然继续指谓同一类东西的语词并未改变其意义，这一点无可反驳。这与发生在别的普遍名称中的情况并无不同，在变动任一普遍名称的涵谓时，可以保留其指谓不变，而变动前的涵谓仍旧是其意义，因为无论在何处发现了定义中所规定下来的那些特征，人们都会立即运用这个名称，而唯一引导人们来运用这个名称的那种东西一定构成这个名称的含义。要是人们发现，与先前的信念相反，那些特征并不为一个种所特有，那么人们就会停止使用含有那些共有特征的这个名称。之所以如此，正是因为涵谓的另一部分即那个类必须是个品类的条件失效了。因而，涵谓仍旧是意义，那组描述性特征是一种真正的定义；而意义得以呈现，实际上并非单单通过定义，而是通过定义和整个语词的构成。①

至此，不难看出，穆勒对“哲学语言”两个必要因素的讨论可以简单而通俗地概括为：一个词一个意思，一个意思一个词。前者指的是：每一个名称或者说普遍名称都应有固定而明确的意义。后者指的是：每一种可能的意义都应有一个名称。这二者也可以说是“哲学语言”的两条基本构造原则。而穆勒对语词意义自然史的考察也进一步证明了这两条基本构造原则的恰当性。更重要的是，通过对命名、分类、定义、抽象、品类、描述性专门术语、系统性专门术语等问题的讨论，穆勒给出了构造“哲学语言”的具体可行方式。由此似乎可以看出，在穆勒的整个语言逻辑思想体系中，对“哲学语言”问题的思考才是其最终的落脚点。而由此似乎也就不难理解，为何在讨论“哲学语言”问题之前，穆勒要不厌其烦、反复不断地来讨论名称、命题、分类、定义等问题了。当然，至少到现在为止，穆勒对“哲学语言”构造的设想仍然着眼于日常语言，而接下来要讨论的一个问题则是穆勒语言逻辑思想研究领域长期被忽视的一个问题。

四、数学符号语言

上述分析表明，蕴涵在一种“哲学语言”两个基本必要因素中的东西首先是精确性（precision）或确定性（definiteness），其次是完全性（completeness）。穆勒认为，除了这两种性质之外，还需要注意一种性质，这种性质也是一种科学的语言所能拥有的最有价值的性质。通过如下这段话可以对这种性质有个大概的了解：无论何时当学科的性质允许推理过程得以毫无危险地机械进行时，其语言就应当尽可能地按照机械原理来构造，而在相反的情况中，则应当尽可能地为语言的纯粹机械使用设置最大的障碍。这种性质不妨称为不完全机械性（under-mechanicality）。穆勒就“哲学语言”的这样一种性质进行了如下讨论。②

首先，来看看这段话中所说的“机械地使用一种语言”是什么意思。语

① MILL J S. A System of Logic [M]. London: Longmans, Green, And Co., 1886: 461 - 462.

② MILL J S. A System of Logic [M]. London: Longmans, Green, And Co., 1886: 462 - 465.

言机械使用的最彻底或最极端的情况是：当语言被使用时丝毫不会让人意识到语言自身的意义，只会让人意识到正在使用与先已制定的专门规则相一致的某些看得见或听得到的标记（marks）。这种极端的情况除了在算术符号（figures）还有代数符号（symbols）——一种别具一格、也许可以说像人类心灵的任何一种创造一样对于其被指定的目的来说几近完美的语言——中以外还没有在任何地方出现过。其完美就在于其完全适用于纯粹机械的使用。符号只是算符（counters），除了约定连一点意义的影子都没有，而约定在每次使用这些符号时都会更新或改变，同一个符号 a 或 x 可以在不同的情况下表示不具有任何共同特性（除了都能够被记数之外）的东西。因而，没有什么能让心灵不去注意在符号上进行的那类机械运算，如等式的两边平方、用相同或等价的符号乘或除等式的两边，等等。实际上，每一个这样的运算都对应于一个三段论，都表示一步并不是与符号相关而是与符号所指的东西相关的（三段论式）推理（ratiocination）。但由于人们发现提出一种技术形式是可行的，通过遵照这种形式可以确保找到推理的结论，所以除了符号不用考虑任何东西人们的目的就能达到。既然旨在仅仅像机械系统（mechanism）那样工作，符号就具有了机械系统应当具有性质。它们有尽可能少的数目，从而占据尽可能少的空间并在运算中不浪费什么时间；它们是紧凑的，适于紧密结合，以便用它们进行的几乎每一次运算都能一目了然。数学符号语言这些令人赞叹的特性在许多思想家的心灵上造成了如此强烈的印象，以至于让他们普遍认为这种符号语言是一种“哲学语言”的理想类型，并且认为一般的名称或指号（signs）在多大程度上适合于思考的目的就要看它们在多大程度上具有紧凑性（compactness）、完全的非意义性（unmeaningness）以及不用去想它们表示什么就能被用作算符的能力，这些正是代数中 a 和 b、x 和 y 的特征。这样一种认识产生了科学会通过这种方式加速进步的乐观看法，而穆勒认为这种方式不可能有助于达到这一目的；这种认识还造成了对指号影响的部分夸大评价，这在很大程度上妨碍了对人们理智活动真正规律的正确理解。

不用意识到其意义就能用其来进行推理的一组指号最多只在演绎活动中是适用的。在归纳活动中，人们时刻都有一种清晰的有关现象的心理图像，因为整个活动的关键就在于感知那些现象相同和不同的特殊之处。而通过算符的推理即使对于演绎过程也仅仅适用于非常有限的部分。在有关数的推理中，有必要引入的只是这样一些一般原理，即等于同一个东西的东西彼此相等、相等的东西的和或差相等，以及这些原理的各种推论。人们在运用这些原理时不会出现丝毫的犹豫，因为这些原理对无论什么样的数量都成立，而且其所容许的每一种可能的运用都可以被还原为一种技术规则，如计算规则实际上就是这种技术规则。但要是符号还表示其他任何不同于数的东西，比如说表示直线或曲线，那么就不得不运用并非对所有的线都毫无例外成立的几何定理并且要挑选出那些对正在进行推理的线成立的定理。但除非人们清清楚楚地知道这些定理对什么样特殊的线成立，否则如何能做到这一点。既然补充的几何事实可以在推理过程的任一阶段被添加到推理中，所以即使在最短的那部分推理过程中，人们都不会像使用代数符号一样，听任自己机械地使用不附带心理图像的名称。只是在将一个有关线的问题变成一个有关数的问题之后，或者换句话说，在一个有关线的问题被还原为一个方程之后，非意义的指号才可运用，与研究相关的那些事实本身的性质才可从心灵中被消去。在方程得以确立之前，数学家进行推理所用的语言与任何一门别的学科上的推理者所用的语言在特征上并没有什么不同。

不容否认，要是每一个具有三段论形式的正确推理中没有一个词项有歧义，那么仅仅从表达形式上看该推理都是无可争辩的。而这正是如下情形之一，即如果所有的名称都被如此明智地构造并被如此小心地定义以至于不允许出现任何歧义，那么这种语言上的改进就不仅会给予每一门演绎科学的结论与数学的结论同样的确定性，而且无疑会像代数学那样，将所有的推理还原为一种技术形式，从而让推理的无可争辩性（conclusiveness）在仅仅通过一番机械的过程之后就能被合理地认同。但即使人们接受了其结论已是尽可能准确而严格的几何学，除了数的科学之外也不会再有任何一门科学其推理的实际有效性对任何一个仅仅查看推理本身的人就是显而易见的。由于几何和代数是仅有的其命题无条件为真的科学，而一切别的科学的普遍命题只是假设为真即在没有出现起相反作用的原因干扰的情况下为真，因而，一个从已被承认的自然定律推出的结论不管其推理形式多么正确，也只具有一种假设确定性。在推理的每一步都必须保证，没有任何别的自然定律去替换作为推理前提的那些定律或者与那些定律搅和在一起。但仅仅通过查看语词不能够做到这一点，所以，人们不仅要持之以恒地思考现象本身，还要持之以恒地研究它们，以便能够熟悉普遍原理在其中运用的每一种情况的那些特殊之处。被视为是一种“哲学语言”的代数符号（algebraic notation）在那些其研究已被还原为查明数之间的关系的学科上是完美的。不过，尽管对其自身的目的来说代数符号令人赞赏，但让其有如此表现的那些特性却远远没有使这种符号成为一种“哲学语言”的理想模型，结果导致任何一门别的学科分支的语言与之越接近，对其自身应有的功能来说就越不合适。在所有别的学科上，并不是要防止人们不去注意指号的意义，而是要想办法让人们尽可能看到指号的意义。

在自然语言中语词的形成更应如此，也即是说，借助于派生和类比，语词所意谓的东西应尽可能多地被人们意识到。在这方面，那些由本国语言的词根来形成其复合词和派生词的语言（如德语）而不是由一种外来的或死亡的语言的词根来形成其复合词和派生词的语言（英语、法语和意大利语更像是这种情况）具有一种巨大的优势。而最具优势的当属那些按照与所要表达的观念间的关系相应的固定类比来形成其复合词和派生词的语言。所有的语言或多或少都在这样做，但在现代欧洲语言中德语尤其如此。不过，即使如此也还是比不上希腊语。除了这两种语言中常常极为反常的与介词相复合的语词的情况之外，希腊语中派生词与原生词意义之间的关系通常都由其构成方式清楚地指明了。

但为了防止语词退化为无法对其所指有明确把握的纯粹声音或指号，通过构造语词的方式所能做的一切对于这种情况的必然性来说实在是于事无补。语词，无论起初构造的多么完美，总是会像硬币一样由于从一个人的手里传到另一个人的手里而带有磨损的痕迹。其复原的唯一可能的方式就是通过生活在对现象本身的习惯性思考中而不是通过安心于对表达现象的语词的熟悉中来重新标示语词。如果有人得到了不管起初是别人传达给他的还是他自己发现的记录在语词中的现象规律，因而满足于生活在这些惯用表达（formulae）中，满足于只想着这些惯用表达运用于它们所出现的情况中，而不保持对这些现象规律得以从中总结而来的现实的熟悉，那么他不仅会在现实活动中不断受挫——因为在没有充分考虑其他自然规律是否已经改变或废除了他的惯用表达的情况下他就运用了这些表达，而且对他来说，那些惯用表达本身也会不断地失去其意义，最终他甚至会无法确切地识别某种情况是否处在他的某个惯用表达适用的范围之内。简而言之，与在代数学中人们应当坚持无视一切个别而特殊的东西这一点是必要的一样，在所有非数学的学科上，同样必要的是，人们在其上进行推理的那些东西应当在具体的情形中并“包裹在情形中”来认识。

翁贝托·埃科在其《对完美语言的寻求》一书中提出：像 BASIC 和 Pascal 这样的计算机语言可以认为是一种“先天哲学语言”，说其是“先天的”，因为它们并非基于支配自然语言表面结构的语法规则之上，而是基于一种假定所有自然语言都共有的深层语法之上；说其是“哲学的”，因为它们假定了这种基于逻辑规则的深层语法既是人类思维的语法也是机器思维的语法。①显然，与埃科所谓的这种“先天哲学语言”相比，穆勒的“哲学语言”充其量只能算是一种“后天哲学语言”。不过，埃科继续谈到了这种“先天哲学语言”的两种内在局限：一、其推论规则来自西方逻辑传统，因而没能充分反映印欧语系所共有的基本语法结构；二、其表达性是有限的，也即是说，它们只能表达自然语言所能表达的很有限的一部分。②正因如此，今天重新关注穆勒有关“哲学语言”的意义确定性、表达完全性、使用机械性、表达应充分结合意义以及“哲学语言”应植根于日常语言的思想或许对逻辑与语言等相关领域的研究仍有一定的借鉴意义。弗雷格在其《论皮亚诺先生的“概念文字”和我自己的》一文中说：“用莱布尼兹的专门术语，我们可以说布尔的逻辑是一种‘（演绎）推理演算’（calculus ratiocinator），但不是一种‘（普遍）文字语言’（lingua characteristica）；皮亚诺的数理逻辑主要是一种‘（普遍）文字语言’，附带性地是一种‘（演绎）推理演算’；而我的‘概念文字’则同等地强调了此二者。”③ 这一点在弗雷格的《概念文字：一种以算术语言为模型用于纯粹思想的定式语言》这本小册子的标题中即有所体现。从穆勒对“哲学语言”和“数学符号语言”的以上讨论可以看出，穆勒

① ECO U. The Search for the Perfect Language [M] . Oxford: Blackwell Publishers Ltd. , 1995: 311.

② ECO U. The Search for the Perfect Language [M] . Oxford: Blackwell Publishers Ltd. , 1995: 311.

③ FREGE G. On Herr Peano ' s Begriffsschrift and my own [J] . *Australasian Journal of Philosophy*, 1969 (1): 1 – 14. 7.

认为“哲学语言”应当注重语形和语义两个方面的完美结合，缺一不可，即是说，一种真正的“哲学语言”既是一种“（演绎）推理演算”，也是一种“（普遍）文字语言”。不过，穆勒虽有这种设想，但其最终并没能给出一种具体的“哲学语言”，而弗雷格的“概念文字”无疑在实现穆勒所设想的一种真正的“哲学语言”乃至笛卡尔的“普遍语言”和莱布尼兹的“普遍文字”方向上迈出了一大步。考虑到弗雷格对反映穆勒有关“哲学语言”和“数学符号语言”观点的《逻辑体系》一书相当熟悉，似乎有理由猜测，穆勒这位一贯被认为是传统逻辑领域的逻辑学者与现代符号逻辑或数理逻辑也有着某种长期以来被学界所忽视的联系。

参考文献

[1] ABELARD P. Dialectica [M] //COUSIN V. Ouvrages inédits D' Abelard [C] . Paris: Imprimerie Royale: 1836.

[2] ARISTOTLE. De Interpretatione [M] //BAENES J. The Complete Works of Aristotle [M] . vol. 1. Princeton: Princeton University Press, 1984.

[3] ARISTOTLE. Physica [M] //ROSS W D. The Works of Aristotle [C] . vol. 2. Oxford: The Clarendon Press, 1930.

[4] ARNAULD A. and NICOLE P. The Port Royal Logic [M] . 5th ed. Edinburgh: James Gordon, 1861.

[5] BACON F. The Advancement of Learning [M] . New York: P. F. Collier and Son, 1901.

[6] BAIN A. Logic [M] . vol. 1. 2nd ed. London: Longmans, Green, Reader, & Dyer, 1873.

[7] BARNES W H F. The Doctrine of Connotation and Denotation [J] . Mind, 1945 (54), 215: 254 -263.

[8] BEANEY M. The Frege Reader [C] . Oxford: Blackwell Publishers, Ltd. , 1997.

[9] BLACKBURN S. The Oxford Dictionary of Philosophy [M] . Oxford: Oxford University Press, 1996.

[10] BOLZANO B. Paradoxes of the Infinite [M] . New York: Routledge & Kegan Paul Ltd. , 1950.

[11] BOSANQUET B. The Essentials of Logic [M] . London: Macmillan

and Co. , Limited, 1895.

[12] BOSANQUET B. Logic or the Morphology of Knowledge [M] . Oxford: Clarenton Press, 1911.

[13] BUNNIN N. JIYUAN Y. The Blackwell Dictionary of Western Philosophy [M] . Malden: Blackwell Publishing, 2004.

[14] CARNAP R. P. F. Strawson On Linguistic Naturalism [A] //SCHILPP P A. The Philosophy of Rudolf Carnap. La Salle: Open Court, 1963: 933 -939.

[15] CHURCH A. Introduction to Mathematical Logic [M] . Princeton, N. J. : Princeton University Press, 1956.

[16] COFFEY P. The Science of Logic [M] . vol. 1. New York: Peter Smith, 1938.

[17] CONDILLAC E. Essay on the Origin of Human Knowledge [M] . Cambridge: Cambridge University Press, 2001.

[18] CONFORD F M. From Religion to Philosophy [M] . New York: Harper & Brothers Publishers, 1957.

[19] DESCARTES R. The Philosophical Writings of Descartes [M]. vol. 3. Cambridge: Cambridge University Press, 1991.

[20] DESLAURIERS M. Aristotle on Definition [M] . Leiden: Brill, 2007.

[21] DUMITRIU A. History of Logic [M], vol. 3. Bucharest: Abacus Press, 1977.

[22] ECO U. The Search for the Perfect Language [M] . Oxford: Blackwell Publishers Ltd, 1995.

[23] FOWLER T. Logic: Deductive and Inductive [M] . Oxford: At the Clarendon Press, 1904.

[24] FLESCH R. The Art of Clear Thinking [M] . New York: Happer & Brothers, 1951.

[25] FREGE G. A new Attempt at a Foundation for Arithmetic [A] //HERMES H. Posthumous Writings [C] . Chicago: The University of Chicago Press, 1979: 278 -281.

[26] FREGE G. Begriffsschrift [M] //VAN HEIJENNOORT J. From Frege

to Gödel [C] . Cambridge: Harvard University Press, 1967.

[27] FREGE G. Boole' s Logical Calculus and the Concept – script [A] //HERMES H. Posthumous Writings [C] . Chicago: The University of Chicago Press, 1979: 9 – 46.

[28] FREGE G. Logic in Mathematics [A] //HERMES H. Posthumous Writings [C] . Chicago: The University of Chicago Press, 1979: 203 – 250.

[29] FREGE G. On Herr Peano' s Begriffsschrift and my own [J]. Australasian Journal of Philosophy, 1969 (47), 1: 1 – 14.

[30] FREGE G. On Schoenflies: Die Logischen Paradoxien der Mengenlehre [A] //HERMES H. Posthumous Writings [C] . Chicago: The Universtiy of Chicago Press, 1979: 176 – 183.

[31] FREGE G. On Sinn and Bedeutung [A] //BEANEY M. The Frege Reader [C] . Oxford: Blackwell Publishers, Ltd. , 1997: 151 – 171.

[32] FREGE G. The Foundation of Arithmetic [M] . New York: Harper & Brothers, 1950.

[33] GABBY D M. WOODS J. Handbook of the History of Logic [M], vol. 4. Amsterdam: Elsevier, 2008.

[34] GEACH P T. Reference and Generaliy: An Examination of Some Medieval and Modern Theories [M] . 3rd ed. Ithaca: Cornell University Press, 1980.

[35] GILLIES D. Artificial Intelligence and Scientific Method [M] . Oxford: Oxford University Press, 1996.

[36] GÖDEL K. Is mathematics syntax of language? [A] //FEFERMAN S. Kurt Gödel Collected Works [C] . vol. 3. New York: Oxford University Press, 1995: 334 – 363.

[37] GOODSTEIN R L. Essays in the Philosophy of Mathematics [M]. Leichester: Leichester University Press, 1965.

[38] GREEN T H. The Logic of J. S. Mill [M] //NETTLESHIP R L. Works of Thomas Hill Green [C], vol. 2. London: Longmans, Green, and Co. , 1886.

[39] GRÜNBAUM A. Modern Science and Zeno' s Paradoxes [M]. Middletown: Wesleyan University Press. 1967.

［40］ HALES A. Universae Theologiae Summa［M］. pars. 1. Senensem：Venetijs，apud Franciscum Franciscium，1576.

［41］ HAMILTON W. Discussions on Philosophy and Literature，Education and University Reform ［M］. 3rd ed. Edinburgh：William Blackwood and Sons，1860.

［42］ HAMILTON W. Lectures on Logic ［M］. Boston：Gould and Lincoln，1860.

［43］ HOBBES T. Computation or Logic ［M］//MOLESWORTH W. The English Works of Thomas Hobbes［C］. vol. 1. London：John Bohn，1839.

［44］ HOBBES T. Leviethan［M］//MOLESWORTH W. The English Works of Thomas Hobbes［C］. vol. 3. London：John Bohn，1969.

［45］ HORN L R. A Natural History of Negation［M］. Standford：CSLI Publications，2001.

［46］ HURLEY P J. A Concise Introduction to Logic［M］. 11th ed. Boston：Wadsworth，2012.

［47］ HUSSERL E. Logical Investigation ［M］. vol. 1. New York：Routledge，2001.

［48］ HUSSERl E. Philosophy of Arithmetic ［M］. Dordrecht：Kluwer Academic Publishers，2003.

［49］ JACKSON R. An Examination of the Deductive Logic of John Stuart Mill ［M］. London：Oxford University Press，1941.

［50］ JEVONS W S. On the Mechanical Performance of Logical Inference ［J］. Philosophical Transactions of the Royal Society London，1870（160）：497 – 518.

［51］ JEVONS W S. The Principles of Science ［M］. London：Macmillan and Co. 1877.

［52］ JONG W R. The Semantics of John Stuart Mill ［M］. Dordrecht：D. Reidel Publishing Company，1982.

［53］ JOSEPH H W B. An Introduction to Logic［M］. Oxford：The Clarendon Press，1906.

[54] KEYNES J K. Studies and Exercises in Formal Logic [M] . London: Macmillan and Co. Limited, 1928.

[55] KRETZMANN N. Semantics, History of [A] //BORCHERT D M. Encyclopedia of Philosophy [C] . 2nd ed. vol. 8. Detroit: Thomason Gale, 2006: 750 – 807.

[56] KRIPKE S A. Naming and Necessity [M] . Cambridge: Harvard University Press, 1980.

[57] KUBITZ O A. Development of John Stuart Mill' s System of Logic [M]. Illinois: Illinois Studies in the Social Sciences, 1932.

[58] LECQ R. Logic and Theories of Meaning in the Late 13th and Early 14th Century Including the Modistae [A] //GABBAY D M. and WOODS J. Handbook of the History of Logic [C] . vol. 2. Amsterdam: Elsevier, 2008: 347 – 388.

[59] LEIBNIZ G. On the General Characteristic [A] //LOEMKER L E. Philosophical Papers and Letters. Dordrecht: D. Reidel Publishing Company, 1969: 221 – 228.

[60] LOCKE J. An Essay Concerning Human Understanding [M] . London: William Baynes and Son, Paternoster Row, 1823.

[61] MAAT J. Philosophical Languages in the Seventeenth Century: Dalgarno, Wilkins, Leibniz [M] . Dordrecht: Kluwer Academic Pulishers, 2004.

[62] MAXWELL G. and FEIGL H. Why Ordinary Language Needs Reforming [J] . The Journal of Philosophy, 1961 (58), 18: 488 – 498.

[63] MCKIE J R. The Persuasiveness of Zeno' s Paradoxes [J] . Philosophy and Phenomenological Research, 1987 (47), 4: 631 – 639.

[64] MILL J. Analysis of the Phenomena of the Human Mind [M]. vol. 1. London: Longmans Green Reader and Dyer, 1869.

[65] MILL J S. A System of Logic [M] . London: Longmans, Green, And Co. , 1886.

[66] MILL J S. An Examination of Sir William Hamilton' s Philosophy [M]. London: Longman, Robert & Green, 1865.

[67] MILL J S. An Examination of Sir William Hamilton' s Philosophy

[M] //ROBSON J M. Collected Works of John Stuart Mill [C] . vol. 9, University of Toronto Press, 1979.

[68] MILL J S. Inaugural Address Delivered to the University of St. Andrews [M] //ROBSON J M. and STILLINGER J. Collected Works of John Stuart Mill [C] . vol. 21. Toronto: University of Toronto Press, 1984.

[69] MILL J S. Whately' s Elements of Logic [M] //ROBSON J M and-STILLINGER J. Collected Works of John Stuart Mill [C] . vol. 11. Toronto: University of Toronto Press, 1978.

[70] MINTO W. Logic: Inductive and Deductive [M] . London: John Murray, 1915.

[71] NEWTON I. The Mathematical Principles of Natural Philosophy [M]. New York: Daniel Adee, 1846.

[72] NIDDITCH P H. The Development of Mathematical Logic [M] . New York: The Free Press of Glencoe, 1962.

[73] NUCHELMANS G. Theories of the Proposition: Ancient and Medieval Conceptions of the Bearers of Truth and Falsity [M] . Amsterdam: North – Holland Publishing Company, 1973.

[74] OCKHAM W. Ockham' s Theory of Terms: Part I of the Summa Logiae [M] . Notre Dame: University of Notre Dame Press, 1974.

[75] PARIS J. Pharmacologia [M] . New York: Duyckinck, 1825.

[76] PARROCHIA D. and NEUVILLE P. Towards a General Theory of Classification [M] . Basel: Springer, 2013.

[77] PEIRCE C S. Upon Logical Comprehension and Extension [A] // MOORE E C. Writings of Charles S. Peirce [C] . vol. 2. Bloomington: Indiana University Press, 1984: 70 – 86.

[78] PRIOR A N. The Doctrine of Propositions and Terms [M] . London: Duckworth, 1976.

[79] RAMSEY F P. Foundations [M] . London: Routledge & kegan Paul, 1978.

[80] REID T. Essays on the Intellectual Powers of Man [M] . Edinburgh:

John Bell, 1785.

[81] ROSS W D. The Works of Aristotle [C] . vol. 2. Oxford: The Clarendon Press, 1930.

[82] RUSSELL B. Mysticism and Logic [M] . London: George Allen & Unwin LTD, 1949.

[83] RUSSELL B. On Propositions: What they are and how they mean [J]. Proceedings of the Aristotelian Society, Supplementary Volumes, 1919 (2): 1 -43.

[84] RUSSELL B. Principles of Mathematics [M]. London: Routledge, 2010.

[85] RYAN A. The Philosophy of John Stuart Mill [M] . Hampshire: Macmillan Press, 1987.

[86] RYLAND F. *Logic* [M] . London: George Bell and Sons, 1900.

[87] RYLE G. Collected Essays 1929 - 1968 [C] . London: Routledge, 2009.

[88] RYLE G. Dilemmas [M] . Cambridge: Cambridge University Press, 1964.

[89] SALMON W C. Zeno' s Paradoxes [C] . Indianapolis: Hackett Publishing Company, 2001.

[90] SANTAYANA G. The Sense of Beauty [M] . New York: Charles Scribner' s Sons, 1896.

[91] SCARRE G. Logic and Reality in the Philosophy of John Stuart Mill [M]. Dordrecht: Kluwer Academic Publishers, 1989.

[92] SCHOPENHAUER A. Parerga and Paralipomena: Short Philosophy Essays [M] . vol. 2, Oxford: Oxford University Press, 1974.

[93] SKORUPSKI J. John Stuart Mill [M] . London: Routledge, 1989.

[94] SKORUPSKI J. The Cambridge Companion to Mill [C] . Cambridge: Cambridge University Press, 1998.

[95] SOAMES S. Propositions [A] //RUSSELL G. and FARA D G. The Routledge Companion to Philosophy of Language [C] . New York: Routledge,

2012：209 –220.

[96] SOAMES S. Rethinking Language, Mind and Meaning [M]. Princeton: Princeton University Press, 2015.

[97] STEBBING W. Analysis of Mr. Mill's System of Logic [M]. London: Longmans, Green, And Co., 1869.

[98] STEWARD D. Philosophical Essays [M]. Philadelphia: Fry and Kammerer, 1811.

[99] STRAWSON P F. Carnap's Views on Constructed Systems versus Natural Language in Analytic Philosophy [A] //SCHILPP P A. The Philosophy of Rudolf Carnap [C]. La Salle: Open Court, 1963: 503 –518.

[100] TEHENNEPE E. Language Reform and Philosophical Imperialism: Another Round With Zeno [J]. Analysis, 1963 (23): 43 –49.

[101] VALENCIA V S. The General Philosophy of John Stuart Mill [C]. Dartmouth: Ashgate, 2002.

[102] WANG H. Beyond Analytic Philosophy: Doing Justice to What We Know [M]. Cambridge: The MIT Press, 1986.

[103] WATTS I. Logic or the Right Use of Reason [M]. 4th ed. Boston: John West & Company, 1809.

[104] WHATELY R. Logic [M]. 10th ed. Lodon: Charles Griffin And Company, 1872.

[105] WHEWELL W. History of Scientific Ideas [M], 3rd ed. vol. 2. London: John W. Parker And Son, West Strand, 1858.

[106] WHEWELL W. Novum Organon Renovatum [M]. 3rd ed. London: John W. Parker And Son, West Strand. 1858.

[107] WHEWELL W. On the Philosophy of Discovery [M]. London: John W. Parker and Son, West Strand. 1860.

[108] WILSON J. Statement and Inference [M]. Oxford: At the Clarendon Press, 1926.

[109] WOOD J C. John Stuart Mill: Critical Assessment [C]. vol. 1. London: Croom Helm, 1987.

[111] 冯棉. 名称的涵义与指称——从穆勒到克里普克 [J]. 华东师范大学学报 (哲学社会科学版), 1997 (3): 22-29.

[112] 李先焜. 李先焜文集 [M]. 武汉: 长江出版社, 湖大书局, 2017.

[113] 倪鼎夫. 金岳霖解读《穆勒名学》[M]. 北京: 中国社会科学出版社, 2005.

[114] 宁莉娜. 严复译介穆勒逻辑思想研究 [M]. 上海: 上海大学出版社, 2016.

[115] 魏志军. 试析穆勒的命题理论及数学观 [J]. 求是学刊, 1990 (4): 12-17.

[116] 张丽. 熊声波. 穆勒的专名理论 [J]. 重庆理工大学学报 (社会科学), 2017 (8): 14-20.

[117] 张丽. 熊声波. 何种自然种类词理论更合理? ——穆勒与克里普克理论之比较 [J]. 重庆理工大学学报 (社会科学), 2018 (3): 17-22.

人名索引

后　记

对约翰·穆勒语言逻辑思想的关注开始于2002年，在康宏逵先生（康先生已于2014年去世）的一阶逻辑课上，Alonzo Church《数理逻辑导论》导言部分一个有关名称的涵义与指称的脚注让我决意对穆勒的名称理论一探究竟。自此至今，竟已深陷穆勒的语言逻辑思想一十七年。现在，当对穆勒语言逻辑思想的关注作为一个研究项目结束时，17年来的美好岁月和旧时人事常常浮现在眼前，心中情不自禁充满的是深深的感激和怀念。这里谨略表一二。在本研究开展的过程中及本书写作的过程中，湖北大学哲学学院和湖北省逻辑学会的诸位同仁自始自终给予了热情的支持、帮助和鼓励。这里特别要提到的是湖北大学的李先焜先生（李先生已于2016年去世）、陈道德教授、高乐田教授、舒红跃教授、徐弢副教授、王振博士和余亮博士（现任教于广州协和神学院），武汉大学的桂起权教授和孙思教授，华中师范大学的宋荣教授，华中科技大学的徐敏副教授，中南财经政法大学的周志荣副教授、张莉敏副教授，武汉理工大学的杨海波博士。此外，与上海大学宁莉娜教授合作开展的穆勒研究直接推动并进一步深化了我本人对穆勒语言逻辑思想的研究，这一目前仍在继续的合作给我带来了巨大的研究动力。在此期间，与南京大学张建军教授、南开大学任晓明教授有关穆勒研究的讨论一直是令人温暖的回忆。这里，还要特别提到英国圣安德鲁斯大学哲学系的穆勒研究专家John Skorupski教授，与他在广州和伦敦的会面以及在圣安德鲁斯的数月相处让我开阔了眼界、丰富了思想、拓展了穆勒研究的新视野和新领域，更重要的是进一步增强了我对穆勒研究的信心和热情。最后，在本书即将成书之际，对光明日报出版社的范晓虹女士为此书出版的辛苦付出也深表谢意。

本书的完成和出版也离不开家人多年的支持和鼓励，虽然它不算完美，但在2020年即将到来之际，还是作为一个新年礼物献给亲爱的家人吧。

作者谨记

2019年11月24日